# 1400만 직장인을 위한 챗GPT 비즈니스 프롬프트

민진홍, 유경화 지음

BM (주)도서출판 성안당

# 챗GPT의 15가지 기본 기능과 9가지 실무 적용 사례, 챗GPT 비즈니스 프롬프트 가이드

작금(昨今)의 업무 환경은 빠르게 변화하고 있으며, 그 변화의 한가운데에는 인공지능(AI) 기술이 자리하고 있습니다. 특히, 챗GPT와 같은 언어 모델 AI는 다양한 업무에서 효율과 창의성을 크게 높이는 데 많은 도움이 되고 있습니다. 하지만 AI를 잘 활용하려면 '프롬프트 작성'이라는 기술이 필요합니다. 프롬프트는 챗GPT에게 무엇을 해야 하는지를 지시하는 간단한 입력 명령이지만, 그 작성 방식에 따라 결과의 질과 유용성이 크게 달라집니다.

이 책은 챗GPT를 활용해 업무 효율을 극대화하려는 모든 직장인을 위한 가이드입니다. AI 활용이 처음인 분부터 전문가에 이르기까지 쉽게 접근할 수 있도록 구성했으며, 실질적인 업무 상황에서 챗GPT를 어떻게 사용할 수 있을 것인지에 대한 구체적인 방법을 제시합니다. 챗GPT는 문서 요약, 데이터 분석, 이메일 작성, 보고서 작성 등 다양한 작업에 유용하게 쓰일 수 있습니다. 이 책은 챗GPT의 기능을 24가지 주요 활용 사례로 나눠 소개합니다. 특히 효과적인 프롬프트 작성법을 중심으로 각 기능이 어떻게 실무에서 유용하게 활용될 수 있는지를 설명합니다.

## 프롬프트란 무엇이며 왜 중요한가?

프롬프트란, AI에게 주는 '입력 명령'이나 '지시문'을 의미합니다. 챗GPT는 입력된 프롬프트에 따라 텍스트를 생성하며, 프롬프트가 구체적일수록 원하는 답변에 가까운 결과를 제공할 가능성이 높아집니다. 예를 들어, 수학 문제를 풀 때 챗GPT에 "한 단계씩 풀이해 보자."라고 요청하면, 문제 해결 과정이 더욱 명확해져 답변의 정확도가 높아질 수 있습니다. 또한 챗GPT에게 "당신은 비즈니스 전문가입니다."와 같이 특정 역할을 부여하면 더 전문적인 답변을 이끌어낼 수 있습니다.

따라서 챗GPT와 같은 AI 도구를 제대로 활용하려면 좀 더 명확하고 구체적인 프롬프트 작성법을 익히는 것이 중요합니다. 이 책은 프롬프트 작성의 기본 원칙과 실질적인 예시를 통해 독자들이 자신의 업무에 챗GPT를 보다 효과적으로 활용하는 데 도움이 될 것입니다.

### 실무에서의 챗GPT 활용 가이드

챗GPT는 단순히 텍스트를 생성하는 것에 그치지 않고, 감정 분석, 키워드 추출, 오류 검토, 데이터 정리 등과 같은 여러 작업에서 유용하게 쓰일 수 있습니다. 이 책은 챗GPT의 15가지 기본 기능과 9가지 실무 적용 사례를 통해 챗GPT가 실제 비즈니스 상황에서 어떻게 활용될 수 있는지를 설명합니다. 예를 들어, 문서 요약 기능을 활용해 긴 보고서에서 핵심 정보를 빠르게 파악할 수 있고, 데이터 분석 기능을 활용해 숫자 데이터를 정리하고 인사이트를 얻을 수도 있습니다. 이외에도 독자들은 고객 피드백 분석, 제품 설명서 작성, 마케팅 카피 작성 등과 같은 다양한 업무에서 챗GPT의 가능성을 발견할 수 있을 것입니다.

이 책을 통해 독자들은 챗GPT와 함께 새로운 업무 방식을 탐구할 기회를 얻게 될 것입니다. 챗GPT는 단순히 작업을 자동화하는 것을 넘어 창의적이고 문제 해결에 도움이 되는 도구가 될 수 있습니다. 프롬프트 작성법을 숙지하고 꾸준히 연습한다면, 챗GPT와의 상호 작용을 통해 업무 효율을 극대화할 수 있을 뿐만 아니라 새로운 비즈니스 아이디어와 인사이트도 발견하게 될 것입니다.

### 마무리하며

AI는 더 이상 먼 미래의 기술이 아닌, 우리가 일상적으로 접하고 활용하는 중요한 도구가 되었습니다. 챗GPT와 같은 언어 모델은 이제 많은 직장인에게 보다 창의적이고 스마트하게 일할 수 있는 기회를 열어 주고 있습니다. 이 책이 독자의 업무 효율성을 높이고, AI를 효과적으로 활용하는 데 많은 도움이 되기를 바랍니다. 또한 AI를 활용해 더 높은 생산성과 혁신을 이루고자 하는 여러분이 이 책을 통해 많은 영감을 얻기를 기대합니다.

2025년 2월 저자

# 챗GPT 24가지 활용법과 효과적인 프롬프트 작성법

## 프롬프트 엔지니어링, AI 시대의 필수 스킬

AI 기술이 빠르게 발전하면서 우리의 일상에 깊숙이 자리 잡고 있습니다. 언어 모델 AI인 챗GPT, 이미지 생성 AI인 미드저니(Midjourney)와 스테이블 디퓨전(Stable Diffusion) 그리고 생산성 도구인 노션(Notion) AI에 이르기까지 그 활용 범위는 점차 넓어지고 있습니다. 이와 같은 AI를 제대로 활용하기 위해서는 적절한 '프롬프트(Prompt)' 작성이 필수입니다.

## 프롬프트의 정의와 중요성

프롬프트는 AI에게 전달하는 '입력 지시' 또는 '명령문'을 의미합니다. 예를 들어 "이 문장을 영어로 번역해 줘."라는 식의 요청이 바로 프롬프트입니다. 적절하게 작성된 프롬프트는 AI의 성능을 극대화할 수 있습니다.

- 예를 들어, 챗GPT에게 수학 문제를 풀 때 "한 단계씩 생각해 보자."라는 프롬프트를 사용하면 정답률이 17.7%에서 76.7%까지 크게 상승합니다.
- AI에게 "당신은 영어 교사입니다." 또는 "당신은 물리학자입니다."와 같은 특정 역할을 부여하면, 그에 따른 답변의 정확도도 향상됩니다.

결국, AI가 아무리 뛰어나더라도 AI도 적절한 프롬프트 없이는 그 잠재력을 온전히 발휘하지 못합니다.

## 효과적인 프롬프트 작성법

좋은 프롬프트를 작성하기 위해 고려해야 할 요소들은 다음과 같습니다.

1. **명확성**: AI에게 요구하는 사항을 명확하게 전달합니다.
2. **구체성**: 모호한 표현을 피하고, 가능한 한 구체적으로 지시합니다.
3. **맥락 제공**: 필요한 경우, AI가 더 나은 답변을 제공할 수 있도록 배경 정보나 상황 설명을 추가합니다.
4. **단계적 지시**: 복잡한 작업은 여러 단계로 나누어 하나씩 차근차근 지시합니다.

## 프롬프트 능력 향상시키기

프롬프트 엔지니어링 실력을 높이기 위해서는 지속적인 학습과 실험이 필수입니다. 다양한 프롬프트를 시도하고 그 결과를 분석하며, 다른 사람들의 경험을 참고하는 것도 큰 도움이 됩니다. AI와의 소통 능력을 키워 그 잠재력을 최대한 발휘해 보세요.

## 챗GPT 활용법 완벽 익히기

챗GPT는 텍스트 생성 외에도 요약, 감정 분석, 데이터 처리, 키프레이즈 추출, 니즈 분석, 오류 검사 등 여러 작업에서 뛰어난 성능을 발휘합니다. 이 가이드에서는 챗GPT로 할 수 있는 15가지 기본 활용법과 9가지 응용 사례를 자세히 설명합니다. 챗GPT를 통해 업무 효율성을 높이고 좀 더 스마트하게 일하는 방법을 익혀 보세요.

# 민진홍

미라클마케팅 연구소장
stepmailkr@gmail.com


마케팅 컨설팅 업무, 각종 웹 기획, 인터넷을 플랫폼으로 한 각종 광고 마케팅 전략, 브랜딩 프로모션 기획과 운영, 웹 인터페이스 디자인 개발 등과 같은 일을 하고 있다.

### 경력

- 현 미라클마케팅 연구소
- 현 민에이아이아트 컴퍼니
- 전 일본 (주)ELCOMPASS(광고 회사)
- 일본 프롬프트 엔지니어 1급, 2급, 3급 취득
- 일본 클라이언트: NTT · NTT 도코모(DoCoMo) · 중부 전력 · 호시자키 전기 · JR 도카이 · 나고야 항 관리 조합 · 스타정기(STAR精機) · 나고야 예술 대학 · 후지타 보건 위생 대학

### 학력

- 일본 아이치현립예술대학원 디자인 석사

### AI 특강 및 기업 코칭

- 대학 강의
  - 중부 교육청 강사 위촉 · 서울대학교 AMP · 고려대학교 MOT · 성균관대학교 글로벌 창업 대학원 · 숙명여자대학교 미래 교육원 · 충남대학교 · 중부 교육청 교원 직무 연수
- 협회 강의
  - 잡지협회 · 한국전자출판협회 · 한국AI교육협회 · 관악구청 S밸리
- 기업체 강의
  - 문피아 · AMPM 광고 대행사 · (주)세성 · 무궁화 신탁 · 현대 자산 운용 · 벤타 코리아 · (주)첨단
- 경제 단체 강의
  - 서울상공회의소 성동구상공회

### 저서

- 『세상에서 제일 쉬운 챗GPT 프롬프트 엔지니어링 – 비즈니스 마케팅 편』(성안당, 2024)
- 『일주일이면 나도 생성 AI 전문가』(매일경제출판, 2024)
- 『나의 직원은 유튜브』(매일경제출판, 2021)
- 『ZOOM 온라인 혁명』(매일경제출판, 2020)
- 『카카오 메시지 마케팅』(이코노믹북스, 2020)
- 『유튜브 마케팅 혁명』(매일경제출판, 2019)
- 『유튜브 상위 노출의 모든 것』(한빛미디어, 2019)
- 『유튜브로 알리고 ZOOM으로 소통하라』(매일경제신문사, 2019)
- 『마케팅 진짜가 나타났다』(매일경제출판, 2017)

# 유경화

㈜드림정보 이사, 드림AI콘텐츠 연구소 소장
wowtinasem@gmail.com


## 경력

- 현 ㈜드림정보 미래 교육 총괄 이사
- 현 민AI아트 수석 강사 및 강사 팀장
- 현 한국진로진학연구원 수석연구원, 진로진학상담사 자격 과정 CCI 강사
- 현 디지털융합교육원 선임연구원, 교수·인공지능 콘텐츠 강사
- 전 입시학원 15여 년간 경영/대형 입시 학원 부원장 역임

## 학력

- 호서대학교 대학원 석사(교육 진로 컨설팅 전공)

## 강의

- 호서대학교 입학사정관 연수 강사 참여(2021, 2022)
- Ho-it 자녀와 함께하는 진로 컨설팅(2021, 2022)
- 대전광역시 교육청 교원 직무 연수 강사 참여 – AI, 코딩(2022. 01, 2022. 08)
- 충남교육청 교원 연수 강사 – AI 코딩(2022. 10)
- Nipa 실감형 교육 2021 사업 VR 실감형 교육(교과) 강사(2021~현재)
- 초·중·고 진로 수업, 고교 학점제, 진로 진학 강의 등 학교 출강
- 한국언론재단 대구 지사 언론인 대상 – 생성형 AI 활용과 데이터 분석
- 뉴스웨이 전 직원 대상 – AI 시대 저널리스트
- 디지털융합교육원 강사 양성 과정 교수
- 서울신문 주최 구청 공보 담당자 대상 챗GPT 활용 업무 경감 방법
- 안동대학교 SW 중심 대학 사업 참여 강사 – 생성형 AI 이해와 활용(2024)
- 숙명여자대학교 미래 교육원 AI 아트 지도 교수(2024 봄 학기)
- 서울시 중부 교육청 교원 직무 연수 강사 참여
- 부경대학교 공공 기관 혁신 리더십 과정 – 인공지능과 빅데이터 강의(2024. 04)
- 초·중·고 교원 연수 – 생성형 AI(2023~현재)

## 저서

- 《인지 문학》 2024 봄, 에세이 부문 신춘 문예 당선
- 『생성형 AI 이해와 활용』(공저, 전자책, 키르키예어)
- 『나만 알고 싶은 챗GPT 활용 업무 효율화 비법』(미디어북, 2023)
- 『AI가 써내려간 가을 스케치』(시집)(미디어북, 2023)
- 『결정적 코치 9』, 『결정적 코치 10』(대입 진학), 한컨협 공저, 2020, 2021)
- 『중학 생활 끝판왕』(진로 진학 공저)(꿈구두, 2021)

## 자격

- 진로 진학 상담사 1급(한국진로컨설팅협의회)
- AI 융합 교육 지도사 1급(한국직업능력연구원)
- 메타버스 강사 1급(한국메타버스강사협의회)
- 사무자동화산업기사(한국산업인력공단)
- AI 콘텐츠 강사 1급
- ESG 컨설턴트 전문가 2급
- 프롬프트 전문가

# Contents 차례

Contents 차례

# Part 1

# 챗GPT의 핵심 기능과 실무 적용 노하우

ChatGPT PROMPT

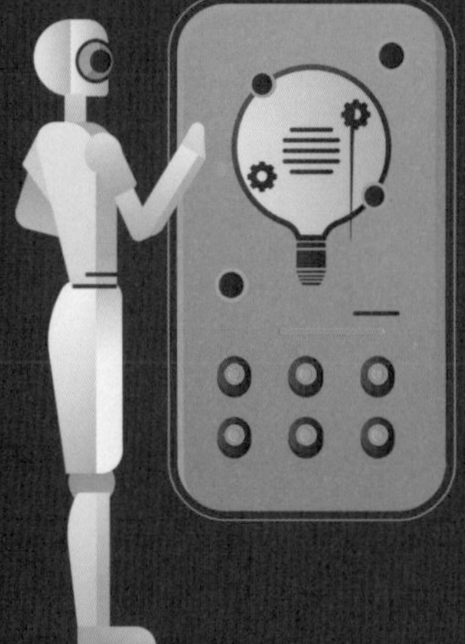

AI

Chapter 1

# 챗GPT의 핵심 기능 15가지

이 장에서는 챗GPT의 다양한 핵심 기능을 소개합니다.

- 1.1 **문서 요약:** 긴 텍스트에서 핵심 내용을 추출
- 1.2 **감정 분석:** 텍스트의 감정적 톤을 파악
- 1.3 **데이터 분석:** 수치 데이터를 해석하고 인사이트 도출
- 1.4 **키프레이즈 추출:** 중요한 단어나 구문을 식별
- 1.5 **니즈(인사이트) 탐색:** 숨어 있는 요구 사항 발견
- 1.6 **오류 검사:** 문서의 오류 및 불일치 점검
- 1.7 **첨삭 및 평가:** 문서의 품질을 개선하고 평가
- 1.8 **번역:** 다양한 언어 간 번역
- 1.9 **텍스트 분류:** 내용에 따라 카테고리 지정
- 1.10 **사고의 확장:** 새로운 관점과 아이디어 제시
- 1.11 **문서 작성:** 다양한 유형의 문서 생성
- 1.12 **문제 생성:** 퀴즈나 시험 문제 작성
- 1.13 **아이디어 창출:** 창의적 발상 지원
- 1.14 **코딩:** 프로그래밍 코드 작성 및 디버깅
- 1.15 **정보 검색:** 특정 주제에 대한 정보 제공

ChatGPT PROMPT

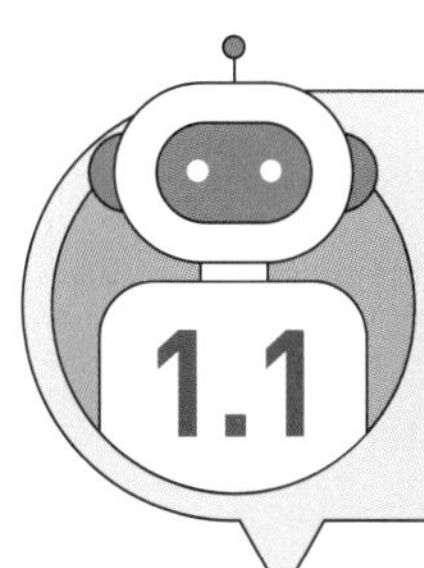


ChatGPT PROMPT

# 문서 요약:
# 긴 텍스트에서 핵심 내용을 추출

챗GPT는 여러 종류의 문서를 간결하게 요약해 줍니다. 긴 문서라도 핵심 내용만 추출해 쉽게 이해할 수 있도록 정리해 주며, 다음과 같은 문서 유형을 요약할 수 있습니다.

- 뉴스 기사
- 과학 기술 관련 문서
- 의학 및 건강 정보
- 비즈니스 보고서
- 교육 자료
- 기술 문서
- 엔터테인먼트 관련 정보

이제 1,000자 분량의 샘플 문서를 챗GPT로 요약하는 실제 예시를 살펴보겠습니다.

## 프롬프트 템플릿

다음 텍스트를 간략히 요약해 주세요.

- **목표 길이**: 약 200자
- **요약할 내용**: 아래 '###' 기호 뒤에 제시되는 텍스트
- **주의 사항**: 핵심 내용을 유지하면서 간결하게 작성하세요.

###

## 프롬프트 작성 예시

다음 텍스트를 간략히 요약해 주세요.

- **목표 길이**: 약 200자
- **요약할 내용**: 아래 '###' 기호 뒤에 제시되는 텍스트
- **주의 사항**: 핵심 내용을 유지하면서 간결하게 작성하세요.

###

**OpenAI, AI 혁명을 이끄는 선구자**

OpenAI는 2015년, 혁신적인 기술 리더들의 비전으로 탄생했습니다. 테슬라와 스페이스X의 수장인 일론 머스크, Y Combinator의 전(前)사장 샘 올트먼 그리고 기술 업계의 여러 거물들이 힘을 모아 설립한 이 기관은 인공지능(AI) 연구의 새로운 장을 열었습니다. 처음에는 비영리 조직으로 출발했으나, 복잡한 과제들을 해결하고 필요한 자금을 조달하기 위해 점차 다양한 형태의 법인 구조로 진화해 왔습니다.
OpenAI의 핵심 미션은 "인류 전체에 이익이 되는 방식으로 강력하고 범용적인 인공지능을 개발하는 것입니다." 이는 AI 기술의 발전이 가져올 수 있는 윤리적 딜레마를 신중히 고려하면서도, 궁극적으로는 인류의 번영을 추구하는 균형 잡힌 접근을 의미합니다.
OpenAI의 대표적인 성과 중 하나는 GPT(Generative Pre-trained Transformer) 모델입니다. 특히 최신 버전인 GPT-3는 자연어 처리 분야에 혁명을 일으켰다고 해도 과언이 아닙니다. 이 모델은 방대한 데이터를 학습하여 언어 생성, 질문 응답, 문서 요약 등 다양한 작업에서 놀라운 성능을 보여 줍니다. GPT-3의 핵심은 트랜스포머라는 혁신적인 아키텍처에 있습니다. 이를 통해 더 넓은 문맥을 이해하고, 자연스러운 문장을 생성하며, 복잡한 작업을 처리할 수 있습니다.
하지만 OpenAI의 노력은 기술 혁신에만 국한되지 않습니다. AI의 발전이 가져올 수 있는 윤리적 문제에도 깊은 관심을 기울이고 있습니다. AI의 안전성, 공정성, 투명성 등에 대한 연구를 적극적으로 추진하며, 기계학습 모델의 편향 제거, 의사결정 과정의 투명성 강화, 개인정보 보호 등 AI 기술의 건전한 발전을 위해 노력하고 있습니다.
2023년 현재, OpenAI는 혁신적인 리더십과 끊임없는 기술 혁신을 통해 AI 발전의 최전선에 서 있습니다. 앞으로도 기술 발전과 사회적 영향력 측면에서 계속해서 세계의 이목을 집중시킬 것으로 기대됩니다.

## 챗GPT 출력 예시

OpenAI는 2015년 일론 머스크, 샘 올트먼 등이 설립한 AI 연구 기관입니다. '인류에 이로운 강력한 AI 개발'을 목표로 하며, GPT-3 같은 혁신적인 언어 모델을 개발했습니다. 기술 혁신뿐 아니라 AI 윤리, 안전성, 공정성 연구에도 힘쓰고 있습니다. OpenAI는 AI 발전을 주도하며, 기술과 사회적 영향력 측면에서 세계의 주목을 받고 있습니다.

ChatGPT PROMPT

# 감정 분석:
# 텍스트의 감정적 톤 파악

챗GPT는 다양한 텍스트에서 감정적 톤을 분석하여 그 감정을 이해하는 데 도움을 줍니다. 이를 통해 텍스트의 전반적인 분위기나 감정을 파악할 수 있습니다.

**감정 분석이 가능한 텍스트 유형**

- 고객 리뷰
- 소셜 미디어 게시물
- 이메일 내용
- 고객 피드백
- 설문 조사 응답
- 인터뷰 트랜스크립트(Interview Transcript)
- 블로그 포스트

다음으로 약 300자 분량의 샘플 텍스트를 활용하여 챗GPT의 감정 분석 기능을 시연해 보겠습니다.

## 프롬프트 템플릿

다음 텍스트의 감정을 분석해 주세요.

- **목표**: 텍스트에 나타난 주요 감정 파악
- **분석할 내용**: 아래 '###' 기호 뒤에 제시되는 텍스트
- **주의 사항**: 감정의 종류와 강도, 주요 근거를 간략히 설명하세요.

###

## 프롬프트 작성 예시

다음 텍스트의 감정을 분석해 주세요.

- **목표**: 텍스트에 나타난 주요 감정 파악
- **분석할 내용**: 아래 '###' 기호 뒤에 제시되는 텍스트
- **주의 사항**: 감정의 종류와 강도, 주요 근거를 간략히 설명하세요.

###

오늘 아침에 일어나 보니 창밖에 눈이 내리고 있었어요. 하얀 눈이 쌓인 풍경을 보니 마음이 설레었습니다. 따뜻한 코코아 한 잔을 마시며 창가에 앉아 눈 내리는 모습을 바라보았죠.

평소에는 바쁘게 출근 준비를 하느라 이런 여유를 즐길 시간이 없었는데, 마침 오늘이 휴일이라 여유롭게 아침을 보낼 수 있어 정말 행복했어요.

눈이 그치고 나서는 동네 공원으로 산책을 나갔습니다. 하얀 눈이 쌓인 나뭇가지들과 눈사람을 만드는 아이들의 모습이 너무나 아름다웠어요.

오랜만에 느끼는 겨울의 낭만에 마음이 따뜻해지는 하루였습니다.

## 챗GPT 출력 예시

이 텍스트에서 나타나는 주요 감정은 행복과 만족감입니다.

**감정 분석**

1. **주요 감정**: 행복, 설렘, 만족감
2. **감정 강도**: 매우 강함
3. **주요 근거**:
   - "마음이 설레었습니다."라는 직접적인 감정 표현
   - "정말 행복했어요."라는 명확한 행복감 표현
   - 여유로운 시간을 즐기는 묘사
   - 눈 내리는 풍경에 대한 긍정적인 묘사
   - "마음이 따뜻해지는 하루"라는 전반적인 만족감 표현

전체적으로 눈 오는 날의 아름다운 풍경과 여유로운 시간을 통해 느끼는 깊은 행복감과 만족감이 강하게 드러나고 있습니다.

이러한 감정 분석을 통해 텍스트에 담긴 감정을 객관적으로 파악할 수 있습니다. 하지만 같은 텍스트라도 해석에 따라 다양한 결과가 나올 수 있으므로 챗GPT의 분석을 절대적인 것이 아닌 하나의 관점으로 받아들이는 것이 중요합니다.

# 1.3 데이터 분석: 수치 데이터를 해석하고 인사이트 도출

챗GPT는 복잡한 데이터에서 특정 정보를 추출하고 이를 이해하기 쉽게 정리하는 데 탁월합니다. 특히 다음과 같은 작업에 유용합니다.

- 긴 문서에서 특정 단어나 정보를 효율적으로 추출
- 추출된 데이터를 간결하게 요약하고 정리

이를 통해 방대한 자료 속에서도 필요한 핵심 내용을 선별하고 문서의 중요한 부분을 빠르게 파악할 수 있습니다.

다음으로 약 300자 분량의 샘플 텍스트에서 시간 순으로 사건을 추출하여 챗GPT의 데이터 분석 능력을 확인해 보겠습니다.

## 프롬프트 템플릿

다음 텍스트에서 언제, 어떤 일이 있었는지 시간 순서대로 추출해 주세요.

- 추출할 내용. 아래 '###' 기호 뒤에 제시되는 텍스트
- 주의 사항. 연도와 사건을 명확히 연결하여 정리하세요.

###

## 프롬프트 작성 예시

다음 텍스트에서 언제, 어떤 일이 있었는지 시간 순서대로 추출해 주세요.

- 추출할 내용. 아래 '###' 기호 뒤에 제시되는 텍스트
- 주의 사항. 연도와 사건을 명확히 연결하여 정리하세요.

###
OpenAI(오픈에이아이)는 2015년에 테슬라와 스페이스X를 이끄는 일론 머스크(Elon Musk) 씨, 테크 기업 Y Combinator의 전(前)사장인 샘 올트먼(Sam Altman) 씨 그리고 기술 기업의 리더들에 의해 설립된 회사로, 그 활동은 주로 인공지능(AI) 연구와 개발에 초점을 맞추고 있습니다. 처음에 OpenAI는 비영리 법인으로 시작했으며, 이후 복잡한 과제 해결과 자금 조달의 필요성으로 인해 법인 구조를 확장하여 영리 기업을 포함한 다양한 형태로 발전했습니다.

OpenAI는 2017년에 첫 번째 대규모 자연어 처리 모델인 GPT-1을 출시했으며, 이는 AI 연구 커뮤니티에서 큰 주목을 받았습니다. 2018년에는 더욱 발전된 GPT-2를 발표했으며, 이 모델은 기존의 언어 모델보다 더 높은 성능을 보여 주었습니다.

2020년에 OpenAI는 GPT-3를 출시했으며, 이는 이전 모델들과 비교할 수 없을 만큼 뛰어난 언어 생성 능력을 가지고 있어, 다양한 분야에서 활용될 수 있는 가능성을 보여 주었습니다. 2021년에는 영리 기업으로의 전환을 가속화하고, 기업 파트너십을 통해 AI 기술을 상용화하는 데 중점을 두었습니다.

OpenAI는 2023년에도 계속해서 AI 기술의 발전을 이끌며, 윤리적 AI 개발과 관련된 다양한 연구 프로젝트를 진행하고 있습니다.

## 챗GPT 출력 예시

이 문장에서 시간 순서대로 발생한 사건은 다음과 같습니다.

1. 2015년. OpenAI가 일론 머스크, 샘 올트먼 및 다른 기술 기업의 리더들에 의해 설립되었습니다.
2. 2017년. OpenAI가 첫 번째 대규모 자연어 처리 모델인 GPT-1을 출시했습니다.
3. 2018년. OpenAI가 더욱 발전된 GPT-2를 발표했습니다.
4. 2020년. OpenAI가 GPT-3를 출시했습니다.
5. 2021년. OpenAI가 영리 기업으로의 전환을 가속화하고, 기업 파트너십을 통해 AI 기술의 상용화에 중점을 두었습니다.
6. 2023년. OpenAI가 계속해서 AI 기술 발전을 이끌며 윤리적 AI 개발과 관련된 다양한 연구 프로젝트를 진행하고 있습니다.

이를 통해 방대한 정보나 자료에서 원하는 정보만을 골라 내거나 어떤 내용이 담겨 있는지를 명확하게 제시할 수 있습니다.

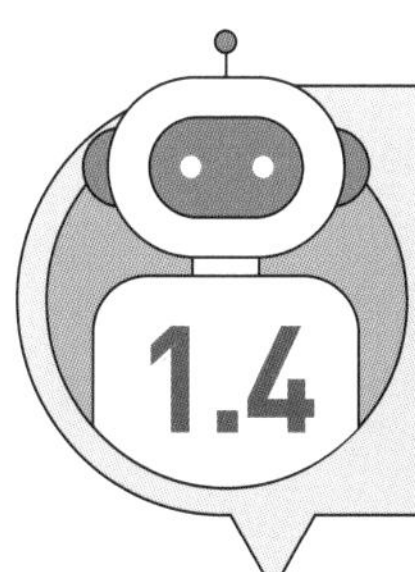


ChatGPT PROMPT

# 키프레이즈 추출: 중요한 단어나 구문을 식별

챗GPT는 텍스트에서 중요한 주제나 메시지를 나타내는 핵심 단어, 즉 키프레이즈(key phrase)를 추출할 수 있습니다. 이 기능은 다음과 같은 작업에 유용합니다.

- 검색 인덱스 작성
- 목차 자동 생성
- 태그 생성

데이터 분석과 비슷하지만, 키프레이즈 추출은 핵심 단어나 구문을 선별하는 데 초점을 맞춥니다.

이제 약 300자 분량의 샘플 텍스트를 통해 챗GPT가 어떻게 키프레이즈를 추출하는지 확인해 보겠습니다.

## 프롬프트 템플릿

다음 텍스트에서 키프레이즈(키워드)를 추출해 주세요.

- 추출할 내용. 아래 '###' 기호 뒤에 제시되는 텍스트
- 주의 사항. 중요한 단어나 구문만을 선별하여 리스트 형태로 정리하세요.

###

## 프롬프트 작성 예시

다음 텍스트에서 키프레이즈(키워드)를 추출해 주세요.

- 추출할 내용. 아래 '###' 기호 뒤에 제시되는 텍스트
- 주의 사항. 중요한 단어나 구문만을 선별하여 리스트 형태로 정리하세요.

###

OpenAI는 2015년에 테슬라와 스페이스X를 이끄는 일론 머스크(Elon Musk) 씨, 테크 기업 Y Combinator의 전(前)사장인 샘 올트먼(Sam Altman) 씨 그리고 기술 기업의 리더들에 의해 설립된 회사로, 그 활동은 주로 인공지능(AI) 연구와 개발에 초점을 맞추고 있습니다. 처음에 OpenAI는 비영리 법인으로 시작했으며, 이후 복잡한 과제 해결과 자금 조달의 필요성으로 인해 법인 구조를 확장하여 영리 기업을 포함한 다양한 형태로 발전했습니다.

OpenAI는 2017년에 첫 번째 대규모 자연어 처리 모델인 GPT-1을 출시했으며, 이는 AI 연구 커뮤니티에서 큰 주목을 받았습니다. 2018년에는 더욱 발전된 GPT-2를 발표했으며, 이 모델은 기존의 언어 모델보다 더 높은 성능을 보여 주었습니다.

2020년에 OpenAI는 GPT-3를 출시했으며, 이는 이전 모델들과 비교할 수 없을 만큼 뛰어난 언어 생성 능력을 가지고 있어, 다양한 분야에서 활용될 수 있는 가능성을 보여 주었습니다. 2021년에는 영리 기업으로의 전환을 가속화하고, 기업 파트너십을 통해 AI 기술을 상용화하는 데 중점을 두었습니다.

OpenAI는 2023년에도 계속해서 AI 기술의 발전을 이끌며, 윤리적 AI 개발과 관련된 다양한 연구 프로젝트를 진행하고 있습니다.

## 챗GPT 출력 예시

**키프레이즈(키워드) 추출**

- OpenAI
- 2015년
- 일론 머스크
- 샘 올트먼
- 인공지능 연구
- 비영리 법인
- 법인 구조 확장
- GPT-1
- 2017년
- 자연어 처리 모델
- AI 연구 커뮤니티
- GPT-2

- 2018년
- GPT • 3
- 2020년
- 언어 생성 능력
- 2021년
- 영리 기업 전환
- 기업 파트너십
- AI 기술 상용화
- 2023년
- 윤리적 AI 개발
- 연구 프로젝트

이를 통해 텍스트의 핵심 내용을 빠르게 파악하고, 관련 정보를 효과적으로 분류하거나 검색할 수 있습니다.

ChatGPT PROMPT

# 1.5 니즈(인사이트) 탐색: 숨어 있는 요구 사항 발견

챗GPT는 텍스트에서 숨어 있는 요구 사항(니즈)을 발견하고 인사이트를 도출할 수 있습니다. 프롬프트에 따라 정보를 깊이 분석하며, 다음과 같은 용도로 활용될 수 있습니다.

- 기업이 고객의 니즈와 구매 동기를 파악하여 중요한 인사이트를 도출
- 고객이 겪는 문제를 분석하고 그 해결책을 이해
- 리뷰 분석을 통해 제품이나 서비스의 개선점을 발견

이제 고객 리뷰를 분석해 주요 니즈와 인사이트를 도출하고, 이를 바탕으로 제품 개선과 마케팅 전략을 제안하는 챗GPT의 실제 예시를 살펴보겠습니다.

## 프롬프트 템플릿

다음 고객 리뷰를 분석하여 주요 니즈와 인사이트를 도출해 주세요. 이 인사이트를 바탕으로 제품 개선이나 마케팅 전략에 반영할 수 있는 제안도 포함해 주세요.

- 분석할 내용. 아래 '###' 기호 뒤에 제시되는 텍스트
- 주의 사항. 주요 니즈와 인사이트를 명확히 구분하고, 각각에 대한 개선 제안을 포함하세요.

###

## 프롬프트 작성 예시

다음 고객 리뷰를 분석하여 주요 니즈와 인사이트를 도출해 주세요. 이 인사이트를 바탕으로 제품 개선이나 마케팅 전략에 반영할 수 있는 제안도 포함해 주세요.

- 분석할 내용. 아래 '###' 기호 뒤에 제시되는 텍스트
- 주의 사항. 주요 니즈와 인사이트를 명확히 구분하고, 각각에 대한 개선 제안을 포함하세요.

###
"최근에 구매한 XYZ 스마트워치가 디자인은 마음에 들었지만, 배터리 수명이 너무 짧아서 실망했습니다. 기능은 다양하지만, UI가 복잡해서 사용하기 어렵습니다. 가격 대비 성능이 조금 아쉬운 것 같아요."

## 챗GPT 출력 예시

**주요 니즈 및 인사이트**

1. **배터리 수명 문제**: 고객은 스마트워치의 배터리 수명에 대한 불만을 표시하고 있습니다. 이는 일상적인 사용에 있어서 중요한 요소이며, 짧은 배터리 수명은 제품에 대한 만족도를 크게 저하시킬 수 있습니다.

2. **사용자 인터페이스(UI) 개선 필요**: 고객은 기능이 다양함에도 불구하고 UI가 복잡하여 사용하기 어렵다고 느끼고 있습니다. 이는 사용자 경험에 부정적인 영향을 미치며, 직관적이고 간소화된 UI에 대한 요구가 나타나고 있습니다.

3. **가격 대비 성능 불만**: 고객은 가격에 비해 성능이 부족하다고 느끼고 있습니다. 이는 제품의 가성비에 대한 기대를 충족시키지 못한 것으로, 가격과 성능 사이의 균형에 대한 재검토가 필요합니다.

**제품 개선 및 마케팅 전략 제안**

1. **배터리 수명 연장**: 기술적인 개선을 통해 배터리 수명을 연장하는 방법을 고려해야 합니다. 이를 통해 고객의 주요 불만을 해결할 수 있으며, 장시간 사용이 가능한 스마트워치라는 점을 강조하는 마케팅 전략을 수립할 수 있습니다.

2. **UI 간소화 및 사용자 경험 개선**: UI를 직관적이고 간단하게 재설계하는 것이 필요합니다. 다양한 기능을 손쉽게 접근할 수 있도록 개선하여 사용자 경험을 크게 향상시킬 수 있습니다. 이 개선점을 강조하는 교육 자료나 사용자 가이드를 제공하는 것도 좋은 전략이 될 수 있습니다.

3. **가성비 강조 및 성능 개선**: 제품의 성능을 개선하거나 현재의 기능을 더 효율적으로 활용할 수 있는 방법을 찾아야 합니다. 또한, 마케팅에서는 제품의 강점과 가치를 명확하게 전달하여 가격 대비 높은 성능을 제공한다는 메시지를 강화할 필요가 있습니다.

이러한 개선과 전략을 통해 고객 만족도를 높이고 시장에서의 경쟁력을 강화할 수 있을 것입니다.

ChatGPT PROMPT

# 1.6 오류 검사: 문서의 오류 및 불일치 점검

챗GPT는 오타, 탈자, 타이포그래피 오류를 찾아내어 문서를 효과적으로 검토할 수 있습니다. 이 기능은 다음과 같은 장점을 제공합니다.

- Microsoft Editor와 같은 도구에서 일일이 확인해야 하는 번거로움을 줄여 줍니다.
- 챗GPT는 수정된 문장을 자동으로 다시 작성해 주므로 개별적으로 수정할 필요가 없습니다.

하지만 최종적으로는 사람이 직접 검토하는 것이 중요합니다.

이제 오타와 타이포그래피 오류가 포함된 문장을 챗GPT로 수정하는 실제 예시를 살펴보겠습니다.

## 프롬프트 템플릿

이 문장에서 오타, 오탈자, 타이포그래피 오류가 있는지 확인해 주세요.

- 검토할 내용. 아래 '###' 기호 뒤에 제시되는 텍스트
- 주의 사항. 오류를 찾아 수정하고, 수정 사항을 명확히 설명해 주세요.

###

## 프롬프트 작성 예시

이 문장에서 오타, 오탈자, 타이포그래피 오류가 있는지 확인해 주세요.

- 검토할 내용. 아래 '###' 기호 뒤에 제시되는 텍스트
- 주의 사항. 오류를 찾아 수정하고, 수정 사항을 명확히 설명해 주세요.

###
"이제품은 사용자 친화적인 인터페이스를 제공하며, 배우기 쉽고 사용할 수 있습니다. 그러나 성능 면에서 조금은 부족한 면이 있습니다."

## 챗GPT 출력 예시

문장에서 오타, 오탈자, 타이포그래피 오류를 다음과 같이 수정할 수 있습니다.

"이 제품은 사용자 친화적인 인터페이스를 제공하며, 배우기 쉽고 사용할 수 있습니다. 그러나 성능 면에서 조금은 부족한 면이 있습니다."

**수정 사항**

1. "이제품은" → "이 제품은"(띄어쓰기 추가)
2. "사용할수있습니다" → "사용할 수 있습니다"(띄어쓰기 추가)
3. "성능면에서" → "성능 면에서"(띄어쓰기 추가)

이러한 방식으로 챗GPT를 활용하면 문서의 오류를 효과적으로 체크하고 수정할 수 있습니다. 하지만 최종적으로는 사람이 직접 검토하는 것이 중요합니다.

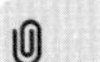

# 1.7 첨삭 및 평가: 문서 개선 및 품질 평가

챗GPT는 작성된 문서에 대해 첨삭과 평가를 제공할 수 있으며, 이 기능의 장점은 다음과 같습니다.

- 구체적으로 수정해야 할 부분을 제시해 줍니다.
- 명확하고 효과적으로 전달되는 문서를 작성하는 데 도움을 줍니다.

이제 개선이 필요한 문장을 챗GPT가 어떻게 평가하고 수정하는지 실제 예시를 통해 살펴보겠습니다.

## 프롬프트 템플릿

다음 문장을 첨삭하고, 개선이 필요한 부분을 평가해 주세요.

- 평가할 내용. 아래 '###' 기호 뒤에 제시되는 텍스트
- 주의 사항. 문장을 수정하고, 개선이 필요한 부분을 구체적으로 설명해 주세요.

###

## 프롬프트 작성 예시

다음 문장을 첨삭하고, 개선이 필요한 부분을 평가해 주세요.

- 평가할 내용. 아래 '###' 기호 뒤에 제시되는 텍스트
- 주의 사항. 문장을 수정하고, 개선이 필요한 부분을 구체적으로 설명해 주세요.

###

"이 제품은 정말로 좋았어요. 근데 좀 비싸서 아쉽더라고요. 그리고 배터리도 빨리 닳는 것 같아요."

## 챗GPT 출력 예시

**첨삭된 문장**

"이 제품은 정말 좋았습니다. 하지만 가격이 다소 비싸 아쉬웠습니다. 또한, 배터리도 빨리 소모되는 것 같습니다."

**개선이 필요한 부분 평가**

**1. 구어체 사용**
원문에서 "정말로 좋았어요.", "아쉽더라고요.", "닳는 것 같아요." 등의 표현이 구어체로 사용되었습니다. 문서를 작성할 때는 구어체보다는 좀 더 격식 있는 문어체를 사용하는 것이 좋습니다. 따라서 "정말 좋았습니다.", "아쉬웠습니다.", "소모되는 것 같습니다." 등으로 수정했습니다.

**2. 접속사의 적절한 사용**
"근데"는 비격식적 표현입니다. 이를 "하지만"으로 바꾸어 문장 간의 연결이 좀 더 자연스럽게 느껴지도록 했습니다.

**3. 구체적인 표현**
"좀 비싸서 아쉽더라고요."는 의미가 모호할 수 있으므로 "가격이 다소 비싸 아쉬웠습니다."로 명확하게 표현했습니다.

**4. 어휘 선택**
"배터리도 빨리 닳는 것 같아요."는 좀 더 명확하게 "배터리도 빨리 소모되는 것 같습니다."로 수정하여 어휘 선택을 통해 문장의 명확성을 높였습니다.

이러한 개선을 통해 문장이 더 명확하고 격식 있게 전달될 수 있습니다.

ChatGPT PROMPT

# 번역: 다양한 언어 간 번역

챗GPT는 약 50개 국의 언어를 자동으로 번역할 수 있으며, 다음과 같은 상황에서 유용하게 활용됩니다.

- 외국 상품의 취급 설명서를 번역
- 해외 지사나 클라이언트로부터 받은 이메일에 대응
- 외국어 문서를 번역하고 중요한 키워드만 추출
- 고객 지원 시 해외 고객에게 더 나은 서비스를 제공

챗GPT는 다양한 언어를 번역할 수 있지만, 특히 개발 언어인 영어에 가장 능숙합니다. 단순한 번역 외에도 교정, 키워드 추출, 데이터 분석 등과 결합하여 더 효과적으로 사용할 수 있습니다.

이제 한국어 질문을 영어로 번역하고 중요한 키워드를 추출하는 챗GPT의 기능을 실제 예시로 살펴보겠습니다.

## 프롬프트 템플릿

이 질문을 영어로 번역하고, 중요한 키워드를 추출하세요.

- 번역할 내용. 아래 '###' 기호 뒤에 제시되는 텍스트
- 주의 사항. 번역과 함께 중요한 키워드를 한국어로 추출해 주세요.

###

## 프롬프트 작성 예시

이 질문을 영어로 번역하고, 중요한 키워드를 추출하세요.

- 번역할 내용. 아래 '###' 기호 뒤에 제시되는 텍스트
- 주의 사항. 번역과 함께 중요한 키워드를 한국어로 추출해 주세요.

###
"저는 새로운 스마트폰을 샀는데, 설정 방법을 잘 모르겠어요. 특히, 데이터 이전과 백업 기능에 대해 알고 싶습니다. 이 부분에 대해 설명해 줄 수 있나요?"

## 챗GPT 출력 예시

번역. "I just bought a new smartphone, but I'm not sure how to set it up. Specifically, I want to know about data transfer and backup features. Could you explain this to me?"

키워드 추출. 새로운 스마트폰, 설정 방법, 데이터 이전, 백업 기능, 설명

이러한 방식으로 챗GPT를 활용하면 다국어 번역과 함께 핵심 내용을 빠르게 파악할 수 있습니다. 이는 국제적인 비즈니스 환경에서 특히 유용하게 사용될 수 있습니다.

ChatGPT PROMPT

# 1.9 텍스트 분류: 내용에 따른 카테고리 지정

챗GPT는 텍스트를 분석하여 효율적으로 분류하고 카테고리화할 수 있습니다. 이 기능은 다음과 같은 용도로 활용됩니다.

- 대량의 문서를 효과적으로 정리
- 고객 피드백을 분류해 적절한 부서에 전달
- 콘텐츠 추천 시스템의 성능 개선

이제 주어진 텍스트를 챗GPT가 어떻게 분석하고 적절한 카테고리로 분류하는지 실제 예시를 통해 살펴보겠습니다.

## 프롬프트 템플릿

이 텍스트의 주요 내용을 분석하고, 뉴스, 블로그, 기술 문서, 광고, 고객 리뷰 중 가장 적합한 카테고리로 분류한 후 그 이유를 설명하세요.

- 분석할 내용. 아래 '###' 기호 뒤에 제시되는 텍스트
- 주의 사항. 카테고리 선택의 이유를 구체적으로 설명해 주세요.

###

## 프롬프트 작성 예시

이 텍스트의 주요 내용을 분석하고, 뉴스, 블로그, 기술 문서, 광고, 고객 리뷰 중 가장 적합한 카테고리로 분류한 후 그 이유를 설명하세요.

- 분석할 내용. 아래 '###' 기호 뒤에 제시되는 텍스트

• 주의 사항. 카테고리 선택의 이유를 구체적으로 설명해 주세요.
###
"이 스마트폰은 정말 혁신적입니다. 놀라운 성능과 함께 뛰어난 카메라 품질을 자랑합니다. 배터리 수명도 매우 길어, 하루 종일 사용해도 충분합니다. 이 가격대에서 최고의 선택이라고 생각합니다. 이 제품을 사용한 후 다른 브랜드로는 돌아갈 수 없을 것 같습니다."

## 챗GPT 출력 예시

**카테고리: 고객 리뷰**

**이유**

이 텍스트는 개인적인 제품 사용 경험을 바탕으로 작성된 것으로, 스마트폰의 성능, 카메라 품질, 배터리 수명 등에 대해 긍정적으로 평가하고 있습니다. 특히, 제품을 사용한 후 높은 만족감을 표현하며, 다른 브랜드로 돌아가지 않겠다는 강한 선호도를 나타내고 있습니다. 이러한 특징은 일반적으로 고객이 제품을 구매한 후 작성하는 리뷰의 형태와 매우 유사하므로 '고객 리뷰' 카테고리로 분류하는 것이 가장 적합합니다.

이러한 방식으로 챗GPT를 활용하면 다양한 텍스트를 효율적으로 분류하고 카테고리화할 수 있습니다. 이는 대량의 문서를 처리하거나 고객 피드백을 분석하는 등 다양한 비즈니스 상황에서 유용하게 사용될 수 있습니다.

ChatGPT PROMPT

# 사고의 확장: 새로운 관점 제시

챗GPT는 '사고의 벽돌 깨기' 역할을 수행할 수 있습니다. 이는 막연한 아이디어나 생각을 정리하며 발전시키는 과정을 의미합니다. 챗GPT를 사용하면 다음과 같은 장점을 얻을 수 있습니다.

- 막연한 아이디어를 경청하고 구조화
- 생각에 대해 객관적인 피드백 제공
- 아이디어를 함께 발전시키며 다듬기

이제 신상품 아이디어에 대한 개요를 작성하고, 주요 특징, 목표 시장, 환경적 영향 등을 분석하는 챗GPT의 사고 확장 기능을 실제 예시로 살펴보겠습니다.

## 프롬프트 템플릿

이 제품이나 아이디어의 개요를 작성하고, 주요 특징과 장점, 목표 시장과 예상 고객층 그리고 환경에 미치는 긍정적인 영향을 설명하세요.

- 분석할 내용. 아래 '###' 기호 뒤에 제시되는 텍스트
- 주의 사항. 제품의 특징, 장점, 목표 시장, 환경적 영향을 구체적으로 설명해 주세요.

###

## 프롬프트 작성 예제

이 제품이나 아이디어의 개요를 작성하고, 주요 특징과 장점, 목표 시장과 예상 고객층 그리고 환경에 미치는 긍정적인 영향을 설명하세요.

• 분석할 내용. 아래 '###' 기호 뒤에 제시되는 텍스트
• 주의 사항. 제품의 특징, 장점, 목표 시장, 환경적 영향을 구체적으로 설명해 주세요.
###
"환경 친화적인 가방은 재활용 및 생분해성 소재로 만들어졌으며, 다용도로 사용 가능한 실용적인 디자인이 특징입니다. 주요 고객층은 환경을 중시하는 젊은 소비자들이며, 이 제품은 플라스틱 사용을 줄이고 탄소 발자국을 감소시키는 데 기여합니다."

## 챗GPT 출력 예시

**제품 개요**

환경 친화적인 가방은 재활용 및 생분해성 소재로 제작된 제품으로, 다용도로 사용 가능한 실용적인 디자인이 특징입니다. 이 가방은 환경 보호를 중시하는 소비자들을 위해 개발되었습니다.

**주요 특징과 장점**

- **재활용 및 생분해성 소재**: 환경에 미치는 영향을 최소화하기 위해 친환경 소재로 제작되었습니다.
- **실용적인 디자인**: 다양한 용도로 활용할 수 있어 일상생활뿐만 아니라 여행이나 직장에서도 사용 가능합니다.
- **플라스틱 사용 감소**: 기존의 플라스틱 가방 대신 친환경 소재를 사용하여 플라스틱 폐기물을 줄이는 데 기여합니다.
- **탄소 발자국 감소**: 지속 가능한 생산 과정을 통해 탄소 발자국을 줄이고, 환경에 긍정적인 영향을 미칩니다.

**목표 시장과 예상 고객층**

이 제품의 주요 고객층은 환경 보호를 중요시하는 젊은 세대, 특히 20~40대 소비자들입니다. 이들은 지속 가능한 라이프 스타일을 선호하며, 윤리적인 소비를 지향하는 경향이 있습니다.

**환경에 미치는 긍정적인 영향**

이 가방은 플라스틱 사용을 줄이고, 탄소 발자국을 감소시키는 데 기여합니다. 이를 통해 소비자들은 환경 보호를 위한 작은 실천을 할 수 있으며, 이러한 선택은 지속 가능한 미래를 만드는 데 중요한 역할을 합니다.

이러한 방식으로 챗GPT를 활용하면 막연한 아이디어를 구체화하고, 다양한 측면에서 분석할 수 있습니다. 이는 신제품 개발, 마케팅 전략 수립, 비즈니스 모델 구상 등 다양한 창의적 과정에서 유용하게 사용될 수 있습니다.

ChatGPT PROMPT

# 1.11 문서 작성: 다양한 유형의 문서 생성

챗GPT는 다양한 유형의 문서 작성에 능숙하며, OpenAI의 자연어 처리(NLP) 기술을 활용해 높은 정확도의 문서를 생성할 수 있습니다. 다음과 같은 작업에서 유용합니다.

- 텍스트의 감상문 작성
- 설정을 지정하여 이야기 창작
- 블로그, 일기, 이메일 등 다양한 문서 작성

단, 무료 버전의 챗GPT는 약 2,000자까지 입력할 수 있어 소설과 같은 긴 글 작성에는 제한이 있으며, 유료 버전에서는 최대 2만 5,000자까지 가능합니다.

이제 주어진 주제에 대해 챗GPT가 상세한 문서를 작성하는 실제 예시를 살펴보겠습니다.

## 프롬프트 템플릿

주어진 주제에 대해 문서를 작성해 주세요. 주요 내용, 특징, 장점, 목표 대상 그리고 관련된 중요한 사항을 포함해 주세요. 또한, 주제와 관련된 개인적인 의견이나 분석도 함께 기술해 주세요.

- 작성할 내용. 아래 '###' 기호 뒤에 제시되는 텍스트
- 주의 사항. 주제에 대한 전반적인 설명과 함께 개인적인 평가를 포함해 주세요.

###

## 프롬프트 작성 예시

주어진 주제에 대해 문서를 작성해 주세요. 주요 내용, 특징, 장점, 목표 대상 그리고 관련된

중요한 사항을 포함해 주세요. 또한, 주제와 관련된 개인적인 의견이나 분석도 함께 기술해 주세요.

- 작성할 내용. 아래 '###' 기호 뒤에 제시되는 텍스트
- 주의 사항. 주제에 대한 전반적인 설명과 함께 개인적인 평가를 포함해 주세요.

###
"환경 친화적인 가방은 지속 가능한 재료로 제작되었으며, 환경 보호를 위해 설계된 제품입니다. 이 가방은 재활용 플라스틱과 생분해성 소재를 사용하여, 환경에 미치는 영향을 최소화합니다. 주요 특징으로는 가벼운 무게, 내구성, 다양한 용도로 활용 가능한 다기능성이 있습니다. 이 제품은 특히 환경을 중요시하는 20~40대의 소비자들을 타깃으로 하며, 일상적인 사용뿐만 아니라 여행이나 직장에서도 활용될 수 있습니다. 또한, 이 가방을 사용함으로써 소비자들은 플라스틱 폐기물을 줄이고, 탄소 발자국을 감소시키는 데 기여할 수 있습니다. 개인적으로, 이 제품은 지속 가능한 라이프스타일을 추구하는 사람들에게 큰 가치를 제공한다고 생각합니다. 환경 보호를 위한 작은 실천이지만, 이러한 제품을 선택하는 것은 미래 세대를 위한 중요한 선택이 될 것입니다."

## 챗GPT 출력 예시

**제품 개요**

환경 친화적인 가방은 지속 가능한 재료로 제작된 제품으로, 환경 보호를 위해 설계되었습니다. 이 가방은 재활용 플라스틱과 생분해성 소재를 사용하여 환경에 미치는 영향을 최소화합니다.

**주요 특징**

- 가벼운 무게. 휴대가 편리하고 일상적인 사용에 적합합니다.
- 내구성. 오랜 사용에도 견딜 수 있도록 설계되었습니다.
- 다기능성. 다양한 용도로 활용 가능하며, 여행, 직장 등 다양한 상황에서 사용할 수 있습니다.

**목표 시장**

이 제품은 환경 보호를 중요시하는 20~40대 소비자들을 타깃으로 합니다. 특히, 지속 가능한 라이프스타일을 추구하는 사람들에게 큰 가치를 제공합니다.

**환경적 영향**

이 가방을 사용함으로써 소비자들은 플라스틱 폐기물을 줄이고, 탄소 발자국을 감소시키는 데 기여할 수 있습니다. 이는 환경 보호를 위한 작은 실천이지만, 미래 세대를 위한 중요한 선택이 될 것입니다.

**개인적인 평가**

이 제품은 지속 가능한 라이프스타일을 추구하는 사람들에게 큰 가치를 제공한다고 생각합니다. 환경 보호를 위해 이러한 제품을 선택하는 것은 미래 세대를 위한 중요한 선택입니다.

이러한 방식으로 챗GPT를 활용하면 주어진 주제에 대해 체계적이고 상세한 문서를 작성할 수 있습니다. 이는 보고서 작성, 제품 설명서 제작, 블로그 포스팅 등 다양한 문서 작성 작업에 활용될 수 있습니다.

ChatGPT PROMPT

# 문제 생성: 퀴즈나 시험 문제 만들기

챗GPT는 학습을 위한 문제를 작성할 수 있으며, 다음과 같은 용도로 활용됩니다.

- 학습한 내용을 바탕으로 즉시 문제 작성
- 문제집이 없어도 관련 문제를 손쉽게 생성
- 난이도에 맞춘 맞춤형 문제 작성

학습에서는 입력(인풋)과 출력(아웃풋)이 모두 중요합니다. 챗GPT를 활용하면 학습한 내용을 문제로 변환해 효율적인 학습을 지원할 수 있습니다.

이제 주어진 주제에 대해 챗GPT가 다양한 난이도의 문제를 어떻게 생성하는지 실제 예시를 살펴보겠습니다.

## 프롬프트 템플릿

주어진 주제나 학습 내용을 바탕으로 문제를 작성해 주세요. 문제의 난이도를 조절하여 다양한 유형의 문제를 만들어 주세요. 각 문제에는 정답과 간단한 해설도 포함해 주세요.

- 작성할 내용. 아래 '###' 기호 뒤에 제시되는 텍스트
- 주의 사항. 다양한 유형의 문제를 작성하고, 각 문제에 정답과 해설을 포함해 주세요.

###

## 프롬프트 작성 예시

주어진 주제나 학습 내용을 바탕으로 문제를 작성해 주세요. 문제의 난이도를 조절하여 다양한 유형의 문제를 만들어 주세요. 각 문제에는 정답과 간단한 해설도 포함해 주세요.

- 작성할 내용. 아래 '###' 기호 뒤에 제시되는 텍스트
- 주의 사항. 다양한 유형의 문제를 작성하고, 각 문제에 정답과 해설을 포함해 주세요.

###
"제2차 세계 대전에 대한 학습 내용을 바탕으로 문제를 작성해 주세요. 난이도는 중간 정도로 설정하고, 각각의 문제에 정답과 해설을 포함해 주세요."

## 챗GPT 출력 예시

**문제 1 제2차 세계 대전의 주요 전투**

[문제] 제2차 세계 대전 중 독일이 소련을 침공하여 벌어진 전투로, 전쟁의 전환점이 된 전투는 무엇입니까?

a) 노르망디 상륙작전
b) 스탈린그라드 전투
c) 엘 알라메인 전투
d) 벌지 전투

[정답] b) 스탈린그라드 전투

[해설] 스탈린그라드 전투는 독일군이 소련을 침공하며 벌어진 전투 중 하나로, 제2차 세계 대전의 전환점으로 여겨집니다. 이 전투에서 소련군이 승리함으로써 독일군의 동진을 저지했고, 이후 연합군이 전세를 역전시키는 계기가 되었습니다.

**문제 2 제2차 세계 대전의 주요 연합국**

[문제] 다음 중 제2차 세계 대전 당시 연합국에 속하지 않은 나라는 어디입니까?

a) 영국
b) 미국
c) 일본
d) 소련

[정답] c) 일본

[해설] 제2차 세계 대전에서 일본은 추축국의 일원으로 독일과 이탈리아와 함께 연합국과 싸웠습니다. 연합국은 미국, 영국, 소련 등을 포함한 국가들이었으며, 일본은 이들과 대립하는 위치에 있었습니다.

**문제 3 전쟁의 시작**

[문제] 제2차 세계 대전은 어느 국가의 침공으로 시작되었습니까?

a) 이탈리아의 그리스 침공
b) 독일의 폴란드 침공
c) 일본의 진주만 공격
d) 소련의 핀란드 침공

[정답] b) 독일의 폴란드 침공

[해설] 제2차 세계 대전은 1939년 9월 1일 독일이 폴란드를 침공하면서 시작되었습니다. 이 사건으로 인해 영국과 프랑스는 독일에 선전 포고를 하였고, 전쟁이 본격적으로 확산되었습니다.

**문제 4** **주요 협정**

[문제] 제2차 세계 대전 중 연합국 지도자들이 전후의 유럽 재건과 소련의 대일 참전을 논의하기 위해 열린 회담은 무엇입니까?

a) 얄타 회담
b) 포츠담 회담
c) 카이로 회담
d) 테헤란 회담

[정답] a) 얄타 회담

[해설] 얄타 회담은 1945년 2월에 크림 반도의 얄타에서 열린 회담으로, 연합국의 주요 지도자인 프랭클린 루스벨트, 윈스턴 처칠, 이오시프 스탈린이 참석했습니다. 이 회담에서 전후 유럽의 재건과 소련의 대일 참전에 관한 중요한 결정이 내려졌습니다.

**문제 5** **전쟁의 종식**

[문제] 제2차 세계 대전은 일본의 항복으로 공식적으로 종료되었습니다. 일본이 항복한 해는 언제입니까?

a) 1943년
b) 1944년
c) 1945년
d) 1946년

[정답] c) 1945년

[해설] 제2차 세계 대전은 일본이 1945년 8월 15일에 항복을 선언하면서 종식되었습니다. 이는 히로시마와 나가사키에 대한 원자폭탄 투하와 소련의 만주 침공이 결정적인 역할을 했습니다. 공식적인 항복 문서는 1945년 9월 2일에 서명되었습니다.

이러한 문제를 통해 제2차 세계 대전에 대한 주요 사건과 연관된 역사적 사실을 학습할 수 있습니다.

ChatGPT PROMPT

# 1.13 아이디어 창출: 창의적 발상 지원

챗GPT를 통해 다양한 창의적인 아이디어를 얻을 수 있으며, 다음과 같은 상황에서 유용하게 활용됩니다.

- 새로운 상품 아이디어
- 광고 캠페인 아이디어
- 신상품 네이밍 아이디어
- 블로그나 유튜브 영상 제목 아이디어

아이디어를 얻고자 할 때, 대상에 대한 정보가 많을수록 더욱 창의적이고 유용한 결과가 나옵니다. 타깃을 명확히 설정하는 것도 중요한 요소입니다.

**TIP 역할을 부여하면 더 정교한 아이디어를 내는 챗GPT**

챗GPT에게 "당신은 전문 카피라이터입니다." 또는 "당신은 캐치프레이즈 전문가입니다."와 같은 역할을 부여하면 더 정교한 아이디어를 얻을 수 있습니다.

이제 환경 친화적인 생활 용품 라인에 대한 아이디어를 생성하는 챗GPT의 실제 예시를 살펴보겠습니다.

## 프롬프트 템플릿

새로운 상품이나 서비스의 아이디어를 창출하고 싶습니다. 상품의 성격, 타깃 고객층, 주요 특징 등을 설명해드릴 테니 이 정보를 바탕으로 창의적인 아이디어를 제안해 주세요. 또한,

상품의 네이밍이나 광고 아이디어도 함께 제시해 주세요.

- 생성할 내용. 아래 '###' 기호 뒤에 제시되는 텍스트를 바탕으로 아이디어 제안
- 주의 사항. 상품 아이디어, 네이밍, 광고 아이디어를 포함해 주세요.

###

## 프롬프트 작성 예시

새로운 상품이나 서비스의 아이디어를 창출하고 싶습니다. 상품의 성격, 타깃 고객층, 주요 특징 등을 설명해드릴 테니 이 정보를 바탕으로 창의적인 아이디어를 제안해 주세요. 또한, 상품의 네이밍이나 광고 아이디어도 함께 제시해 주세요.

- 생성할 내용. 아래 '###' 기호 뒤에 제시되는 텍스트를 바탕으로 아이디어 제안
- 주의 사항. 상품 아이디어, 네이밍, 광고 아이디어를 포함해 주세요.

###

저는 환경 친화적인 생활 용품 라인을 개발하고 싶습니다. 이 제품은 재활용 가능하고 생분해성 소재로 만들어질 예정입니다. 주요 타깃 고객층은 20~40대의 환경에 관심이 많은 소비자들입니다. 이 정보를 바탕으로 상품 아이디어, 네이밍, 광고 아이디어를 제안해 주세요.

## 프롬프트 출력 예시

**상품 아이디어**

**1. 제품 라인업**

- **Eco-Packaging Storage Bags**: 다양한 크기의 재사용 가능한 식품 보관 가방, 재활용 가능하고 생분해성 소재로 제작되어 플라스틱 사용을 줄일 수 있습니다.
- **Sustainable Home Cleaning Kit**: 천연 재료로 만든 다목적 청소 용품 세트. 각각의 용기는 재활용 플라스틱으로 제작되며, 리필 가능한 구조로 설계됩니다.
- **Compostable Kitchen Accessories**: 생분해성 소재로 만든 주방 용품, 예를 들어 도마, 수세미, 및 조리 도구 등이 포함됩니다.
- **Eco-Friendly Personal Care Items**: 대나무 칫솔, 생분해성 면봉, 재활용 가능한 면도기와 같은 개인 위생 용품

**2. 상품 네이밍**

- **GreenEssence**: 환경과 조화를 이루는 본질적인 제품 라인을 강조한 이름

- **EcoWave**: 자연의 흐름을 따라가는 지속 가능한 생활 용품을 의미
- **ReNew Life**: 재활용과 재사용을 통해 새로운 삶을 제공하는 제품군을 의미
- **Earthly Essentials**: 지구와 조화를 이루는 필수품을 상징하는 이름

**3. 광고 아이디어**

- **광고 콘셉트**: "지구를 위한 작은 변화, 미래를 위한 큰 발걸음"이라는 슬로건을 중심으로, 일상 속에서 환경을 보호하는 작은 실천이 얼마나 중요한지 강조합니다.
- **비주얼**: 자연의 풍경과 도시 생활을 대비시키며, 우리의 작은 행동이 지구에 미치는 긍정적인 영향을 보여 주는 장면을 연출합니다. 예를 들어, 생분해성 소재로 만든 가방에 식료품을 담거나 재활용 가능한 청소 용품으로 집을 청소하는 모습을 보여 줍니다.
- **캠페인**: "Plastic-Free Challenge" 캠페인을 통해 고객들이 일상 속에서 플라스틱을 줄이고, 대체할 수 있는 친환경 제품을 사용하도록 독려합니다. 참여자들에게는 할인 쿠폰이나 무료 샘플을 제공하여 제품 체험을 유도합니다.
- **디지털 마케팅**: SNS를 활용한 #EcoWaveChallenge 해시태그 캠페인을 통해 사람들이 제품을 사용하는 모습을 공유하도록 유도하고, 사용자 후기와 경험을 중심으로 바이럴 마케팅을 전개합니다.

이 아이디어들은 환경 보호를 위한 지속 가능한 제품 개발을 목표로 하며, 타깃 고객층의 관심과 가치관에 부합하는 마케팅 전략을 통해 성공적으로 시장에 진출할 수 있도록 돕습니다.

ChatGPT PROMPT

# 1.14 코딩: 프로그래밍 코드 작성 및 디버깅

챗GPT는 프로그래밍 코드를 작성하고 디버깅하는 데 도움을 줄 수 있습니다. 이 기능의 주요 장점은 다음과 같습니다.

- 처음부터 코드를 직접 작성하는 것보다 시간과 노력을 절약할 수 있습니다.
- 파이썬, 자바스크립트와 같은 주요 프로그래밍 언어에 대해 높은 정확도의 코드를 생성할 수 있습니다.
- 코드에서 발생한 오류를 지적하고 수정할 수 있습니다.

### 주의 사항

- 생성된 코드가 실제로 작동하지 않을 수 있으므로 반드시 검증 및 개선 작업이 필요합니다.
- 프로그래밍 지식이 있어야 생성된 코드를 효과적으로 활용할 수 있습니다.
- "이 프로그램을 디버그하고, 오류가 있으면 수정해 주세요."와 같은 지시를 반복하면 정확도가 높아질 수 있습니다.

이제 간단한 숫자 맞추기 게임을 파이썬으로 작성하는 챗GPT의 코드 생성 기능을 살펴보겠습니다.

## 프롬프트 템플릿

컴퓨터에서 작동하는 간단한 게임 코드를 작성해 주세요.

- 생성할 내용. Python으로 작성된 간단한 숫자 맞추기 게임 코드
- 주의 사항. 코드와 함께 게임 설명도 포함해 주세요.

## 챗GPT 출력 예시

**숫자 맞추기 게임 코드와 설명**

아래 코드는 Python으로 작성된 간단한 숫자 맞추기 게임입니다. 플레이어는 컴퓨터가 무작위로 생성한 숫자를 맞추는 방식으로 진행됩니다.

---

**게임 설명**

- **목적**: 컴퓨터가 생성한 1부터 100 사이의 숫자를 맞추는 것입니다.
- **게임 규칙**:
  1. 컴퓨터가 무작위로 숫자를 생성합니다.
  2. 플레이어는 숫자를 추측하여 입력합니다.
  3. 컴퓨터는 입력된 숫자가 정답보다 큰지, 작은지, 정답인지를 알려 줍니다.
  4. 정답을 맞출 때까지 반복하며, 정답을 맞추면 시도 횟수와 함께 축하 메시지를 출력합니다.

```
import random

def number_guessing_game():
    print("숫자 맞추기 게임에 오신 것을 환영합니다!")
    print("컴퓨터가 1부터 100 사이의 숫자를 선택했습니다.")
    print("그 숫자를 맞춰 보세요.")

    # 컴퓨터가 생성한 숫자
    secret_number = random.randint(1, 100)
    attempts = 0  # 시도 횟수

    while True:
        try:
            # 플레이어의 입력
            guess = int(input("숫자를 입력하세요."))
            attempts += 1  # 시도 횟수 증가

            if guess < 1 or guess > 100:
                print("1부터 100 사이의 숫자를 입력해 주세요.")
                continue

            # 정답 확인
            if guess < secret_number:
                print("정답보다 작습니다. 더 큰 숫자를 입력해 보세요.")
            elif guess > secret_number:
                print("정답보다 큽니다. 더 작은 숫자를 입력해 보세요.")
```

```
            else:
                print(f "축하합니다! 정답은 {secret_number}입니다.")
                print(f "총 {attempts}번 시도하셨습니다.")
                break
        except ValueError:
            print("유효한 숫자를 입력해 주세요.")

if __name__ == "__main__":
    number_guessing_game()
```

**사용 방법**

1. Python 환경에서 위 코드를 복사하여 붙여 넣습니다.
2. 코드를 실행하면 '숫자 맞추기 게임'이 시작됩니다.
3. 컴퓨터가 알려 주는 힌트를 참고하여 정답을 맞출 때까지 숫자를 입력해 보세요.
4. 정답을 맞추면 게임이 종료되고 시도 횟수가 출력됩니다.

ChatGPT PROMPT

# 1.15 정보 검색: 특정 주제에 대한 정보 제공

챗GPT는 특정 주제에 대한 정보를 검색하고 제공할 수 있으며, 다음과 같은 장점이 있습니다.

- 단순한 정보 제공 외에도 이를 편리하게 정리하거나 원하는 형식으로 표시할 수 있습니다.
- 관련 자료를 일일이 읽지 않아도 되므로 시간을 절약할 수 있습니다.

### 주요 기능

- 지시된 주제에 관한 정보 수집
- 정보의 주요 장점을 요약
- 검색한 내용을 표로 정리

### 주의 사항

- 무료 버전 챗GPT는 2021년 이전의 정보만 수집할 수 있습니다.
- 최신 정보가 필요하다면 유료 버전을 사용하거나 Google SGE, Bing AI와 같은 AI 도구를 활용하는 것이 좋습니다.

이제 최근 전기차 트렌드에 대한 정보를 검색하고 요약하는 챗GPT의 정보 검색 기능을 실제 예시로 살펴보겠습니다.

### 프롬프트 템플릿

특정 주제에 대한 정보를 검색하고, 그 정보를 요약하여 정리해 주세요. 또한, 중요한 내용을 정리하여 한눈에 볼 수 있도록 해 주세요.

- 검색할 내용. 아래 '###' 기호 뒤에 제시되는 텍스트
- 주의 사항. 주요 제조업체, 기술 혁신, 시장 동향에 대한 내용을 포함하여 요약해 주세요.

###

## 프롬프트 작성 예시

특정 주제에 대한 정보를 검색하고, 그 정보를 요약하여 정리해 주세요. 또한, 중요한 내용을 정리하여 한눈에 볼 수 있도록 해 주세요.

- 검색할 내용. 아래 '###' 기호 뒤에 제시되는 텍스트
- 주의 사항. 주요 제조업체, 기술 혁신, 시장 동향에 대한 내용을 포함하여 요약해 주세요.

###

"최근의 전기차 트렌드에 대한 정보를 검색해 주세요. 주요 제조업체, 기술 혁신, 시장 동향에 대한 내용을 요약하고, 이를 정리해 주세요."

## 챗GPT 출력 예시

최근 전기차 산업은 기술 혁신과 시장 변화로 빠르게 발전하고 있습니다. 주요 제조업체들의 동향, 기술 혁신, 그리고 시장 트렌드를 요약하여 정리해 드리겠습니다.

**주요 제조업체 동향**:

- **테슬라(Tesla)**: 모델 3, 모델 S, 모델 Y 등 다양한 모델로 시장을 선도하고 있으며, 오토파일럿과 완전 자율주행(FSD) 기술을 통해 차별화를 꾀하고 있습니다. (경제 공부 노트)
- **BYD**: 중국의 대표적인 전기차 제조사로, 전기버스와 승용차를 생산하며 빠르게 성장하고 있습니다. 자체 배터리 제조 역량을 통해 비용 절감과 안정적인 공급망을 확보하고 있습니다. (경제 공부 노트)
- **폭스바겐(Volkswagen)**: ID. 시리즈와 아우디 e-tron 등 전기차 모델을 통해 시장 점유율을 확대하고 있으며, 전통적인 내연기관차에서 전기차로의 전환을 적극 추진하고 있습니다. (경제 공부 노트)

**기술 혁신**:

- **배터리 기술**: 고체 배터리(Solid-State Battery)의 상용화가 시작되며, 에너지 밀도와 안전성이 크게 향상되었습니다. 또한, 고속 충전 기술의 발전으로 10분 충전으로 300km 주행이 가능한 기술이 보편화되고 있습니다. (Just Do)
- **자율주행**: AI 기반의 고도화된 라이다(LiDAR)와 카메라 기술로 복잡한 도로 상황에서도 안전한 주행이 가능해졌으며, V2X(Vehicle-to-Everything) 기술 도입으로 차량과 교통 인프라 간 실시간 데이터 교환이 가능해졌습니다. (Just Do)

- **충전 인프라**: 전 세계 주요 도시와 고속도로를 중심으로 충전소가 빠르게 늘어나고 있으며, 재생에너지를 기반으로 한 충전소도 도입되고 있습니다. 이러한 인프라 확장은 전기차 사용자의 편의성을 극대화하고 있습니다. 생활연구소

**시장 동향**:

- **전기차 대중화**: 전기차는 이제 소수의 선택이 아닌 대중의 표준으로 자리 잡고 있습니다. 주요 제조사들은 다양한 가격대와 스타일의 전기차를 출시하며 소비자 선택의 폭을 넓히고 있습니다. 모터월드
- **정부 정책**: 전 세계 여러 국가는 탄소 배출 감축 목표를 달성하기 위해 전기차 보조금과 충전 인프라 구축을 지원하며, 내연기관 자동차의 판매를 금지하거나 제한하는 정책을 도입하고 있습니다. 모터월드
- **시장 전망**: 국제 에너지 기구(IEA)는 전기차 판매량이 매년 증가하여 2030년까지 전체 자동차 판매량의 30% 이상이 전기차가 될 것으로 예상하고 있습니다. 특히, 중국과 유럽은 전기차 보급률이 높은 지역으로, 이 두 시장은 전기차 기술 혁신과 생산량 확대의 중심이 될 것입니다. 경제 공부 노트

**요약**:

- **제조업체**: 테슬라, BYD, 폭스바겐 등 주요 기업들이 전기차 시장에서 두각을 나타내고 있습니다.
- **기술 혁신**: 배터리 기술의 발전, 자율주행 기술의 진화, 충전 인프라의 확충이 이루어지고 있습니다.
- **시장 동향**: 전기차의 대중화, 정부의 정책 지원, 그리고 시장의 지속적인 성장이 예상됩니다.

전기차 산업은 이러한 요소들이 복합적으로 작용하며 빠르게 발전하고 있습니다.

메시지 ChatGPT

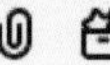
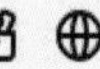

# 챗GPT를 활용한 실무 적용 – 핵심 방법 9가지

이 장에서는 챗GPT를 실제 업무에 효과적으로 활용하는 9가지 방법과 최적의 프롬프트 작성법을 설명합니다.

---

- 2.0 **들어가기 전에**
- 2.1 **이메일 작성:** 효과적인 비즈니스 커뮤니케이션
- 2.2 **메일 매거진(뉴스레터) 작성:** 정보가 풍부한 콘텐츠 생성
- 2.3 **제품/서비스 매뉴얼 작성:** 사용자 친화적 안내서 제작
- 2.4 **광고 카피 작성:** 주목을 끄는 문구 개발
- 2.5 **정보 수집:** 특정 주제에 대한 포괄적 조사
- 2.6 **프레젠테이션 템플릿 생성:** 효과적인 발표 구조 설계
- 2.7 **연설문 작성:** 설득력 있는 연설 내용 구성
- 2.8 **시장 조사 및 마케팅:** 트렌드 분석 및 전략 수립
- 2.9 **비교 표 작성:** 복잡한 정보를 명확하게 정리

# 2.0 들어가기 전에

챗GPT는 기본적인 기능뿐만 아니라 다양한 업무에 유용하게 적용될 수 있습니다. 프롬프트(입력 지시문)를 조금만 조정하면 활용 범위를 크게 확장할 수 있으며, 단순한 문서 작성에서부터 맞춤형 광고 문구와 마케팅 기획까지 가능합니다.

이 장에서는 챗GPT를 실제 업무에 효과적으로 활용하는 9가지 방법과 최적의 프롬프트 작성법을 설명하겠습니다.

1. **이메일 작성:** 비즈니스 커뮤니케이션을 효율적으로 작성
2. **뉴스레터 작성:** 풍부한 정보로 매력적인 콘텐츠 생성
3. **제품/서비스 매뉴얼 작성:** 사용자 친화적인 안내서 제작
4. **광고 카피 작성:** 주목을 끄는 강력한 문구 개발
5. **정보 수집:** 포괄적이고 심층적인 주제 조사
6. **프레젠테이션 템플릿 생성:** 효과적인 발표 구조 설계
7. **연설문 작성:** 설득력 있는 연설문 작성
8. **시장 조사 및 마케팅:** 트렌드 분석과 전략적 마케팅 계획
9. **비교 표 작성:** 복잡한 정보를 명확하게 정리

각 항목에서는 구체적인 예시와 함께 챗GPT 활용 방법을 단계별로 소개해 업무에 즉시 적용할 수 있도록 안내합니다. 이를 통해 업무 효율을 높이고, 창의적이고 전문적인 결과물을 얻을 수 있습니다.

ChatGPT PROMPT

# 이메일 작성: 효과적인 비즈니스 커뮤니케이션

챗GPT를 사용하면 다양한 상황에 맞는 효과적인 비즈니스 이메일을 작성할 수 있습니다. 비록 이메일 작성이 일상적인 업무일지라도 상황에 맞는 적절한 표현과 단어 선택에는 시간이 소요될 수 있습니다.

다음과 같은 상황에서 챗GPT를 활용해 이메일을 작성할 수 있습니다.

- 감사 이메일
- 사과 이메일
- 판매한 상품의 버전 업그레이드를 위한 약속 이메일

이제 실제 예시를 통해 챗GPT의 이메일 작성 기능을 살펴보겠습니다. 고객에게 보내는 납기 지연에 대한 사과 이메일을 작성해 보겠습니다.

## 프롬프트 템플릿

고객에게 보내는 사과의 이메일을 300자 이내로 작성해 주세요.
이메일의 제목도 작성해 주세요.

- 작성할 내용. 아래 '###' 기호 뒤에 제시되는 텍스트
- 주의 사항. 이메일 제목과 내용을 포함하여 작성해 주세요.

###

## 프롬프트 작성 예시

고객에게 보내는 사과의 이메일을 300자 이내로 작성해 주세요.

이메일의 제목도 작성해 주세요.

- 작성할 내용. 아래 '###' 기호 뒤에 제시되는 텍스트
- 주의 사항. 이메일 제목과 내용을 포함하여 작성해 주세요.

###
용건. 상품 납품 기한이 지연된 것에 대한 사과

수신처. 주식회사 ※※사 총무부 담당 △△님

내용. 사과의 말씀과 불편한 점이 있으면 바로 연락해 주시기 바란다는 것, 앞으로도 오랜 관계를 유지하고 싶다는 것

## 챗GPT 출력 예시

**이메일 제목: 상품 납품 지연에 대한 사과의 말씀**

**이메일 내용:**

안녕하세요, △△님.

주식회사 **사의 총무부에 깊은 사과의 말씀드립니다. 이번 상품 납품 기한이 지연되어 불편을 끼쳐드린 점 진심으로 사과드립니다. 이로 인해 발생한 불편함에 대해서는 언제든지 연락해 주시면 즉시 조치하겠습니다. 앞으로는 이러한 일이 재발하지 않도록 최선을 다하겠습니다. 변함없이 오랜 관계를 유지할 수 있기를 바랍니다.

감사합니다.

[귀하의 이름]
[회사명]

이러한 방식으로 챗GPT를 활용하면 다양한 상황에 맞는 적절한 이메일을 빠르고 효과적으로 작성할 수 있습니다. 이는 비즈니스 커뮤니케이션의 효율성을 크게 향상시킬 수 있습니다.

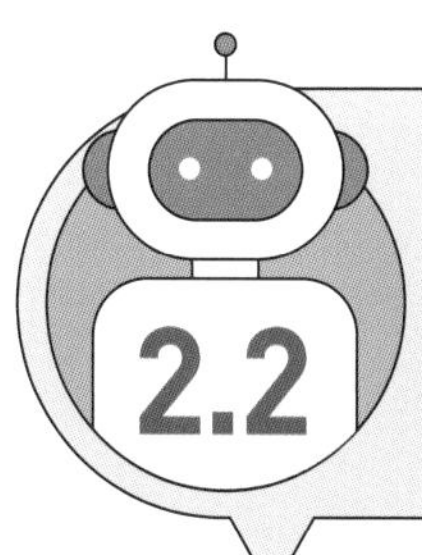


ChatGPT PROMPT

# 메일 매거진(뉴스레터) 작성: 정보가 풍부한 콘텐츠 생성

챗GPT를 활용하면 메일 매거진(뉴스레터)을 손쉽게 작성할 수 있습니다. 뉴스레터는 일반적인 이메일과 달리, 독자의 관심을 끌 수 있는 다양한 주제를 다뤄야 하며, 이를 준비하는 데 많은 시간과 노력이 필요합니다.

챗GPT는 다양한 주제를 빠르게 생성하고, 뉴스레터의 실제 작성까지도 수행할 수 있습니다. 예를 들어, 신제품 출시를 위한 뉴스레터의 주제를 간단히 도출할 수 있습니다.

이제 실제 예시를 통해 챗GPT가 신제품 런칭을 위한 메일 매거진 주제를 어떻게 생성하는지 살펴보겠습니다.

### 프롬프트 템플릿

"우리 회사의 신제품 런칭을 위한 메일 매거진 주제를 제안해 주세요."

- 작성할 내용. 아래 '###' 기호 뒤에 제시되는 텍스트
- 주의 사항. 회사와 제품의 특징을 고려하여 다양한 주제를 제안해 주세요.

###

### 프롬프트 작성 예시

"우리 회사의 신제품 런칭을 위한 메일 매거진 주제를 제안해 주세요."

- 작성할 내용. 아래 '###' 기호 뒤에 제시되는 텍스트
- 주의 사항. 회사와 제품의 특징을 고려하여 다양한 주제를 제안해 주세요.

###

회사 및 신제품 정보 예시
회사명. EcoTech Solutions
업종. 환경 기술 및 솔루션 제공
제품. EcoSmart Air Purifier
특징.

- 첨단 필터 기술. HEPA 필터와 활성탄 필터를 결합하여 미세먼지와 유해 물질 제거
- 스마트 기능. 모바일 앱을 통해 실시간 공기 질 모니터링 및 제어 가능
- 에너지 효율. 전력 소모를 최소화하는 설계
- 디자인. 현대적이고 슬림한 디자인으로 공간을 절약

## 챗GPT 출력 예시

**메일 매거진 주제 제안. EcoSmart Air Purifier 신제품 런칭**

**1. "맑은 공기로 시작하는 하루, EcoSmart Air Purifier와 함께하세요!"**
- 제품의 스마트 기능과 에너지 효율성을 강조하며, 일상 속에서의 공기 질 관리의 중요성을 소개합니다.

**2. "EcoTech Solutions의 혁신, 공기 질의 새로운 기준을 제시하다."**
- EcoSmart Air Purifier의 첨단 필터 기술과 환경친화적인 설계를 부각시켜, 제품이 제공하는 건강한 생활 환경에 대해 설명합니다.

**3. "스마트한 생활의 시작, EcoSmart Air Purifier로 건강을 지키세요."**
- 모바일 앱을 통해 실시간으로 공기 질을 모니터링하고 제어할 수 있는 스마트 기능에 중점을 둔 주제입니다.

**4. "당신의 공간을 더 깨끗하고 아름답게, EcoSmart Air Purifier"**
- 현대적이고 슬림한 디자인이 공간을 절약하면서도 인테리어를 돋보이게 한다는 점을 강조하는 내용으로, 디자인과 기능의 조화를 소개합니다.

**5. "에코라이프의 필수 아이템, EcoSmart Air Purifier로 환경도 지키고 건강도 챙기세요."**
- EcoSmart Air Purifier의 에너지 효율과 환경 보호 기여를 강조하며, 지속 가능한 생활 방식을 촉진하는 주제를 다룹니다.

이러한 주제들은 EcoTech Solutions의 신제품 EcoSmart Air Purifier의 다양한 장점들을 효과적으로 전달하며, 고객들이 제품의 가치를 인식하고 구매로 이어질 수 있도록 돕는 데 초점을 맞추고 있습니다.

앞서 생성한 주제 중 하나를 선택하여 실제로 메일 매거진을 작성해 보겠습니다. 이를 통해 챗GPT가 어떻게 상세한 내용을 구성하는지 살펴볼 수 있습니다.

### 프롬프트 작성 예시

위에서 생성한 주제 중 하나를 선택하여 실제로 메일 매거진을 작성해 주세요.

- 작성할 내용. 앞서 생성한 주제 중 "맑은 공기로 시작하는 하루, EcoSmart Air Purifier와 함께하세요!"를 선택
- 주의 사항. 제품의 특징을 강조하고, 고객에게 구매 동기를 부여할 수 있는 내용으로 작성해 주세요.

### 챗GPT 출력 예시

**메일 매거진. 맑은 공기로 시작하는 하루, EcoSmart Air Purifier와 함께하세요!**

**제목: 맑은 공기로 시작하는 하루, EcoSmart Air Purifier와 함께하세요!**

안녕하세요, EcoTech Solutions의 소중한 고객 여러분!

우리는 모두 건강하고 쾌적한 생활 환경을 원합니다. 특히 요즘 같은 시기에는 공기 질이 그 어느 때보다 중요하게 느껴집니다. 오늘, 여러분께 EcoTech Solutions의 혁신적인 신제품 EcoSmart Air Purifier를 소개하게 되어 기쁩니다. 이 제품은 단순히 공기 청정기를 넘어 스마트한 생활의 필수 아이템으로 자리 잡을 것입니다.

**EcoSmart Air Purifier의 주요 특징**

**1. 첨단 필터 기술**
EcoSmart Air Purifier는 HEPA 필터와 활성탄 필터를 결합하여 미세먼지, 알레르기 유발 물질, 유해 가스를 효과적으로 제거합니다. 이는 여러분의 공간을 더욱 깨끗하고 건강하게 만들어 줄 것입니다.

**2. 스마트 기능**
언제 어디서나 공기 질을 관리할 수 있는 스마트 기능을 경험해 보세요. 모바일 앱을 통해 실시간으로 공기 질을 모니터링하고, 집에 도착하기 전에 미리 공기 청정기를 작동시켜 최적의 공기 상태를 유지할 수 있습니다.

**3. 에너지 효율**
EcoSmart Air Purifier는 에너지 효율을 극대화하여 전력 소모를 최소화합니다. 여러분의 전기 요금을 절감하면서도 최고의 성능을 제공합니다.

**4. 현대적이고 슬림한 디자인**
현대적이고 세련된 디자인으로, 어느 공간에도 잘 어울립니다. 슬림한 형태로 공간을 절약하며, 집안의 인테리어를 더욱 돋보이게 합니다.

왜 EcoSmart Air Purifier를 선택해야 할까요?

EcoSmart Air Purifier는 최신 기술과 디자인을 결합하여 여러분의 생활을 더 편리하고 건강하게 만들어 줄 것입니다. 바쁜 일상 속에서도 깨끗한 공기를 유지하는 것은 이제 더 이상 어려운 일이 아닙니다. EcoSmart Air Purifier와 함께라면, 맑은 공기로 가득한 아침을 시작할 수 있습니다.

**특별 혜택**

지금 EcoSmart Air Purifier를 구매하시면, 첫 달 무상 A/S 서비스와 함께 특별 할인 혜택을 드립니다. 이번 기회를 놓치지 마세요!

지금 바로 구매하세요. [링크]

여러분의 건강과 편안한 생활을 위한 최고의 선택, EcoSmart Air Purifier와 함께하세요. 더 나은 생활 환경을 위한 여러분의 선택에 감사드립니다.

감사합니다,
EcoTech Solutions 드림

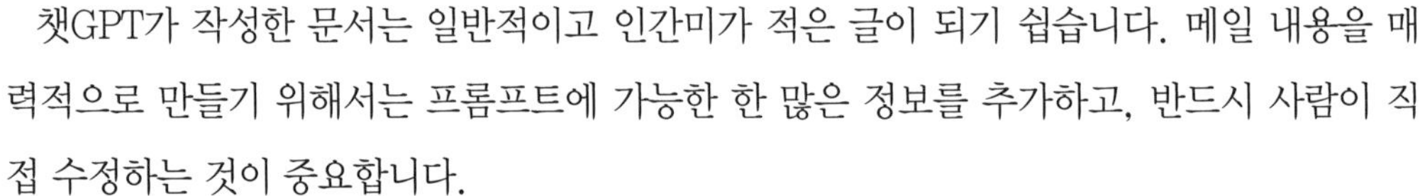

챗GPT가 작성한 문서는 일반적이고 인간미가 적은 글이 되기 쉽습니다. 메일 내용을 매력적으로 만들기 위해서는 프롬프트에 가능한 한 많은 정보를 추가하고, 반드시 사람이 직접 수정하는 것이 중요합니다.

또한, 챗GPT는 최신 정보를 반영하지 않으므로 정보가 정확한지 확인해야 합니다.

수정이 필요하긴 하지만, 그래도 처음부터 작성할 필요가 없으므로 시간이 많이 절약됩니다.

# 2.3 제품/서비스 매뉴얼 작성: 사용자 친화적 안내서 제작

챗GPT를 활용하면 제품이나 서비스의 매뉴얼을 간편하게 작성할 수 있습니다. 어떤 순서로 무엇을 써야 할지 고민할 필요가 없기 때문에 시간과 노력을 절약할 수 있습니다.

이제 간단한 제품 매뉴얼을 챗GPT로 작성하는 실제 예시를 살펴보겠습니다.

## 프롬프트 템플릿

특정 제품이나 서비스에 대한 매뉴얼을 작성해 주세요. 매뉴얼에는 제품 설명, 사용 방법, 주의 사항 그리고 자주 묻는 질문(FAQ)을 포함해 주세요.

- 작성할 내용. 아래 '###' 기호 뒤에 제시되는 텍스트
- 주의 사항. 제품의 특성을 고려하여 상세하고 명확한 매뉴얼을 작성해 주세요.

###

## 프롬프트 작성 예시

특정 제품이나 서비스에 대한 매뉴얼을 작성해 주세요. 매뉴얼에는 제품 설명, 사용 방법, 주의 사항 그리고 자주 묻는 질문(FAQ)을 포함해 주세요.

- 작성할 내용. 아래 '###' 기호 뒤에 제시되는 텍스트
- 주의 사항. 제품의 특성을 고려하여 상세하고 명확한 매뉴얼을 작성해 주세요.

###

스마트 전구

## 챗GPT 출력 예시

**스마트 전구 매뉴얼**

**1. 제품 설명**

스마트 전구는 Wi-Fi를 통해 스마트폰 또는 스마트 홈 시스템과 연결하여 제어할 수 있는 LED 전구입니다. 이 전구는 색상 변경, 밝기 조절, 스케줄 설정 등의 기능을 제공하며, 음성 명령으로도 제어할 수 있습니다. 다양한 환경에서 사용 가능하며, 에너지 절약형으로 설계되었습니다.

**2. 사용 방법**

**설치**

- 전구를 기존의 소켓에 돌려 끼워 설치합니다.
- 전원이 연결되면, 전구가 자동으로 켜집니다.

**앱 설치 및 연결**

- 스마트폰에 전용 앱을 다운로드하여 설치합니다.
- 앱을 열고 지시에 따라 전구를 Wi • Fi 네트워크에 연결합니다.
- 전구가 앱에 성공적으로 연결되면, 설정 화면이 나타납니다.

**기본 사용 방법**

- 앱을 통해 전구의 색상과 밝기를 조절할 수 있습니다.
- 원하는 시간에 전구가 자동으로 켜지거나 꺼지도록 스케줄을 설정할 수 있습니다.
- 스마트 스피커(예: Amazon Alexa, Google Assistant)와 연동하여 음성 명령으로 전구를 제어할 수 있습니다.

**3. 주의 사항**

- 전구를 설치하거나 제거할 때 반드시 전원을 꺼 주세요.
- 전구는 실내에서만 사용해야 하며, 물이 닿지 않도록 주의하세요.
- 과도한 온도나 습기가 많은 환경에서 사용하지 마세요.
- 전구가 과열될 경우, 즉시 전원을 끄고 고객 서비스에 문의하세요.
- 스마트 전구는 2.4GHz Wi-Fi 네트워크에만 연결할 수 있습니다.

**4. 자주 묻는 질문(FAQ)**

**Q1. 전구가 Wi-Fi에 연결되지 않습니다.**

A1. Wi-Fi 신호가 강한지 확인하고, 라우터와 전구 사이의 거리를 줄여 보세요. 또한, 2.4GHz 네트워크를 사용 중인지 확인하십시오.

**Q2. 전구의 색상이 변하지 않아요.**

A2. 앱이 최신 버전인지 확인하고, 전구를 다시 설정해 보세요. 문제가 지속되면, 전구를 껐다가 다시 켜 보세요.

**Q3. 스마트 스피커와 연동되지 않습니다.**

A3. 스마트 스피커의 설정에서 전구를 인식하도록 다시 설정하고, 네트워크 연결 상태를 점검해 보세요.

**Q4. 전구가 깜빡입니다.**
A4. 네트워크 연결 상태가 불안정할 때 발생할 수 있습니다. Wi-Fi 신호를 확인하고, 필요시 라우터를 재부팅해 보세요.

이 매뉴얼은 스마트 전구의 사용자를 위한 설치 및 사용 가이드를 제공하며, 자주 묻는 질문을 통해 사용 시 발생할 수 있는 문제에 대한 해결 방법을 제시합니다.

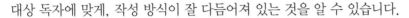

대상 독자에 맞게, 작성 방식이 잘 다듬어져 있는 것을 알 수 있습니다.

또한, 제품 정보에 대해서는 기획서 등의 문서를 그대로 복사하여 붙여 넣기만 해도 적절하게 요약하여 매뉴얼을 작성해 줍니다.

ChatGPT PROMPT

# 광고 카피 작성: 주목을 끄는 문구 개발

챗GPT를 활용하면 캠페인이나 광고의 카피를 쉽게 생각해낼 수 있습니다. 적절한 단어를 찾기 위해 오랜 시간 고민할 필요 없이 창의적인 문구를 빠르게 개발할 수 있습니다.

이제 신제품 스마트워치 캠페인을 위한 캐치프레이즈를 작성한 실제 예시를 살펴보겠습니다.

## 프롬프트 템플릿

특정 제품이나 서비스에 대한 캠페인 또는 광고를 위한 캐치프레이즈를 작성해 주세요. 타깃 고객층을 고려한 문구를 제안해 주세요.

- 작성할 내용. 아래 '###' 기호 뒤에 제시되는 텍스트
- 주의 사항. 타깃 고객층의 특성을 고려하여 다양한 캐치프레이즈를 제안해 주세요.

###

## 프롬프트 작성 예시

특정 제품이나 서비스에 대한 캠페인 또는 광고를 위한 캐치프레이즈를 작성해 주세요. 타깃 고객층을 고려한 문구를 제안해 주세요.

- 작성할 내용. 아래 '###' 기호 뒤에 제시되는 텍스트
- 주의 사항. 타깃 고객층의 특성을 고려하여 다양한 캐치프레이즈를 제안해 주세요.

###
"신제품 스마트워치의 캠페인을 위한 캐치프레이즈를 작성해 주세요. 타깃 고객층은 20~30대의 젊은 직장인입니다."

## 챗GPT 출력 예시

1. "시간을 리드하라, 나만의 스마트 라이프"
2. "스마트하게 사는 법, 손목 위에 담다."
3. "내 일상, 내 스타일, 내 스마트워치"
4. "더 빠르게, 더 스마트하게, 당신의 워크라이프"
5. "오늘의 성취, 손목에서 시작된다."

이 문구들은 20~30대 젊은 직장인을 타깃으로 하여 그들의 바쁜 일상과 효율적인 시간 관리, 스타일리시한 라이프스타일을 강조하며, 스마트워치의 기능과 가치를 부각시킵니다.

같은 조건이라도 타깃을 변경하면, 그에 맞춘 카피를 생성해 줍니다. 이를 통해 다양한 고객층을 대상으로 한 맞춤형 광고 카피를 빠르고 효율적으로 작성할 수 있습니다.

# 2.5 정보 수집: 특정 주제에 대한 포괄적 조사

챗GPT는 특정 주제에 대한 정보를 수집하고, 그 정보를 간결하게 정리하는 데 매우 유용합니다. 단순한 정보 수집을 넘어 글자 제한이나 독자 대상에 맞춘 요약을 제공해 편리하게 활용할 수 있습니다.

예를 들어, "챗GPT는 아이들에게도 안전하다."라는 짧은 정보에 대해 추가적인 세부 정보와 관련된 이용 제안도 함께 제공할 수 있습니다.

이제 실제 예시를 통해 챗GPT의 정보 수집 및 요약 기능을 살펴보겠습니다.

## 프롬프트 템플릿

특정 주제에 대한 정보를 수집하고, 이를 간결하게 요약해 주세요. 글자 제한이나 독자의 대상에 맞게 정리해 주시면 좋겠습니다.

- 작성할 내용. 아래 '###' 기호 뒤에 제시되는 텍스트
- 주의 사항. 주어진 정보를 바탕으로 간결하게 요약하고, 필요한 경우 추가 정보를 제공해 주세요.

###

## 프롬프트 작성 예시

특정 주제에 대한 정보를 수집하고, 이를 간결하게 요약해 주세요. 글자 제한이나 독자의 대상에 맞게 정리해 주시면 좋겠습니다.

- 작성할 내용. 아래 '###' 기호 뒤에 제시되는 텍스트
- 주의 사항. 주어진 정보를 바탕으로 간결하게 요약하고, 필요한 경우 추가 정보를 제공해 주세요.

###
챗GPT는 아이들에게 안전하지만, 부모의 감독이 필요합니다. 유해 콘텐츠 필터링 기능이 있으며, 아이들의 연령에 맞는 질문을 유도하는 것이 좋습니다. 교육적인 대화 주제를 활용해 창의력과 학습을 지원할 수 있습니다.

## 챗GPT 출력 예시

챗GPT는 아이들에게 안전하게 사용할 수 있는 도구지만, 부모의 감독이 필요합니다. 유해 콘텐츠를 필터링하는 기능이 있으며, 아이들의 연령에 맞는 질문과 대화를 유도하는 것이 중요합니다. 이를 통해 아이들은 챗GPT를 활용하여 창의력과 학습 능력을 향상시킬 수 있습니다. 특히, 교육적인 대화 주제를 선택하면, 아이들이 재미있게 배우고 창의적인 사고를 개발하는 데 큰 도움이 됩니다.

이 요약은 주어진 정보를 바탕으로 챗GPT의 아이들에 대한 안전성과 교육적 가치를 간결하게 설명하고 있습니다. 부모의 역할과 적절한 사용 방법에 대한 정보도 포함되어 있어 챗GPT를 아이들과 함께 사용하고자 하는 부모나 교육자들에게 유용한 정보를 제공합니다.

# 프레젠테이션 템플릿 생성: 효과적인 발표 구조 설계

챗GPT를 활용하면 프레젠테이션 템플릿을 간편하게 생성할 수 있습니다. 전달하고자 하는 내용과 목적을 명확히 설정하고, 제품이나 서비스에 대한 정보를 입력하면, 자동으로 페이지 배치와 흐름을 설계할 수 있습니다.

이를 통해 프레젠테이션 작성의 수고를 크게 덜 수 있습니다.

이제 실제 예시를 통해 챗GPT의 프레젠테이션 템플릿 생성 기능을 살펴보겠습니다.

## 프롬프트 템플릿

특정 주제에 대한 프레젠테이션 템플릿을 생성해 주세요. 프레젠테이션의 목적, 전달하고자 하는 핵심 메시지, 각 슬라이드의 페이지 배치를 포함해 주세요.

- 작성할 내용. 아래 '###' 기호 뒤에 제시되는 텍스트
- 주의 사항. 각 슬라이드의 제목과 페이지 배치를 상세히 설명해 주세요.

###

## 프롬프트 작성 예시

특정 주제에 대한 프레젠테이션 템플릿을 생성해 주세요. 프레젠테이션의 목적, 전달하고자 하는 핵심 메시지, 각 슬라이드의 페이지 배치를 포함해 주세요.

- 작성할 내용. 아래 '###' 기호 뒤에 제시되는 텍스트
- 주의 사항. 각 슬라이드의 제목과 페이지 배치를 상세히 설명해 주세요.

###

"신제품 스마트워치 출시 프레젠테이션을 위한 템플릿을 생성해 주세요. 프레젠테이션의 목

> 적은 제품의 주요 기능과 장점을 소개하고, 시장 경쟁력을 강조하는 것입니다. 각 슬라이드의 페이지 배치를 포함해 주세요."

## 챗GPT 출력 예시

**신제품 스마트워치 출시 프레젠테이션 템플릿**

**프레젠테이션의 목적**

이 프레젠테이션의 목적은 신제품 스마트워치의 주요 기능과 장점을 소개하고, 제품이 시장에서 경쟁력을 갖추고 있음을 강조하는 것입니다. 이 템플릿은 명확한 메시지 전달과 시각적 효과를 통해 청중의 관심을 끌고, 제품의 매력을 효과적으로 전달하도록 설계되었습니다.

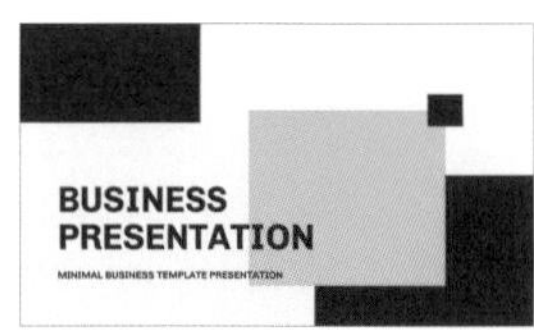


**1. 타이틀 슬라이드**

- **페이지 제목: 신제품 스마트워치 출시**
- **페이지 배치:**

중앙에 제품 이미지 배치
이미지 하단에 제품 이름과 슬로건(예: "당신의 시간을 리드하세요.") 삽입
하단에 발표자 이름, 날짜, 회사 로고 배치

**2. 소개 슬라이드**

- **페이지 제목: 소개**
- **페이지 배치:**

왼쪽 상단에 제목 배치
오른쪽에 텍스트 박스. 프레젠테이션의 목적과 어젠더를 간략히 설명
하단에 간단한 배경 이미지 또는 관련 그래픽

**3. 시장 동향 슬라이드**

- **페이지 제목: 스마트워치 시장 동향**
- **페이지 배치:**

왼쪽에 시장 데이터와 그래프(성장 추이, 주요 시장 등) 배치
오른쪽에 텍스트 박스. 현재 시장에서의 위치 및 기회 요약

**4. 제품 개요 슬라이드**

- **페이지 제목: 신제품 개요**
- **페이지 배치:**

중앙에 제품 이미지 배치(다양한 각도에서의 사진 포함)
이미지 주변에 주요 기능을 간략하게 나열한 텍스트 박스(예: 디자인, 배터리 수명, 방수 기능 등)

5. 주요 기능 슬라이드

- **페이지 제목: 주요 기능**
- **페이지 배치:**

각 기능에 대한 아이콘과 짧은 설명을 가진 3~4개의 섹션을 배치(예: 건강 모니터링, 빠른 충전, GPS 내장 등)

텍스트 박스 옆에 관련 기능의 시각적 예시를 포함한 이미지 배치

6. 시장 경쟁력 슬라이드

- **페이지 제목: 시장 경쟁력**
- **페이지 배치:**

경쟁 제품과의 비교 표 또는 그래프 배치(가격, 기능, 성능 비교)

텍스트 박스, 자사의 강점 요약(예: 우수한 사용자 경험, 경쟁력 있는 가격 등)

7. 소비자 혜택 슬라이드

- **페이지 제목: 소비자 혜택**
- **페이지 배치:**

스마트워치를 사용하는 소비자의 사례나 시나리오(예: 건강 관리, 운동 추적, 알림 기능 등) 이미지 배치

각 사례에 따른 소비자 혜택을 요약한 텍스트 박스

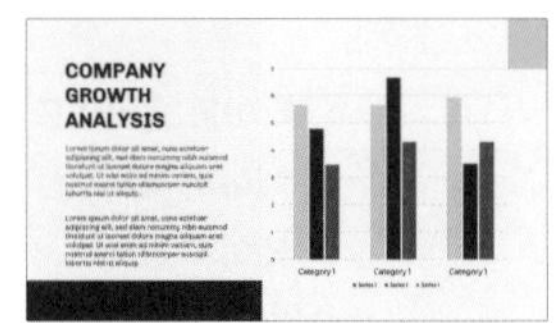


8. 가격 및 출시 정보 슬라이드

- **페이지 제목: 가격 및 출시 정보**
- **페이지 배치:**

제품 가격 옵션 및 패키지 이미지 배치

출시일, 구매 방법 등 구체적인 정보를 포함한 텍스트 박스

9. 마무리 슬라이드

- **페이지 제목. 요약 및 Q&A**
- **페이지 배치:**

중앙에 요약 문구 배치("신제품 스마트워치 당신의 스마트한 선택")

하단에 "질문 있으신가요?" 텍스트와 연락처 정보 배치

10. 감사 슬라이드

- **페이지 제목: 감사합니다**
- **페이지 배치:**

중앙에 감사 인사("함께해 주셔서 감사합니다!")

회사 로고와 웹사이트, 연락처 정보 추가

이 템플릿은 신제품의 매력을 시각적으로 강조하고, 제품의 우수성을 효과적으로 전달할 수 있도록 구성되었습니다. 슬라이드 배치는 간결하고 직관적이며, 청중이 쉽게 이해할 수 있는 정보를 제공하는 데 초점을 맞췄습니다.

ChatGPT PROMPT

# 2.7 연설문 작성: 설득력 있는 연설 내용 구성

챗GPT는 연설 내용을 작성할 수 있으며, 말하고자 하는 내용을 반영해 제한 시간 내에 마칠 수 있는 원고를 제공합니다.

연설문을 바로 작성하기 전에 주제에 대한 정보를 먼저 수집한 후 필요한 정보를 선택하여 실제 원고를 작성하면 더욱 효과적입니다. 작업을 단계별로 나누면 내용 검토가 용이하고, 정확성도 높아집니다.

이제 실제 예시를 통해 챗GPT의 연설 내용 작성을 위한 정보 수집 기능을 살펴보겠습니다.

## 프롬프트 템플릿

주어진 주제에 대해 정보를 수집해 주세요. 이 정보를 바탕으로 연설 원고를 작성할 예정입니다. 간결하고 핵심적인 정보만 수집해 주세요.

- 작성할 내용. 아래 '###' 기호 뒤에 제시되는 텍스트
- 주의 사항. 주요 현황, 해결 방안 그리고 각국의 노력에 대한 정보를 간략히 정리해 주세요.

###

## 프롬프트 작성 예시

주어진 주제에 대해 정보를 수집해 주세요. 이 정보를 바탕으로 연설 원고를 작성할 예정입니다. 간결하고 핵심적인 정보만 수집해 주세요.

- 작성할 내용. 아래 '###' 기호 뒤에 제시되는 텍스트
- 주의 사항. 주요 현황, 해결 방안 그리고 각국의 노력에 대한 정보를 간략히 정리해 주세요.

###
"기후 변화와 지속 가능한 에너지에 대해 정보를 수집해 주세요. 주요 현황, 해결 방안 그리고 각국의 노력에 대한 정보를 간략히 정리해 주세요."

## 챗GPT 출력 예시

기후 변화와 지속 가능한 에너지에 대한 간략한 정보를 다음과 같이 정리했습니다.

**1. 주요 현황**

기후 변화는 지구 온난화, 극단적인 날씨 변화, 해수면 상승 등을 포함하여 전 세계적으로 심각한 문제를 야기하고 있습니다. 이 문제는 주로 화석 연료 사용에 따른 온실가스 배출이 주요 원인으로, 산업화 이후 지구 평균 온도가 약 1.2℃ 상승했습니다. 기후 변화는 생태계 파괴, 생물종 감소, 인류 건강에 심각한 위협을 초래하고 있습니다.

1.5℃ 이상의 온도 상승은 돌이킬 수 없는 환경적 변화를 일으킬 수 있어 이를 막기 위한 전 세계적 노력이 요구됩니다.

**2. 해결 방안**

- **재생 가능 에너지**: 태양광, 풍력, 수력, 지열 등 재생 가능 에너지원의 사용 확대가 필수적입니다. 이는 탄소 배출을 줄이는 동시에 에너지 자원의 지속 가능성을 높이는 방법입니다.
- **에너지 효율성 제고**: 건물, 산업, 교통 분야에서 에너지 사용 효율을 높이는 것이 중요합니다. 효율적인 기술 도입과 에너지 절약이 탄소 배출 감소에 기여할 수 있습니다.
- **탄소 포집 및 저장(CCS)**: 이 기술은 대기 중의 이산화탄소를 포집하여 지하에 저장함으로써 탄소 배출을 줄이는 데 중요한 역할을 합니다.

**3. 각국의 노력**

- 유럽연합(EU)은 2050년까지 탄소 중립을 달성하기 위해 그린딜 정책을 추진하고 있으며, 재생 가능 에너지 비율을 높이고 있습니다.
- 미국은 2035년까지 전력 부문의 탈탄소화를 목표로, 다양한 재생 가능 에너지 프로젝트를 확대하고 있습니다.
- 중국은 2060년까지 탄소 중립을 달성하겠다는 목표로, 대규모 태양광과 풍력 발전 설비를 구축 중입니다.
- 한국은 2050년까지 탄소 중립을 목표로, 신재생 에너지 비중을 확대하고 있습니다.

이 정보는 기후 변화 문제를 해결하기 위한 주요 현황과 전략을 간략하게 요약한 것입니다.

앞서 수집한 정보를 바탕으로 챗GPT를 사용하여 실제 연설 원고를 작성해 보겠습니다. 이 과정에서 정보를 효과적으로 구조화하고 청중에게 전달력 있게 표현하는 방법을 살펴볼 수 있습니다.

### 프롬프트 템플릿

위의 정보를 바탕으로 연설 원고를 작성해 주세요. 연설 시간은 5분으로, 정중한 말투로 작성해 주세요.

- 작성할 내용. 앞서 수집한 기후 변화와 지속 가능한 에너지에 대한 정보
- 주의 사항. 5분 분량의 연설 원고로, 정중한 말투를 사용해 주세요.

### 챗GPT 출력 예시

**연설 원고. 기후 변화와 지속 가능한 에너지**

안녕하십니까, 오늘 이 자리에 모인 여러분께 감사드립니다. 오늘 저는 우리 모두에게 매우 중요한 주제인 기후 변화와 지속 가능한 에너지에 대해 말씀드리고자 합니다.

기후 변화는 더 이상 미래의 이야기가 아닙니다. 우리는 이미 그 영향을 피부로 느끼고 있습니다. 지구 평균 온도는 산업화 이전보다 약 1.2℃ 상승했으며, 이로 인해 우리는 전례 없는 폭염, 강력한 허리케인, 산불 그리고 해수면 상승을 경험하고 있습니다. 이러한 변화는 생태계를 파괴하고, 인간의 삶을 위협하고 있습니다. 과학자들은 지구 온도가 1.5℃ 이상 상승할 경우, 돌이킬 수 없는 환경적 변화를 겪게 될 것이라고 경고합니다.

그렇다면, 우리는 무엇을 해야 할까요? 답은 명확합니다. 지속 가능한 에너지로의 전환이 그 해결책입니다. 태양광, 풍력, 수력, 지열과 같은 재생 가능 에너지원은 우리가 앞으로 나아가야 할 방향을 제시합니다. 이러한 에너지원은 화석 연료를 대체할 수 있으며, 이 과정에서 탄소 배출을 대폭 줄일 수 있습니다.

또한, 에너지 효율성을 높이는 것도 매우 중요합니다. 건물, 산업, 교통 분야에서 에너지를 더 효율적으로 사용하는 것은 우리 모두가 참여할 수 있는 방법입니다. 예를 들어, 에너지 효율이 높은 가전을 사용하고, 대중교통을 이용하며, 불필요한 에너지 소비를 줄이는 작은 실천들이 모여 큰 변화를 만들 수 있습니다.

그뿐만 아니라 탄소 포집 및 저장 기술, 즉 CCS 기술도 주목할 만합니다. 이 기술은 대기 중의 이산화탄소를 포집하여 지하에 안전하게 저장함으로써 탄소 배출을 줄이는 데 큰 기여를 할 수 있습니다. 이 기술이 더욱 발전하고 널리 사용된다면, 우리는 기후 변화의 영향을 더욱 효과적으로 완화할 수 있을 것입니다.

세계 각국은 이러한 목표를 실현하기 위해 다양한 노력을 기울이고 있습니다. 유럽 연합은 2050년까지 탄소 중립을 달성하기 위해 그린딜 정책을 추진하고 있으며, 미국은 2035년까지 전력 부문의 탈탄소화를 목표로 하고 있습니다. 중국은 2060년까지 탄소 중립을 목표로, 대규모 태양광과 풍력 발전 설비를 구축하고 있습니다. 한국도 2050년까지 탄소 중립을 달성하기 위해 신재생 에너지 비중을 크게 확대하고 있습니다.

여러분, 기후 변화는 우리가 당면한 가장 큰 도전 중 하나입니다. 그러나 이 도전은 우리가 함께 노력할 때 극복할 수 있습니다. 지속 가능한 에너지원의 사용을 확대하고, 에너지 효율성을 높이며, 탄소 포집 기술을 발전시킴으로써 우리는 우리 지구를 보호할 수 있습니다.

마지막으로, 우리 모두가 일상에서 작은 실천을 통해 이 변화에 동참하기를 촉구합니다. 우리의 작은 실천이 모여 큰 변화를 만들 것입니다. 감사합니다.

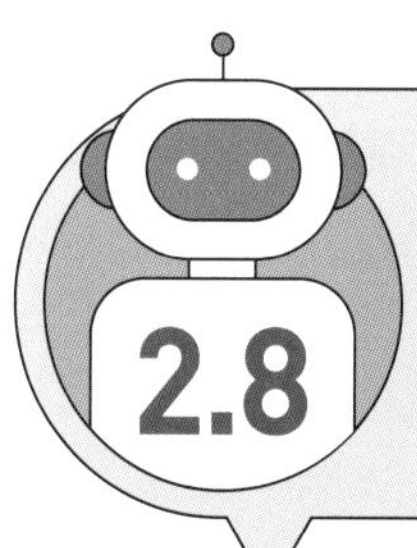


ChatGPT PROMPT

# 시장 조사 및 마케팅: 트렌드 분석 및 전략 수립

챗GPT는 시장 조사와 마케팅 전략 수립에도 활용할 수 있습니다. 일반적으로 시장 조사는 시장 규모, 동향, 니즈, 타깃 등 많은 요소를 조사하는 데 시간이 걸리지만 챗GPT를 통해 간편하게 일반적인 조사 결과를 얻을 수 있습니다.

다만, 챗GPT는 최신 정보를 제공하지 않으며, 마케팅에서는 실제 사람들의 의견이 중요하므로 참고 자료로만 활용하는 것이 좋습니다.

여기서는 시장 조사에서 중요한 항목을 파악하고, 이를 바탕으로 조사하고 싶은 품목을 찾아보겠습니다. 추가로, 항목별로 더 자세한 정보를 얻고 싶다면 질문을 이어가며 세부적으로 조사할 수 있습니다.

## 프롬프트 템플릿

시장 조사에서 중요한 항목은 무엇인가요? 주요 항목들을 간략히 설명해 주세요.

- 작성할 내용. 아래 '###' 기호 뒤에 제시되는 텍스트
- 주의 사항. 전기 스쿠터 제품을 예로 들어 각 항목을 설명해 주세요.

###

## 프롬프트 작성 예시

시장 조사에서 중요한 항목은 무엇인가요? 주요 항목들을 간략히 설명해 주세요.

- 작성할 내용. 아래 '###' 기호 뒤에 제시되는 텍스트
- 주의 사항. 전기 스쿠터 제품을 예로 들어 각 항목을 설명해 주세요.

###
전기 스쿠터 제품

## 챗GPT 출력 예시

새로운 전기 스쿠터 제품을 시장에 출시하기 전에 성공적인 시장 조사를 위해 중요한 항목들은 다음과 같습니다.

**1. 시장 수요 분석**

- **시장 규모**: 전기 스쿠터 시장의 현재 규모와 성장 가능성을 파악합니다. 이 정보는 시장의 포화 상태인지 또는 확장 가능성이 있는지를 판단하는 데 도움이 됩니다.
- **소비자 수요**: 소비자들이 전기 스쿠터에 대해 어떤 기대를 가지고 있으며, 어떤 기능이나 디자인을 선호하는지 조사합니다. 이를 통해 제품 개발 방향을 설정할 수 있습니다.

**2. 경쟁 분석**

- **경쟁 제품 파악**: 현재 시장에 존재하는 주요 경쟁 제품들을 분석합니다. 경쟁 제품의 가격, 기능, 품질, 브랜드 인지도를 비교하여 자사의 제품이 어떻게 차별화될 수 있을지 고민합니다.
- **경쟁사의 전략**: 경쟁사들이 어떤 마케팅 전략을 사용하고 있는지 그리고 그들의 성공 요인과 약점을 분석합니다.

**3. 가격 전략 분석**

- **가격 민감도**: 목표 고객층의 가격 민감도를 조사하여 적절한 가격대를 설정합니다. 과도하게 높은 가격은 시장 진입을 어렵게 하고, 너무 낮은 가격은 수익성을 저하시킬 수 있습니다.
- **비용 구조**: 제품 생산, 마케팅, 유통 등의 비용을 분석하여 합리적인 가격을 설정합니다.

**4. 고객 세분화 및 타깃팅**

- **목표 고객 정의**: 전기 스쿠터의 주요 타깃 고객층을 파악합니다. 예를 들어, 도시 내 출퇴근하는 직장인, 대학생 또는 친환경 교통 수단을 선호하는 소비자들이 주요 타깃이 될 수 있습니다.
- **소비자 행동 분석**: 목표 고객층의 구매 패턴, 온라인/오프라인 구매 선호도, 브랜드 충성도 등을 분석하여 마케팅 전략을 세웁니다.

**5. 유통 채널 분석**

- **유통 전략**: 제품을 어떻게 시장에 유통할 것인지에 대한 전략을 수립합니다. 온라인 판매, 오프라인 매장 또는 2가지를 결합한 옴니 채널 전략을 고려할 수 있습니다.
- **파트너십**: 효과적인 유통을 위해 어떤 유통 업체 또는 플랫폼과 협력할 수 있을지 조사합니다.

**6. 법규 및 규제 조사**

- **규제 이해**: 전기 스쿠터와 관련된 지역별 법규와 안전 기준을 파악합니다. 각국의 교통 법규, 환경 규제 등을 준수해야 합니다.
- **환경 정책**: 각국 정부의 친환경 교통 수단 장려 정책이나 보조금 정책을 파악하여 시장 진입 기회를 극대화할 수 있습니다.

**7. 브랜드 및 마케팅 전략**

- **브랜드 포지셔닝**: 자사의 전기 스쿠터가 시장에서 어떤 이미지로 자리 잡을지에 대한 전략을 수립합니다. 프리미엄 제품, 가성비 제품 또는 혁신적인 기술 제품으로 포지셔닝할 수 있습니다.
- **광고 및 프로모션 전략**: 제품을 홍보할 방법을 계획합니다. SNS 마케팅, 인플루언서 협업, 시승 이벤트 등을 통해 제품 인지도를 높입니다.

이러한 항목들을 철저히 분석하면, 새로운 전기 스쿠터 제품의 성공적인 시장 진입을 위한 전략을 세울 수 있습니다.

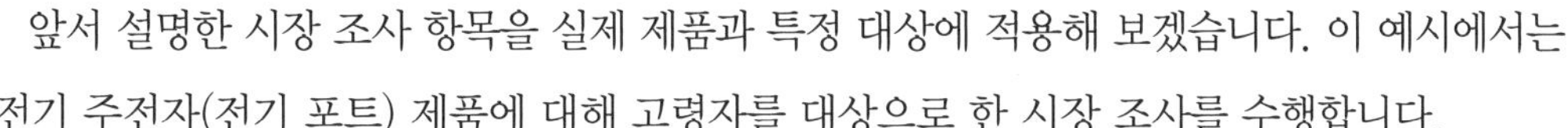

앞서 설명한 시장 조사 항목을 실제 제품과 특정 대상에 적용해 보겠습니다. 이 예시에서는 전기 주전자(전기 포트) 제품에 대해 고령자를 대상으로 한 시장 조사를 수행합니다.

## 프롬프트 템플릿

"당신은 전문 마케터입니다. '전기 주전자'에 대해 위의 항목별로 조사해 주세요. 대상은 현재 전기 포트를 사용하고 있는 고령자들입니다."

- 작성할 내용. 앞서 설명한 시장 조사 항목을 전기 주전자 제품과 고령자 대상으로 적용
- 주의 사항. 각 항목별로 구체적이고 실용적인 정보를 제공해 주세요.

## 챗GPT 출력 예시

전기 주전자(전기 포트)에 대해 고령자들을 대상으로 조사할 때 고려해야 할 항목들을 다음과 같이 정리해 보겠습니다.

**1. 시장 수요 분석**

- **시장 규모**: 고령자들이 전기 주전자를 얼마나 자주 사용하는지 그리고 이러한 제품에 대한 수요가 얼마나 지속적으로 증가하거나 유지되고 있는지를 분석합니다. 고령자들은 건강을 유지하기 위해 따뜻한 음료를 자주 섭취하며, 이로 인해 전기 주전자의 수요가 높을 수 있습니다.
- **소비자 수요**: 고령자들은 사용하기 쉽고 안전한 제품을 선호합니다. 따라서 손쉽게 물을 끓일 수 있고 과열 방지 기능이 있는 전기 주전자에 대한 수요가 클 것으로 예상됩니다.

**2. 경쟁 분석**

- **경쟁 제품 파악**: 현재 시장에서 고령자를 대상으로 한 주요 전기 주전자 제품들을 분석합니다. 주요 경쟁 제품들이 어떤 기능을 제공하고 있으며, 어떤 점에서 차별화되고 있는지 파악합니다.

- **경쟁사의 전략**: 경쟁사들이 고령자를 대상으로 어떤 마케팅 전략을 사용하고 있는지 분석합니다. 예를 들어, 광고에서 안전성과 사용 편의성을 강조하는지, 특정 브랜드가 고령자들에게 더 신뢰받는 이유는 무엇인지 파악합니다.

**3. 가격 전략 분석**

- **가격 민감도**: 고령자들이 전기 주전자 구매 시 가격에 얼마나 민감한지를 조사합니다. 일반적으로 고령자들은 고정된 수입에 의존하는 경우가 많아 가격이 중요한 요소가 될 수 있습니다.
- **비용 구조**: 고령자들에게 어필할 수 있는 기능(예: 안전 기능, 큰 손잡이, 쉬운 사용법 등)을 제공하면서도 적절한 가격을 유지할 수 있는 제품의 비용 구조를 분석합니다.

4. 고객 세분화 및 타깃팅

- **목표 고객 정의**: 고령자 중에서도 독립적으로 생활하는 이들 또는 자녀와 함께 거주하는 이들 등 세부 타깃을 정의합니다.
- **소비자 행동 분석**: 고령자들이 주로 어디에서 전기 주전자를 구매하는지(예: 오프라인 매장, 온라인 쇼핑) 그리고 구매 과정에서 어떤 요소를 중요하게 여기는지 조사합니다.

**5. 유통 채널 분석**

- **유통 전략**: 고령자들이 주로 방문하는 오프라인 매장을 통한 판매 전략을 강화하거나 온라인에서도 쉽게 접근할 수 있도록 웹사이트 사용자 인터페이스를 단순화하는 방안을 고려할 수 있습니다.
- **파트너십**: 약국, 의료 기기 매장 또는 고령자를 대상으로 하는 생활 용품점과의 파트너십을 통해 제품을 유통할 수 있습니다.

**6. 법규 및 규제 조사**

- **규제 이해**: 전기 주전자가 고령자를 대상으로 할 때 필요한 안전 규정이나 인증(예: 한국의 전기 안전 인증, 미국의 UL 인증 등)을 준수하고 있는지 확인합니다.
- **환경 정책**: 고령자들 또한 친환경 제품에 관심이 많아질 수 있으므로 전기 주전자가 에너지 효율적인 제품인지 확인하고 이에 대한 마케팅 포인트를 설정할 수 있습니다.

**7. 브랜드 및 마케팅 전략**

- **브랜드 포지셔닝**: 고령자들이 신뢰할 수 있는 브랜드로 자리 잡기 위해 오랜 역사와 신뢰성 높은 브랜드 이미지를 강조합니다.
- **광고 및 프로모션 전략**: 텔레비전 광고나 인쇄 매체를 활용해 고령자들에게 친숙한 방식으로 제품을 홍보할 수 있으며, 시니어 할인이나 무상 수리 서비스와 같은 혜택을 제공하는 프로모션을 고려할 수 있습니다.

이러한 조사를 통해 고령자를 대상으로 한 전기 주전자 제품이 시장에서 어떻게 성공적으로 자리 잡을 수 있을 것인지에 대한 전략을 세울 수 있습니다.

ChatGPT PROMPT

# 2.9 비교 표 작성: 복잡한 정보를 명확하게 정리

챗GPT는 복잡한 정보를 효율적으로 비교 표로 정리하는 데 매우 유용합니다. 표로 정리하면 많은 자료를 일일이 비교할 필요가 없어 작업이 간편해집니다.

실제 예시를 통해 챗GPT가 어떻게 표를 생성하고 비교 대상을 정리하는지 살펴보겠습니다.

## 프롬프트 템플릿

아래의 정보(전기 주전자 관련)를 세대별로 나누어 표로 정리해 주세요.
표 형식. | 항목 | 30~40대 | 50대~고령자

- 작성할 내용. 아래 '###' 기호 뒤에 제시되는 텍스트
- 주의 사항. 주어진 표 형식을 사용하여 정보를 정리해 주세요.

###

## 프롬프트 작성 예시

아래의 정보(전기 주전자 관련)를 세대별로 나누어 표로 정리해 주세요.
표 형식. | 항목 | 30~40대 | 50대~고령자

- 작성할 내용. 아래 '###' 기호 뒤에 제시되는 텍스트
- 주의 사항. 주어진 표 형식을 사용하여 정보를 정리해 주세요.

###
전기 주전자의 세대별 선호도를 분석하기 위해 다양한 정보를 수집했습니다. 30~40대는 모던하고 심플한 디자인을 선호하며, 빠른 끓임 속도와 자동 온도 조절 기능을 중요시합니다. 이들은 주로 바쁜 아침과 저녁 시간대에 전기 주전자를 사용하며, 편리하고 효율적인 생활

도구를 원합니다. 또한 최신 트렌드를 반영한 인기 브랜드를 선호하며, 가격에도 민감한 경향이 있습니다.

반면, 50대~고령자는 클래식하고 전통적인 디자인을 선호하며, 안전한 사용을 위한 과열 방지 기능을 중시합니다. 이들은 하루 종일, 특히 오후 시간대에 전기 주전자를 자주 사용하며, 신뢰할 수 있는 품질과 안전성을 우선시합니다. 오랜 역사를 가진 신뢰성 높은 브랜드를 선호하고, 가격보다는 제품의 품질에 더 큰 가치를 둡니다.

## 챗GPT 출력 예시

| 항목 | 30~40대 | 50대~고령자 |
|---|---|---|
| 디자인 | 모던하고 심플한 디자인 선호 | 클래식하고 전통적인 디자인 선호 |
| 기능 | 빠른 끓임 속도, 자동 온도 조절 기능 중시 | 과열 방지 기능 중시 |
| 사용 시간대 | 주로 바쁜 아침과 저녁 시간대 사용 | 하루 종일, 특히 오후 시간대 사용 |
| 우선순위 | 편리함, 효율성, 최신 트렌드 반영 | 신뢰할 수 있는 품질, 안전성 중시 |
| 브랜드 선호도 | 최신 트렌드를 반영한 인기 브랜드 선호 | 오랜 역사의 신뢰성 높은 브랜드 선호 |
| 가격 민감도 | 가격에 민감함 | 품질에 더 큰 가치 부여 |

챗GPT에서 표를 만들 때 항목 등을 지정하면 원하는 결과에 더 가까워질 수 있습니다.

**포인트! 표 형식의 항목을 지정하는 방법**

표 형식으로 작성할 때, 입력하고 싶은 항목을 지정하려면 항목을 "|(파이프라인)"으로 구분합니다.

출력
표 형식. | 페이지 번호 | 페이지 타이틀 | 페이지 내용

그렇게 하면, 항목이 반영됩니다.

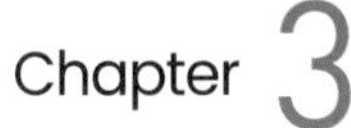

# 챗GPT를 업무에 도입할 때 주의 사항

이 장에서는 챗GPT를 효과적으로 활용하기 위해 반드시 고려해야 할 세 가지 핵심 요소를 설명합니다.



- **효과적인 프롬프트 작성:** 명확하고 구체적인 지시를 제공하여 AI가 정확하게 작업을 수행할 수 있도록 함
- **정보 정확성 확인:** 특히 무료 버전 사용 시 AI가 제공하는 정보의 정확성을 반드시 확인 필요
- **인간의 검토 필수:** AI가 생성한 내용은 최종적으로 사람이 검토하여 오류를 방지하는 것이 중요

ChatGPT PROMPT

ChatGPT PROMPT

# 3.1 세가지 핵심 요소

챗GPT는 강력한 AI 도구이지만, 비즈니스 환경에서 사용할 때는 신중함이 필요합니다. 잘못된 정보로 인한 신뢰 문제를 방지하기 위해 다음 세 가지 핵심 사항을 염두에 두어야 합니다.

## 효과적인 프롬프트 작성

챗GPT의 잠재력을 최대한 활용하려면 명확하고 구체적인 프롬프트 작성이 필수적입니다. 모호한 지시나 정보가 부족하면 출력의 정확도가 떨어질 수 있습니다. 두 가지 핵심 원칙은 다음과 같습니다.

- 상세하고 구체적인 정보 제공
- 명확한 전제 조건 설정(예 "당신은 전문 웹 작가입니다.")

## 정보 정확성 확인

특히 무료 버전의 챗GPT는 최신 정보를 제공하지 못할 수 있습니다. 챗GPT는 학습된 데이터를 기반으로 답변을 생성하므로 오래되거나 부정확한 정보를 제공할 가능성이 있습니다. 따라서 제공된 정보는 반드시 추가 검증이 필요합니다.

## 인간의 검토 필수

AI가 생성한 내용은 항상 사람이 최종적으로 검토해야 합니다. 특히 감정적 요소나 개인적인 견해가 중요한 글은 AI의 어색한 표현을 다듬고, 감정을 추가하여 설득력 있는 내용으로 발전시켜야 합니다.

# Part 2

# 비즈니스 프롬프트 코스

ChatGPT PROMPT

## 챗GPT를 활용하여 업무 생산성 10배 향상!
## 바로 따라 할 수 있는 프롬프트 목록 포함!

챗GPT를 활용하여 업무 생산성을 10배로 향상시키는 코스에 관심을 가져 주셔서 감사합니다. 이 코스는 챗GPT를 강력한 파트너로 삼아 업무 능력을 향상시키고 싶은 분들께 꼭 추천드리고 싶은 코스입니다.

### 이 코스에서 얻을 수 있는 것은

☑ 챗GPT의 업무 활용 사례를 알게 되어 스스로 이를 활용할 수 있습니다.
☑ 챗GPT의 특징을 파악하고, 적절한 프롬프트(명령문)를 작성할 수 있습니다.
☑ 챗GPT를 활용하여 기획, 리라이팅, 자료 작성, 분석 등의 업무 생산성이 향상됩니다.
☑ 챗GPT를 활용함으로써 이전보다 더 높은 품질의 결과물을 낼 수 있습니다.

### 이 코스의 대상자는

1. 챗GPT를 비즈니스에 활용하고 싶지만, 아직 활용하지 못한 분
2. 챗GPT를 사용하고 있지만, 더 나은 활용법을 알고 싶은 분
3. 챗GPT를 활용하여 업무 생산성을 높이거나 품질을 향상시키고 싶은 분
4. 챗GPT 활용 방법을 다른 사람들에게도 널리 알리고 싶은 분

### 이 코스 수강에 필요한 조건

1. 기본적인 컴퓨터 조작 또는 스마트폰 조작이 가능할 것
2. 챗GPT를 활용하여 업무의 생산성이나 품질을 높이고자 하는 의지가 있을 것(실전이 중요!)

### 이 코스의 흐름

이 코스에서는 먼저 '챗GPT를 업무에 활용하기'라는 섹션에서 챗GPT의 사용 방법, 특징, 업무에 사용할 때의 주의점과 요령, 유료 버전과 무료 버전의 차이 등을 알려드립니다.

그다음으로 비즈니스 전반, 기획 제안, 정보 정리, 프레젠테이션, 마케팅, PR, 이직 면접 대책, IT 관련 커뮤니케이션 등에서 챗GPT를 활용하는 방법을 소개합니다.

추천하는 수강 방법은 다음과 같습니다.

구체적인 챗GPT 활용법 섹션은 용도별로 나누어져 있습니다.

자신의 목적에 맞는 부분부터 수강하면 됩니다. 또한 영상을 보기만 하지 말고 영상과 함께 또는 챗GPT를 실제로 사용해 보기 바랍니다.

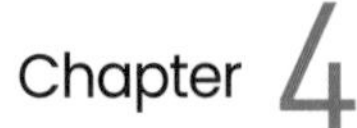


# 비즈니스 전반에 요령 있게 활용하기

이 장에서는 비즈니스 전반에서 사용할 수 있는 기본적인 활용법인 이메일 작성, 문장 교정과 같은 기본적인 것에서부터 연설문 원고 작성, 비즈니스 기초 지식 습득에 대한 조언 등에 이르기까지 다양한 분야에서 유용한 활용법을 구체적인 챗GPT 활용법으로 소개합니다.

# 이메일 작성

비즈니스 이메일을 작성할 때 조금 신경 써야 할 내용이지만, 쓰기 부담스러운 이메일을 작성해야 하는 경우가 있습니다. 그럴 때는 챗GPT의 도움을 받아 보세요. 예를 들어, 사과의 이메일을 작성할 때입니다. 이메일의 수신자, 내용, 포함하고 싶은 사항을 적고, "다음의 내용으로 이메일을 작성해 주세요."라고 프롬프트를 입력하면 됩니다. 그러면 이렇게 몇 초 만에 이메일을 작성해 줍니다.

## 프롬프트 템플릿

다음 내용으로 이메일을 작성해 주세요.
[OOO] 어조로 작성해 주세요.

- **수신인**: [OOO] 고객님
- 잘못된 상품을 보내드린 것에 대한 사과
- [OOOOO] 내용
- 다음 번에 사용할 수 있는 [OOOOO]를 정중하게 안내

## 프롬프트 작성 예시

다음 내용으로 이메일을 작성해 주세요.
공손하고 격식있는 어조로 작성해 주세요.

- **수신인**: 김민수 고객님
- 잘못된 상품을 보내드린 것에 대한 사과
- **고객님이 주문하신 상품이 아닌 다른 상품을 받은 상황을 설명하고, 곧바로 상품을 발송할 것이라는 안내를 담은 내용**

• 다음번에 사용할 수 있는 **쿠폰 코드 안내를 명시하고**를 정중하게 안내

## 챗GPT 출력 예시

김민수 고객님께,
안녕하십니까? 저희 [회사명]을 이용해 주셔서 진심으로 감사드립니다.
먼저, 이번에 저희가 잘못된 상품을 발송하게 되어 큰 불편을 드린 점 진심으로 사과드립니다. 고객님께서 주문하신 상품과는 다른 상품이 잘못 발송된 것을 확인하였으며, 이로 인해 불편을 끼쳐드린 점 다시 한번 사과의 말씀을 드립니다.
해당 문제를 신속히 해결하고자 고객님께서 주문하신 올바른 상품은 금일 중으로 발송될 예정입니다. 최대한 빠른 시간 내에 고객님께서 원하시는 상품을 받아 보실 수 있도록 최선을 다하겠습니다.
또한, 이번 실수로 불편을 겪으신 고객님께 약소하지만 작은 보답의 의미로 다음 번 구매 시 사용하실 수 있는 쿠폰 코드를 함께 보내드립니다. 해당 쿠폰 코드를 사용하시어 다음 구매에 조금이나마 도움이 되시기 바랍니다.

**쿠폰 코드**: [COUPONCODE] **사용 기간**: [기간 명시]

다시 한번, 이번 실수로 인해 불편함을 끼쳐드린 점 진심으로 사과드리며, 앞으로 더욱 꼼꼼한 서비스로 보답하겠습니다. 언제든지 추가 문의 사항이 있으시다면 저희 고객센터로 연락 주시기 바랍니다.
감사합니다.

[회사명] 드림[고객 센터 연락처]

매우 정중하게 사과의 뜻을 전달하고 있습니다. 이대로 보내도 문제 없는 이메일이네요. 쓰기 부담스러운 이메일은 쉽게 시작하기 어려워서 보내는 것이 지연되어 상대방을 더 화나게 하는 경우도 있습니다.

챗GPT의 도움을 받으면 이메일을 원활하게 작성할 수 있으니 꼭 활용해 보세요. 사과 외에도 자주 사용하는 패턴의 이메일이 있다면, 챗GPT에게 이메일 템플릿을 만들어 달라고 요청하는 것을 추천합니다.

# 4.2 문장 교정 1

챗GPT에 이메일 등의 문서를 수정하고 싶을 때, 예를 들어, 고객님에게 보내는 사과 이메일 같은 경우 실수나 오해가 생기면 상황이 악화될 수 있습니다. 이러한 신경 써야 할 문장은 챗GPT의 도움을 받아 교정하면 안심이 됩니다. 챗GPT는 이렇게 빠르게 수정된 이메일을 작성해 주고, 프롬프트에서 요청한 대로 수정한 부분과 이유에 대해 상세하게 설명해 줍니다. 다만, 너무 격식을 차린 표현으로 다소 어색할 수 있으므로 직접 자연스러운 표현으로 수정하는 것이 좋습니다.

## 프롬프트 템플릿

다음 고객님에게 보내는 이메일을 더욱 정중하고 기분 좋게 수정해 주세요.

- 오타나 탈자가 있으면 수정해 주세요.
- 마지막으로, 수정한 부분과 수정 이유를 알려 주세요.

【이메일】
**(작성한 이메일 붙여 넣기)**

## 프롬프트 작성 예시

다음 고객님에게 보내는 이메일을 더욱 정중하고 기분 좋게 수정해 주세요.

- 오타나 탈자가 있으면 수정해 주세요.
- 마지막으로, 수정한 부분과 수정 이유를 알려 주세요.

【이메일】
안녕하세요, 고객님

먼저, 저희 서비스를 이용해 주신 점 진심으로 감사드립니다.

이번 서비스 이용 중에 불편을 겪으셨다는 말씀을 듣고 저희는 매우 유감스럽게 생각합니다.

고객님의 소중한 의견을 받아들여 빠른 시일 내에 문제를 해결하도록 하겠습니다.

저희는 고객님의 만족을 최우선으로 생각하며, 이번 일을 통해 서비스를 더욱 개선하는 계기로 삼겠습니다.

혹시 추가적으로 궁금하신 사항이나 요청 사항이 있으시다면 언제든지 말씀해 주세요.

고객님의 기대에 부응할 수 있도록 항상 노력하겠습니다.

앞으로도 저희 서비스를 이용해 주시기를 부탁드리며, 감사의 인사를 전합니다.

감사합니다.

좋은 하루 보내세요.

## 챗GPT 출력 예시

**〈수정된 이메일〉**
안녕하세요, 고객님.
저희 서비스를 이용해 주신 점 진심으로 감사드립니다.
먼저, 이번 서비스 이용 중 불편을 겪게 되신 된 점 깊이 사과드립니다. 고객님의 말씀을 통해 저희는 부족한 점을 깨닫게 되었으며, 이를 개선할 수 있는 소중한 기회를 주셔서 감사드립니다.
저희는 고객님의 만족을 최우선으로 여기며, 이번 일이 재발하지 않도록 신속하게 문제를 해결하고자 최선을 다하겠습니다. 아울러, 고객님의 귀중한 의견을 바탕으로 저희 서비스의 품질을 더욱 향상시킬 수 있도록 노력하겠습니다.
추가로 궁금하신 점이나 요청 사항이 있으시면 언제든지 편하게 말씀해 주십시오. 고객님의 기대에 부응하고, 만족을 드릴 수 있도록 항상 노력하겠습니다.
앞으로도 저희 서비스를 변함없이 이용해 주시기를 부탁드리며, 진심으로 깊은 감사의 인사를 드립니다.
감사합니다. 즐거운 하루 보내시길 바랍니다.

**수정한 부분과 수정 이유:**
1. "먼저, 이번 서비스 이용 중 불편을 겪으시게 된 점 깊이 사과드립니다."
– 사과의 표현을 보다 격식 있게 바꾸어 고객이 느낀 불편에 대해 더 진심 어린 마음을 전달하고자 수정했습니다.

2. "고객님의 말씀을 통해 저희는 부족한 점을 깨닫게 되었으며, 이를 개선할 수 있는 소중한 기회를 주셔서 감사드립니다."
– 고객의 의견을 긍정적으로 받아들이는 표현을 추가해 고객이 문제를 알려 준 것이 회사의 발전에 도움이 된다는 점을 강조했습니다.

3. “저희는 고객님의 만족을 최우선으로 여기며, 이번 일이 재발하지 않도록 신속하게 문제를 해결하고자 최선을 다하겠습니다.”
- 고객의 만족을 우선으로 여기며 문제를 해결하겠다는 의지를 좀 더 명확히 표현하고자 수정했습니다.

4. “아울러, 고객님의 귀중한 의견을 바탕으로 저희 서비스의 품질을 더욱 향상시킬 수 있도록 노력하겠습니다.”
- 고객의 의견을 통해 서비스를 개선하겠다는 의지를 구체적으로 전달하고, 고객의 의견이 서비스 품질 향상에 기여한다는 점을 강조했습니다.

5. “즐거운 하루 보내시길 바랍니다.”
- 마지막 인사에서 “좋은 하루 보내세요.”를 “즐거운 하루 보내시길 바랍니다.”로 수정하여 더욱 정중하고 따뜻한 느낌을 전달하고자 했습니다.

ChatGPT PROMPT

# 문장 교정 2

문체를 '합니다'체에서 '한다'체로 변경하거나 '입니다/니다'체를 '이다/다'체로 변경하고 싶을 때 이 작업은 간단하지만 수작업으로 하면 시간이 많이 소요되므로 챗GPT에게 맡기는 것이 효율적입니다.

## 프롬프트 템플릿

다음 문장을 '합니다'체에서 '한다'체로, '입니다/니다'체가 아닌 '이다/다'체로 바꾸어 주세요.

[변경하고 싶은 문장]

## 프롬프트 작성 예시

다음 문장을 '합니다'체에서 '한다'체로, '입니다/니다'체가 아닌 '이다/다'체로 바꾸어 주세요.

**이 프로젝트는 팀원들의 노력과 협업 덕분에 성공적으로 진행되었습니다. 우리는 앞으로도 각자의 역할을 충실히 수행하고, 서로의 강점을 최대한 살려 목표를 달성할 것입니다. 또한, 고객의 피드백을 적극 반영하여 최종 결과물을 더욱 개선하는 데 집중하겠습니다.**

## 챗GPT 출력 예시

이 프로젝트는 팀원들의 노력과 협업 덕분에 성공적으로 진행되었다. 우리는 앞으로도 각자의 역할을 충실히 수행하고, 서로의 강점을 최대한 살려 목표를 달성할 것이다. 또한, 고객의 피드백을 적극 반영하여 최종 결과물을 더욱 개선하는 데 집중할 것이다.

예를 들어, 정중한 '합니다/입니다'체로 작성된 문장을 요점만 전달하는 메모나 회의록에서 '한다/이다'체로 변경하고 싶을 때가 있습니다. 이를 실행하면 '한다/이다'체로 문장을 정리해 줍니다. 이렇게 하면 요점이 더 명확해져 내용을 한눈에 파악할 수 있습니다.

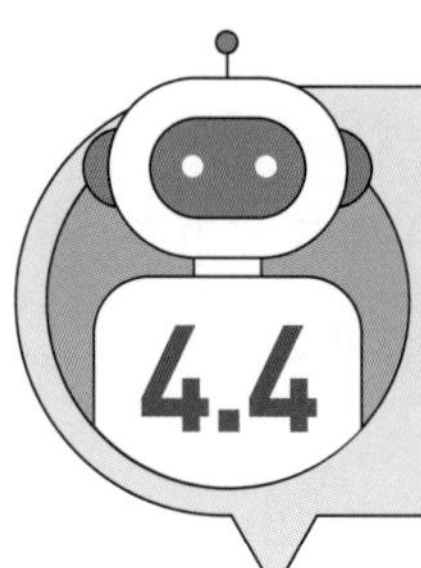


ChatGPT PROMPT

# 문자 기록에서 회의록

다음은 음성 기록을 텍스트로 변환한 후 회의록을 작성하는 방법입니다. 회의 내용을 녹음하고 나중에 이를 텍스트로 변환한 후 회의록을 작성하는 분들에게 추천하는 챗GPT 활용법입니다. 텍스트로 변환된 기록에는 '에~' 등 불필요한 말이나 반복되는 표현이 포함되어 있거나 문장 부호가 적절히 사용되지 않은 경우가 많습니다. 이를 회의록 형식으로 다시 작성하는 데는 시간이 많이 걸립니다. 이때 챗GPT에게 다음과 같이 요청할 수 있습니다.

이 미팅의 주요 포인트를 항목으로 정리해 주세요.
이번 회의를 바탕으로 다음 회의의 안건을 제시해 달라는 요청을 할 수 있습니다.

## 프롬프트 템플릿

다음 문장을 '합니다'체에서 '한다'체로, '입니다/니다'체가 아닌 '이다/다'체로 바꾸어 주세요.

[문장 붙여 넣기]

## 프롬프트 작성 예시

다음 녹취록에서 불필요한 말을 제거하고, 회의록 형식으로 정리해 주세요. '합니다'체는 '한다'체로, '입니다/니다'체는 '이다/다'체로 수정해 주세요.
회의의 주요 포인트를 항목으로 정리해주세요.

[녹취록]
[주제: 프로젝트 진행 상황 점검] [일시: 2024년 9월 19일] [참석자: 김 팀장, 박 대리, 이 과장]

**김 팀장:** 음… 그럼 회의를 시작하겠습니다. 오늘은 프로젝트 진행 상황을 점검하는 회의입니다. 먼저, 프로젝트 일정부터 업데이트해 주세요.

**박 대리:** 어… 데이터 분석 작업은 거의 끝났습니다. 마지막 검토만 하면 됩니다.

**김 팀장:** 아, 그렇군요. 좋아요. 이 과장님, 디자인 쪽은 어떻게 진행되고 있나요?

**이 과장:** 네, 음… 디자인 팀에서 추가 요청한 부분이 있어서 그걸 정리하고 있는데요. 다음 회의 때 더 구체적으로 논의가 필요할 것 같습니다.

**김 팀장:** 알겠습니다. 프로젝트 전체 일정으로 보면 지금 어느 정도 완료된 상태인가요?

**박 대리:** 음… 제가 확인한 바로는 전체 일정의 약 70% 정도 진행된 것 같습니다.

**김 팀장:** 맞습니다. 다음 주까지 남은 작업을 마무리할 계획입니다.

**이 과장:** 네, 그럼 그 일정대로 진행하면 되겠네요.

**김 팀장:** 자, 그럼 이번에는 문제점과 해결 방안에 대해 이야기해 보죠. 우선, 서버 이슈가 있었다고 들었는데요.

**박 대리:** 네, 음… 맞습니다. 서버 문제가 있었지만 어제 해결되었습니다. 다만, 앞으로는 주기적으로 서버 점검이 필요할 것 같습니다.

**김 팀장:** 그렇군요. 주기적인 서버 점검은 중요한 부분이네요. 박 대리님, 고객 피드백 관련 수정 작업은 어떻게 되고 있나요?

**박 대리:** 어… 네, 고객 피드백을 반영해서 수정 작업을 진행 중입니다. 음, 시간 내에 완료 가능할 것 같습니다.

**이 과장:** 네, 추가로 말씀드리자면, 마케팅 팀에서 추가 자료를 요청했는데요. 제출 기한을 조금 연장하는 것이 좋을 것 같습니다.

**김 팀장:** 알겠습니다. 그러면 마케팅 팀 요청도 고려해서 일정 조율을 해 보겠습니다. 마지막으로, 다음 회의 일정을 정리하죠.

**이 과장:** 네, 다음 주가 좋을 것 같습니다.

**김 팀장:** 음… 네, 다음 회의는 9월 25일로 하겠습니다. 그때까지 모든 작업을 완료하고 최종 보고서를 준비해 주세요. 오늘 회의는 여기까지입니다. 다들 수고하셨습니다.

**박 대리:** 네, 감사합니다.

**이 과장:** 수고하셨습니다.

## 챗GPT 출력 예시

**프로젝트 진행 상황 점검 회의록**

- **주제**: 프로젝트 진행 상황 점검
- **일시**: 2025년 9월 19일
- **참석자**: 김 팀장, 박 대리, 이 과장

**1. 프로젝트 일정 업데이트**

- **김 팀장**: 프로젝트는 현재 계획대로 진행 중이며, 일정의 70%를 완료했다. 다음 주까지 남은 작업을 마무리할 계획이다.
- **박 대리**: 데이터 분석 작업은 거의 완료되었고, 마지막 검토만 남았다.
- **이 과장**: 디자인 팀에서 추가 요청한 사항이 있어 다음 회의 때 논의가 필요하다.

**2. 문제점 및 해결 방안**

- **김 팀장**: 서버 이슈가 있었지만, 어제 해결되었다. 주기적인 서버 점검이 필요하다.
- **박 대리**: 고객 피드백을 반영한 수정 작업이 필요한데, 시간 내에 완료할 수 있다.
- **이 과장**: 마케팅 팀이 추가 자료를 요청했으며, 제출 기한을 연장하는 것이 좋겠다.

**3. 다음 회의 일정**

- **김 팀장**: 다음 회의는 9월 25일에 개최한다. 그때까지 모든 작업을 완료하고 최종 보고서를 준비한다.

**주요 포인트**

- 프로젝트는 일정의 70%를 완료한 상태이며 계획대로 진행 중이다.
- 데이터 분석 작업은 마지막 검토만 남았고, 디자인 팀의 추가 요청 사항이 있다.
- 서버 이슈는 해결되었지만, 주기적인 점검이 필요하다.
- 고객 피드백 반영 및 마케팅 자료 요청이 있으며, 제출 기한 연장을 고려한다.
- 다음 회의는 9월 25일에 진행되며, 최종 보고서를 준비할 예정이다.

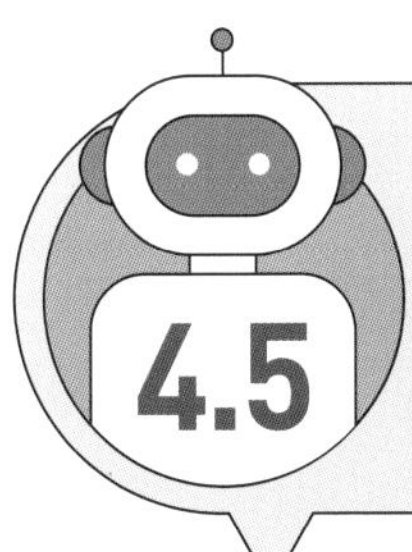

ChatGPT PROMPT

# 4.5 일정 관리

일정 관리는 예를 들어 신제품 프로젝트를 시작할 때 대략적인 일정을 계획할 때가 있습니다. 이럴 때는 다음과 같이 프롬프트를 입력할 수 있습니다. 챗GPT와 대화를 이어가면서 세부 조정을 하며 최적의 일정을 만들어 갈 수 있습니다.

또한 일정을 한눈에 파악하기 쉽도록 표 형식으로 요청하거나 시장 조사, 제품 콘셉트 개발, 품질 점검, 포장, 배송 준비, 출시, 마케팅 활동 등 프로젝트를 진행하면서 필요한 작업을 모두 포함하도록 요청합니다.

**추가 제안**

*○○○ 항목을 좀 더 빨리 시작하고 3주 동안 진행하도록 수정해 주세요.*

## 프롬프트 템플릿

오늘은 ○월 ○일입니다.
**[목표한 기간]**까지 **[제품명]**의 신제품 출시를 위한 일정을 세워 주세요.
표 형식으로 붙여 넣을 수 있도록 해 주세요.

## 프롬프트 작성 예시

오늘은 6월 8일입니다.
**내년 1월**까지 **천연 성분 샴푸** 신제품 출시를 위한 일정을 세워 주세요.
표 형식으로 붙여 넣을 수 있도록 해 주세요.

## 챗GPT 출력 예시

| 단계 | 기간 | 주요 작업 사항 |
| --- | --- | --- |
| 제품 콘셉트 및 시장 조사 | 6월 8일~6월 30일 | • 시장 트렌드 분석<br>• 경쟁 제품 조사<br>• 소비자 요구 파악 |
| 제품 개발 기획 | 7월 1일~7월 31일 | • 천연 성분 선정<br>• 제품 콘셉트 수립<br>• 개발 계획 수립 |
| 성분 및 원료 테스트 | 8월 1일~8월 31일 | • 성분 안정성 테스트<br>• 원료 공급 업체 협의 및 선정 |
| 제품 포뮬라 개발 및 시제품 생산 | 9월 1일~9월 30일 | • 제품 포뮬라 확정<br>• 시제품 생산 및 품질 테스트 |
| 시제품 테스트 및 개선 | 10월 1일~10월 31일 | • 소비자 대상 시제품 테스트<br>• 피드백 수집 및 개선 사항 반영 |
| 디자인 및 패키지 개발 | 11월 1일~11월 30일 | • 제품 패키지 디자인<br>• 패키지 재료 선정 및 공급 업체 협의 |
| 생산 준비 및 마케팅 계획 수립 | 12월 1일~12월 31일 | • 제품 생산 계획 수립<br>• 마케팅 전략 및 출시 계획 수립 |
| 최종 생산 및 출시 준비 | 1월 1일~1월 31일 | • 최종 제품 생산<br>• 유통 채널 확보<br>• 출시 전 최종 점검 |

ChatGPT PROMPT

# 진행 방법 상담

큰 프로젝트를 시작할 때 무엇을 어디서부터 어떻게 추진해야 할지 모를 때 다음과 같이 프롬프트를 입력해 보세요. 업무 선정, 정보 공유, 리스크 분석 및 관리, 계획 수립, 교육과 지원, 파일럿 프로젝트, 본격적인 이전, 평가 및 피드백과 같은 절차가 제시됩니다.

| 단계 | 기간 | 주요 작업 사항 |
|---|---|---|
| 제품 콘셉트 및 시장 조사 | 6월 8일~6월 30일 | • 시장 트렌드 분석<br>• 경쟁 제품 조사<br>• 소비자 요구 파악 |
| 제품 개발 기획 | 7월 1일~7월 31일 | • 천연 성분 선정<br>• 제품 콘셉트 수립<br>• 개발 계획 수립 |
| 성분 및 원료 테스트 | 8월 1일~8월 31일 | • 성분 안정성 테스트<br>• 원료 공급 업체 협의 및 선정 |
| 제품 포뮬라 개발 및 시제품 생산 | 9월 1일~9월 30일 | • 제품 포뮬라 확정<br>• 시제품 생산 및 품질 테스트 |
| 시제품 테스트 및 개선 | 10월 1일~10월 31일 | • 소비자 대상 시제품 테스트<br>• 피드백 수집 및 개선 사항 반영 |
| 디자인 및 패키지 개발 | 11월 1일~11월 30일 | • 제품 패키지 디자인<br>• 패키지 재료 선정 및 공급 업체 협의 |
| 생산 준비 및 마케팅 계획 수립 | 12월 1일~12월 31일 | • 제품 생산 계획 수립<br>• 마케팅 전략 및 출시 계획 수립 |
| 최종 생산 및 출시 준비 | 1월 1일~1월 31일 | • 최종 제품 생산<br>• 유통 채널 확보<br>• 출시 전 최종 점검 |

## 프롬프트 템플릿

[업무 주관 부서명] 업무를 해외 [내용]할 때 어떻게 진행해야 하나요?

각 단계의 세부 내용을 제시해 주세요.

## 프롬프트 작성 예시

사내에서 진행하고 있는 업무를 해외 자회사에 아웃소싱할 때, 어떻게 진행해야 하나요?

각 단계의 세부 내용을 제시해 주세요.

## 챗GPT 출력 결과

**1. 아웃소싱 목적 및 범위 명확화**

- **목적 설정**: 비용 절감, 효율성 향상, 전문성 확보 등 아웃소싱의 목적을 명확히 정한다.
- **업무 범위 정의**: 어떤 업무를 아웃소싱할지 업무 범위와 목표를 구체화한다.

**2. 자회사의 역량 파악 및 준비**

- **자회사의 전문성 평가**: 해당 업무에 필요한 기술, 인력, 역량을 자회사가 보유하고 있는지 확인한다.
- **자회사의 작업량 및 리소스 확보**: 자회사가 업무를 수용할 수 있는 충분한 리소스와 시간적 여유가 있는지 확인한다.

**3. 업무 프로세스 및 커뮤니케이션 계획 수립**

- **업무 프로세스 설정**: 업무 전달 방식, 프로세스, 역할과 책임을 명확히 설정한다.
- **커뮤니케이션 채널 구축**: 프로젝트 관리 도구, 보고 주기, 커뮤니케이션 채널(이메일, 화상 회의 등)을 결정한다.

**4. 계약 및 SLA(Service Level Agreement) 작성**

- **계약 조건 명확화**: 업무 범위, 성과 목표, 책임 및 권한을 계약서에 명시한다.
- **SLA 설정**: 업무의 품질, 기한, 성과 지표 등을 명확히 설정하고 이를 SLA에 포함한다.

**5. 업무 이관 및 교육**

- **업무 이관 계획 수립**: 업무 이전을 위한 단계별 계획을 수립하고, 이관 일정을 세운다.
- **교육 및 지원 제공**: 자회사 담당자에게 필요한 교육과 지원을 제공하여 업무를 원활하게 수행할 수 있도록 한다.

**6. 성과 모니터링 및 관리**

- **성과 추적 및 피드백 제공**: 진행 상황을 주기적으로 모니터링하고 필요한 피드백을 제공한다.
- **문제 해결 프로세스 마련**: 문제가 발생할 경우 빠르게 대응할 수 있도록 문제 해결 절차를 마련한다.

**7. 정기적인 평가 및 개선**

- **정기적 성과 평가**: 정기적으로 업무 성과를 평가하고 개선할 사항을 파악한다.
- **지속적인 프로세스 개선**: 업무 프로세스와 협업 방식을 지속적으로 개선하여 효율성을 높인다.
- 이러한 단계들을 통해 아웃소싱을 효과적으로 진행할 수 있으며, 각 단계에서 명확한 커뮤니케이션과 세부적인 계획이 필요하다.

〈각 단계의 세부 내용을 제시해 주세요.〉

**1. 아웃소싱 목적 및 범위 명확화**

■ **목적 설정**

- 비용 절감, 전문성 확보, 핵심 업무 집중 등 아웃소싱의 명확한 목표를 세운다.
- 이 목표에 따른 KPI(Key Performance Indicator)를 설정한다.

■ **업무 범위 정의**

- 아웃소싱할 업무의 구체적인 범위와 역할을 정리한다.
- 핵심 업무(핵심 역량 유지가 필요한 업무)와 비핵심 업무를 구분한다.

■ **기대 효과 분석**

- 아웃소싱에 따른 예상되는 장단점, 위험 요소, 효율성 개선 효과 등을 분석한다.

**2. 자회사의 역량 파악 및 준비**

■ **자회사의 전문성 평가**

- 자회사가 해당 업무에 필요한 기술력, 전문성, 인력을 보유하고 있는지를 평가한다.
- 과거 수행 사례, 프로젝트 성공 경험 등을 검토한다.

■ **자회사의 리소스 및 작업량 평가**

- 현재 자회사 인력의 업무량과 추가 업무를 수행할 수 있는 여유를 확인한다.

■ **자회사의 프로세스 및 시스템 준비**

- 자회사가 업무를 수행할 때 사용할 시스템, 프로세스, 소프트웨어 등이 사내 시스템과 호환되는지 확인한다.

**3. 업무 프로세스 및 커뮤니케이션 계획 수립**

■ **업무 전달 방식 설정**

- 업무를 어떻게 전달할지, 보고 체계와 진행 상황을 어떻게 관리할지 결정한다.
- 업무 이전 시 필요한 문서, 절차, 자료 등을 정리한다.

■ **커뮤니케이션 프로토콜 수립**

- 주간/월간 보고 주기, 화상 회의 일정, 이메일 및 메신저 등의 활용 방식을 정한다.

■ **프로젝트 관리 도구 활용**

- 프로젝트 관리 도구(Asana, Trello, JIRA 등)를 활용하여 업무 진행 상황을 투명하게 관리한다.
- 일정, 할당 업무, 마감 기한 등의 관리 방안을 마련한다.

**4. 계약 및 SLA(Service Level Agreement) 작성**

■ **계약 조건 명확화**

- 계약 기간, 업무 범위, 금전적 조건, 비밀 유지 의무 등을 상세히 계약서에 포함한다.

■ **SLA 설정**

- 업무 수행 수준, 서비스 품질, 마감 기한 등 목표 성과를 명시한다.

- SLA에 성과 지표(KPI), 품질 기준, 서비스 제공 시간 등을 상세하게 기록한다.

■ **위험 관리 방안 포함**
- 예상되는 리스크와 문제 발생 시 대처 방법, 패널티 규정을 계약서에 포함한다.

**5. 업무 이관 및 교육**

■ **업무 이관 계획 수립**
- 업무 이관을 단계별로 진행하기 위한 상세 계획을 수립하고 일정과 마일스톤을 정한다.
- 우선 이관할 업무와 이후 단계적으로 이관할 업무를 구분한다.

■ **업무 매뉴얼 및 자료 제공**
- 업무 절차, 기준, 문서 양식, 도구 사용법 등에 대한 상세한 매뉴얼을 자회사에 제공한다.

■ **교육 및 트레이닝 제공**
- 자회사 직원들에게 필요한 교육을 제공하고, 테스트나 실습을 통해 업무 수행 능력을 확인한다.

■ **현장 방문 및 지원**
- 필요하다면 사내에서 직접 자회사를 방문하여 현장 교육을 실시하거나 지원을 제공한다.

**6. 성과 모니터링 및 관리**

■ **성과 추적 및 정기 리뷰**
- 정해진 주기마다 성과를 검토하고, 업무 진행 상황을 보고받는다.

■ **업무 프로세스 모니터링**
- 주요 업무 진행 상황을 모니터링하고, 목표 달성 여부를 주기적으로 점검한다.

■ **피드백 루프 구축**
- 자회사에 피드백을 제공하고 개선점을 제안한다.
- 자회사에서도 업무 중 발생하는 문제나 개선 사항을 적극적으로 공유할 수 있는 루프(loop)를 마련한다.

**7. 정기적인 평가 및 개선**

■ **정기적 성과 평가**
- 업무 완료 후 성과를 분석하고, 프로젝트 결과와 SLA 성과를 비교한다.
- 자회사가 정해진 기준을 충족했는지, 목표를 달성했는지를 평가한다.

■ **문제 해결 및 개선 방안 마련**
- 프로젝트 진행 중 발생한 문제점을 파악하고, 향후 개선 방안을 마련한다.

■ **계약 및 업무 프로세스 개선**
- 자회사와 계약 연장 시 업무 효율을 높일 수 있는 조건을 협의한다.
- 업무 프로세스와 협업 방식을 지속적으로 개선하여 향후 아웃소싱의 효율성을 높인다.

ChatGPT PROMPT

# 4.7 보고서 작성

챗GPT는 글쓰기가 매우 능숙하므로 업무에서 보고서나 레포트를 자주 작성하는 분들은 적극적으로 활용하기 바랍니다.

문서의 대상 독사, 목적, 포함하고 싶은 내용을 추가로 적습니다.

브랜드 강화 등 구체적인 방안을 추가하여 요청합니다.

문서를 길게 작성해야 한다면 먼저 기본 틀을 작성한 후 추가하고 싶은 내용을 덧붙이거나 수정하면서 완성해 나갈 수 있습니다.

## 프롬프트 템플릿

당신은 [○○○○] 비즈니스 전문가입니다.
아래 내용을 충족하는 일관성 있고 이해하기 쉬운 보고서를 작성해 주세요.
글자 수는 약 1,000자 정도로 하고, 소제목도 포함해 주세요.

- **문서의 독자: [독자]**
- **문서의 목적: [목적]**
- 아래 내용을 포함해야 함
  **[반드시 포함할 내용]**

### 추가 제안

*[브랜드 강화를 위한 구체적인 방안을 3가지 더 추가하고, 결론 부분을 수정해 주세요.]*

## 프롬프트 작성 예시

당신은 논리적 사고력, 문장력 그리고 커뮤니케이션 능력이 매우 뛰어난 비즈니스 전문가입니다.
아래 내용을 충족하는 일관성 있고 이해하기 쉬운 보고서를 작성해 주세요.
글자 수는 약 1,000자 정도로 하고, 소제목도 포함해 주세요.

- **문서의 독자**: 상사, 관련 부서 구성원
- **문서의 목적**: 소비재 시장에서 자사 브랜드 강화의 중요성 전달
- 아래 내용을 포함해야 함
  1. 자사는 시장을 점차 확장하고 있으며, 국내에서 업계 2위
  2. 해외 제조업체의 존재감이 커지고 있으며, 이에 대응하는 조치가 필요
  3. 브랜드 강화를 위한 구체적인 전략 사례

## 챗GPT 출력 예시

**소비재 시장에서 자사 브랜드 강화의 중요성**

**1. 국내 시장 확장 및 업계 2위로의 도약**

현재 자사는 지속적인 성장을 통해 국내 소비재 시장에서 점유율을 점차 확대하고 있다. 이러한 성장의 결과로 업계 2위에 오르며 명확한 경쟁 우위를 확보하고 있지만, 치열한 시장 환경 속에서 자사의 브랜드 경쟁력을 더욱 강화할 필요성이 있다. 특히, 최근 국내 소비재 시장은 급변하는 소비자 트렌드와 빠르게 성장하는 경쟁사들의 도전에 직면하고 있다. 이러한 상황에서 자사의 시장 입지를 견고히 다지기 위해 브랜드 강화는 필수적인 전략이 될 것이다.

**2. 해외 제조업체의 부상과 대응 전략의 필요성**

최근 해외 제조업체들이 국내 시장에 진출하며 빠르게 영향력을 확대하고 있다. 이들은 가격 경쟁력뿐만 아니라 차별화된 제품과 글로벌 마케팅 전략으로 국내 소비자들의 이목을 끌고 있다. 이러한 상황에서 자사가 현재 시장 위치를 유지하고 더 나아가 1위로 도약하기 위해서는 해외 제조업체들의 공세에 대응하는 전략적 노력이 필요하다. 단순한 가격 경쟁을 넘어 브랜드 가치와 차별화된 고객 경험을 제공하는 것이 중요하다. 이를 통해 자사의 브랜드를 강화하고, 국내 소비자들에게 '선호 브랜드'로 자리매김할 수 있는 노력이 요구된다.

**3. 브랜드 강화를 위한 구체적인 전략 사례**

브랜드 강화는 소비자에게 자사의 가치를 명확하게 전달하고, 충성 고객층을 확보하는 핵심 요소이다. 이를 위해 다음과 같은 전략을 실행할 수 있다.

- **프리미엄 제품 라인업 구축**: 소비자들이 더욱 고품질과 차별화된 제품을 찾는 경향이 강해지고 있다. 자사는 프리미엄 라인업을 개발하여 경쟁사와의 차별성을 확보하고 브랜드 이미지를 고급화할 수 있다. 이를 통해 브랜드의 신뢰도를 높이고, 소비자들이 높은 가치를 지불할 의향을 가지게 된다.

- **디지털 마케팅 강화**: 온라인을 통한 정보 수집과 구매가 보편화되면서 디지털 마케팅의 중요성이 더욱 커지고 있다. 자사는 SNS, 온라인 광고 등을 활용하여 소비자들과의 소통을 강화하고, 브랜드 스토리를 효과적으로 전달할 수 있다. 이를 통해 소비자들의 인식 속에 브랜드를 더욱 각인시키고, 구매 의사결정을 유도할 수 있다.
- **고객 경험 중심의 서비스 제공**: 제품 자체의 품질도 중요하지만, 브랜드와 함께하는 경험이 소비자에게 특별한 가치를 제공한다. 자사는 오프라인 매장이나 온라인 쇼핑몰에서 고객 중심의 경험을 제공함으로써 브랜드에 대한 긍정적인 이미지를 심어 줄 수 있다. 또한, 고객 의견을 적극 반영한 제품 및 서비스 개선을 통해 고객 충성도를 높일 수 있다.
- **사회 공헌 활동을 통한 이미지 개선**: 기업의 사회적 책임이 중요한 가치로 부각되는 현시점에서 환경 보호, 지역 사회 공헌 등의 사회 공헌 활동을 강화하면 브랜드 이미지 향상에 도움이 된다. 자사의 브랜드 가치를 소비자에게 긍정적으로 전달하고 사회에 기여하는 이미지를 통해 더 많은 고객의 공감을 이끌어낼 수 있다.
- **인플루언서 마케팅 활용**: 영향력 있는 인플루언서를 활용해 자사의 브랜드를 홍보하면 소비자들에게 신뢰와 호감을 빠르게 형성할 수 있다. 특히, 타깃 소비자층이 주로 사용하는 SNS 플랫폼을 중심으로 영향력 있는 인플루언서와 협업해 제품을 홍보하면 빠른 브랜드 인지도 상승이 가능하다.
- **제품의 차별화된 스토리텔링**: 브랜드 스토리와 가치에 공감하는 소비자가 늘어나면서 제품의 유래, 개발 배경, 철학 등을 담은 스토리텔링은 중요해졌다. 자사는 제품에 특별한 의미와 가치를 부여하는 스토리텔링을 강화해 소비자들에게 감성적인 접근을 시도할 수 있다.

**결론**

브랜드 강화는 단순한 마케팅을 넘어 소비자에게 자사의 차별화된 가치를 전달하고, 브랜드에 대한 신뢰와 충성도를 형성하는 핵심 전략이다. 프리미엄 제품 개발, 디지털 마케팅, 고객 경험 중심 서비스 제공뿐만 아니라 사회 공헌 활동, 인플루언서 마케팅, 차별화된 스토리텔링 등 다각도의 전략이 효과적으로 수행되어야 한다. 이러한 전략을 통해 자사는 국내 소비재 시장에서 견고한 입지를 다지며, 해외 제조업체의 공세에도 흔들림 없는 브랜드 경쟁력을 유지할 수 있을 것이다. 브랜드 강화는 곧 자사의 시장 점유율 확대와 지속적인 성장을 견인하는 핵심 요소로, 전사적인 노력이 필요하다.

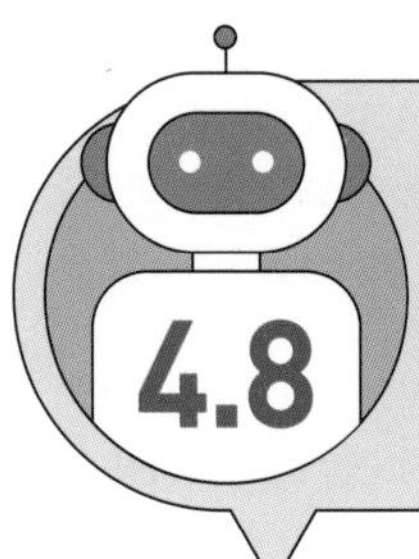


ChatGPT PROMPT

# 결재 문서 작성

결재 문서를 작성할 때 필요한 항목을 넣고 싶은 항목을 구체적으로 작성해 주면 좋습니다. 형식이 정해져 있는 사내 문서는 챗GPT에게 초안을 작성하게 하면 업무 효율이 크게 향상됩니다.

## 프롬프트 템플릿

다음 항목에 따라 결재 문서를 작성해 주세요.

- **경위**: [문서 작성 경위]
- **내용**: [내용]
- **기한**: 2025년 ○○월 ○○일

## 프롬프트 작성 예시

다음 항목에 따라 결재 문서를 작성해 주세요.

- **경위**: 회계 시스템의 노후화로 인해 시스템 교체가 시급한 상황입니다.
  기존 시스템이 현대적 요구 사항을 충족하지 못하고 있어 운영에 지장을 주고 있습니다.
- **내용**: 새로운 회계 시스템 도입 비용 2억 원(세금 별도).
  이 시스템은 최신 기술을 도입하여 데이터 보안과 효율성을 향상시키고, 장기적으로 유지보수 비용 절감을 기대할 수 있습니다.
- **기한**: 2025년 12월 31일

## 챗GPT 출력 예시

**결재 문서**
**제목:** 회계 시스템 교체를 위한 예산 승인 요청

**1. 경위**
회계 시스템의 노후화로 인해 새로운 시스템 교체가 시급한 상황이다. 기존 시스템은 최근의 회계 및 보안 요구 사항을 충족하지 못하고 있어 업무 효율성 및 데이터 보안 측면에서 운영에 많은 지장을 주고 있다. 따라서, 보다 효율적이고 안전한 운영을 위해 새로운 회계 시스템의 도입이 필요하다.

**2. 내용**
- **도입 대상**: 새로운 회계 시스템
- **예산 금액**: 2억 원(세금 별도)
- **시스템의 특장점**:
  최신 기술을 도입하여 데이터 보안 수준을 향상
  업무 효율성 개선으로 인해 회계 프로세스 전반의 속도 및 정확도 강화
  장기적인 유지 보수 비용의 절감 효과 기대

**3. 기한**
- **시스템 도입 및 운영 목표 기한**: 2025년 12월 31일

**4. 요청 사항**
이 시스템을 도입하기 위한 예산 승인 및 조속한 절차 진행을 요청한다. 새로운 시스템 도입으로 인한 회계 업무의 안정성 확보 및 효율성 증대를 통해 조직의 운영에 기여할 것으로 기대한다.

- **결재 요청자**: [요청자 성명 및 부서명]
- **결재 일자**: [결재 요청 일자]

- **결재**

| 결재권자 | 서명 | 일자 |
| --- | --- | --- |
| 담당자 | | |
| 부서장 | | |
| 임원 | | |

- **첨부 자료**
– 새로운 회계 시스템 도입 관련 세부 자료(시스템 사양, 유지 보수 계획, 예산 견적서 등)

ChatGPT PROMPT

# 4.9 연설 원고 작성

회사에서 인사 또는 이벤트에서 연설을 해야 할 때 스피치 원고 작성을 챗GPT에게 작성을 요청할 수 있습니다. 챗GPT는 글자 수를 정확히 맞추는 것은 다소 어려움이 있으며 대략적인 기준으로 제시하는 것이 좋습니다. 글자 수를 지정하지 않으면 너무 짧게 작성되는 경우가 많으니 원하는 글자 수를 명시해 두는 것이 좋습니다. 초안이 너무 짧게 나왔다면, 추가로 "더 길게 작성해 주세요."라고 요청할 수 있습니다.

**추가 제안**

*더 길게 작성해 주세요.*
*밝고 유머러스한 스피치로 만들어 주세요.*

## 프롬프트 템플릿

저는 A 사의 마케팅 디렉터입니다.
아래 내용을 바탕으로 마케팅 부서에 배치된 신입 사원들을 위한 2000자 정도의 연설문을 작성해 주세요.

**[연설문에 담고 싶은 내용]**

## 프롬프트 작성 예시

저는 A 사의 마케팅 디렉터입니다.
아래 내용을 바탕으로 마케팅 부서에 배치된 신입 사원들을 위한 2000자 정도의 연설문을 작성해 주세요.

우리 회사는 업계에서 점유율을 높이고 있으며, 마케팅 부문에서 기대되는 역할이 크다.
신입 사원 여러분도 즉시 전력으로 활약해 주길 바란다.
개선과 혁신을 환영하며, 여러분의 의견을 자유롭게 제시해 주길 바란다.

## 챗GPT 출력 결과

안녕하세요, 신입 사원 여러분.
저는 여러분과 함께 일하게 될 마케팅 디렉터입니다. 먼저 우리 회사에 오신 것을 진심으로 환영하며, 여러분의 열정과 에너지로 마케팅 부서를 더욱 발전시켜 나갈 수 있게 되어 매우 기쁘게 생각합니다. 오늘 이 자리를 통해 여러분께 몇 가지 당부의 말씀을 전하고자 합니다.
우리 A 사는 현재 업계에서 눈에 띄는 성장세를 보이고 있습니다. 점유율을 지속적으로 높여 가고 있을 뿐만 아니라 브랜드 파워 역시 강화되고 있습니다. 이 과정에서 마케팅 부서가 맡게 될 역할은 그 어느 때보다 크다고 할 수 있습니다. 소비자의 눈과 귀를 사로잡는 효과적인 마케팅 전략, 소비자와의 신뢰를 구축하는 브랜드 스토리 그리고 시장 변화에 발 빠르게 대응하는 유연한 사고는 모두 우리의 손에 달려 있습니다. 따라서 여러분이 이 마케팅 부서에 함께하게 된 것은 단순히 일원으로 참여한다는 의미를 넘어 A 사의 발전을 이끄는 핵심 역할을 맡게 된 것이라고 생각합니다.
여러분은 신입 사원으로서 막 업무를 시작하는 단계일지 모르지만, 저는 여러분이 '즉시 전력'이 되어 주시기를 기대합니다. 여러분이 가진 열정과 신선한 아이디어는 이 조직에 큰 활력이 될 것이고, 빠르게 업무에 적응해 주시기를 바랍니다. 마케팅 업무는 늘 새롭고 변화무쌍한 분야입니다. 하루하루 빠르게 변화하는 소비자 트렌드와 기술의 흐름 속에서 마케팅 부서는 유연하게 대처하고 혁신적인 방법을 찾아야 합니다. 신입 사원 여러분이 지닌 젊음의 패기와 열정은 이러한 빠른 변화에 발맞추어 대응할 수 있는 커다란 장점입니다. 그래서 여러분이 지금부터 하나의 프로젝트에 적극적으로 참여하고, 고민하며 도전하는 자세로 업무를 해 주신다면, 우리 부서는 더 강력한 팀이 될 것입니다.
또한, 우리 부서는 항상 개선과 혁신을 추구하는 조직입니다. 시장의 변화를 빠르게 감지하고, 이에 맞춰 마케팅 전략을 선제적으로 개선하는 것은 우리의 핵심 과제입니다. 이 과정에서 저는 여러분의 새로운 아이디어와 관점이 매우 중요하다고 생각합니다. 신입 사원 여러분이 현장에서 느끼는 점들, 더 효율적이고 창의적인 방법에 대한 제안은 조직이 성장하는 원동력이 될 것입니다. 기존의 방식에 얽매이지 않고, 자유롭게 의견을 제시해 주시길 바랍니다. '더 나은 방법이 있다면 언제든지 도전하라.'는 것이 우리 마케팅 부서의 정신입니다.
마케팅은 기업과 소비자를 잇는 가장 중요한 다리입니다. 그리고 그 다리를 더욱 견고하고 아름답게 만드는 것은 우리 모두의 노력과 열정에 달려 있습니다. 여러분이 이 조직에 처음 발을 디뎠을 때의 그 설렘과 열정이 오래 지속되기를 바랍니다. 도전적인 과제가 있을 때마다 '어떻게 하면 더 나은 결과를 만들 수 있을까?'라는 질문을 스스로에게 던지고, 창의적으로 문제를 해결하는 모습을 기대하겠습니다.
마지막으로, 이 조직에서 여러분이 느끼는 모든 것—성장과 보람 그리고 때로는 어려움까지도—모두 여러분을 한층 더 발전시키는 기회라고 생각합니다. 우리 부서는 여러분이 성장할 수 있도록 적극 지원할 것이며, 함께 발전할 수 있는 기회들을 만들겠습니다.
신입 사원 여러분의 열정과 노력이 A 사의 더 큰 성장으로 이어질 수 있도록 그리고 여러분 자신도 이 과정에서 큰 성취감을 얻을 수 있도록 최선을 다해 주시기 바랍니다. 우리 모두 함께 만들어 갈 밝은 미래를 기대하며, 다시 한번 환영의 인사를 드립니다.
감사합니다.

**밝고 유머러스한 스피치로 만들어 주세요.**

안녕하세요, 신입 사원 여러분! 오늘 이 자리에 서게 되어 정말 기쁩니다. 여러분을 보니 참 젊고 에너지가 넘치네요. 솔직히 저도 이렇게 에너지 넘칠 때가 있었는데, 그게 언제인지 기억은 안 납니다만!
우선 A 사에 오신 걸 진심으로 환영합니다. 여러분이 앞으로 어떤 멋진 일을 해내실지 너무 기대됩니다. 여러분의 꿈과 열정 그리고 야심(?) 가득한 지금이 마케팅 부서에 아주 필요한 때입니다. 왜냐하면, 저희는 지금 엄청난 성장을 하고 있거든요! 업계 점유율은 날로 높아지고 있고요, 마케팅 부문에서는 "더 높이! 더 멀리!"를 외치며 나아가고 있습니다. 여기서 여러분의 역할이 얼마나 중요한지 느껴지나요? 어깨에 힘 좀 주셔도 됩니다.
여러분은 신입 사원이지만 저는 여러분을 우리 부서의 '즉시 전력'이라고 부르고 싶어요. 뭐, 농담이 아니라 진심입니다. '신입 사원이니까 뒤에서 조용히 보고 배우고 있다가 나중에 뭔가 해야지...'라고 생각한다면, 어, 네…. 좋습니다만…. 우리에겐 그럴 시간이 없어요! 우리 마케팅 부서는 언제나 '속도전'이 중요합니다. 오늘 떠오른 트렌드가 내일이면 지나갈 수 있고, 새로운 기회가 언제나 우리를 기다리고 있거든요. 그러니 여러분의 아이디어와 실행력은 곧바로 활약할 무대가 될 거예요. 던질 아이디어가 있다면 어디든 던져 주세요. 공이 어디로 튈지 아무도 모릅니다!
그리고 제가 여러분께 말씀드리고 싶은 중요한 한 가지! 우리 부서는 혁신과 개선을 언제나 환영합니다. 기존의 방식을 따르지 않는다고 해서 겁먹을 필요 없어요. 오히려 그 반대죠! 어떤 아이디어든 환영하니까, 망설이지 말고 생각나는 거 있으면 바로 제시해 주세요. 그리고 여러분의 아이디어가 성공적으로 실현되면…. 제가 소리 높여 칭찬하고, 만약 실패한다면…. 다 같이 나눠서 책임지죠 뭐, 괜찮습니다. 그게 팀워크잖아요!
마케팅 부서에서는 창의성과 열정 그리고 유연한 사고가 매우 중요해요. 여러분이 가진 신선한 시각과 생각은 우리 팀의 큰 자산이 될 거예요. 그러니 자신감을 가지고, 즐겁게 도전하세요. 새로운 캠페인을 만들고, 브랜드 스토리를 이야기하고, 소비자와 소통하면서 늘 흥미진진한 일들이 기다리고 있습니다. 지치지 않는 열정과 밝은 에너지로 그 모든 순간을 즐겨 보세요.
마지막으로, 이건 제가 여러분에게 꼭 해드리고 싶은 말입니다. 마케팅은 정말 재미있는 일이에요. 생각해 보세요, 어떻게 하면 소비자들이 우리 제품을 사랑하게 만들지, 어떻게 하면 우리 브랜드를 기억에 남게 만들지…. 이건 마치 퍼즐을 푸는 것과 같아요. 그리고 그 퍼즐의 조각들을 맞추는 데 여러분의 아이디어와 노력이 필요한 거죠. 스스로에게 이렇게 말해 보세요. "내가 오늘 풀어갈 이 퍼즐이 곧 우리 회사의 성공에 한 걸음 다가가게 해 줄 거야!"
그러니 즐기세요! 웃으면서 일하고, 힘차게 도전하고, 성공했을 때는 팀과 함께 즐거움을 나누고요. 실패했다고요? 괜찮습니다! 다시 일어나서 새로운 아이디어를 던져 보세요. 우리에겐 앞으로 나아갈 길이 많으니까요.
오늘부터 여러분과 함께 만들어갈 A 사의 멋진 미래가 기대됩니다. 다시 한번 진심으로 환영합니다. 우리 다 함께 열심히 그리고 즐겁게 일해 봅시다! 감사합니다!

ChatGPT PROMPT

# 4.10 사내 규정 제정

사내 규정 제정 업무를 담당하는 분들은 인터넷 검색 등을 통해 템플릿을 찾을 수는 있지만, 자사에 맞는 내용을 그에 맞춰 수정하는 것은 상당한 시간이 소요됩니다. 이때 챗GPT를 사용하면, 처음부터 포함하고 싶은 항목을 지정하고, 일반적인 규정 조항을 포함한 사내 규정을 작성할 수 있습니다.

**추가 제안**

*개인정보나 사외비 정보 입력에 관한 규정도 추가해 주세요.*

## 프롬프트 템플릿

다음 내용을 바탕으로 [○○○○]에 관한 사내 규정을 작성해 주세요.

사내 웹사이트에 나열된 [○○○○]는 자유롭게 사용할 수 있다.
그 외의 [○○○○] 도구를 사용할 경우, 상사와 [○○○] 부서의 허가가 필요하다.
사내 공통 신청 시스템을 통해 신청해야 한다.

## 프롬프트 작성 예시

다음 내용을 바탕으로 **IT 도구 사용**에 관한 사내 규정을 작성해 주세요.

1) 사내 웹사이트에 나열된 **IT 도구**는 자유롭게 사용할 수 있다.
2) 그 외의 **IT 도구**를 사용할 경우, 상사와 **IT** 부서의 허가가 필요하다.
사내 공통 신청 시스템을 통해 신청해야 한다.

## 챗GPT 출력 결과

**1. IT 도구 사용에 관한 사내 규정**

- 사내 웹사이트에 나열된 IT 도구 사용
- 사내 웹사이트에 게시된 IT 도구는 모든 직원이 자유롭게 사용할 수 있다.
- 해당 도구는 별도의 승인 절차 없이 업무 목적에 맞게 자유롭게 활용 가능하다.

**2. 사내 웹사이트 외 IT 도구 사용 절차**

- 사내 웹사이트에 나열되지 않은 IT 도구를 사용할 경우, 반드시 상사와 IT 부서의 허가를 받아야 한다.
- 해당 도구의 사용 신청은 사내 공통 신청 시스템을 통해 진행해야 한다. 신청서에는 사용 목적, 예상 효과, 도구의 기능 등을 명시해야 한다.
- IT 부서는 보안성 및 적합성을 검토하고, 최종 승인 여부를 결정한다.

**3. 위반 시 조치**

- 상사의 승인 또는 IT 부서의 허가 없이 사내 규정에 맞지 않는 IT 도구를 사용할 경우, 관련 법규 및 사내 규정에 따라 제재를 받을 수 있다.

**4. 기타**

- 이 규정은 모든 직원에게 적용되며, 변경 사항이 발생할 경우 공지 후 즉시 시행된다.

*개인정보나 사외비 정보 입력에 관한 규정도 추가해 주세요.*

## 챗GPT 출력 예시

**IT 도구 사용에 관한 사내 규정**

**1. IT 도구 사용 허용 범위**

- • 사내 웹사이트에 공식적으로 나열된 IT 도구는 모든 직원이 자유롭게 사용할 수 있습니다.

**2. 외부 IT 도구 사용 절차**

- 사내 웹사이트에 나열되지 않은 IT 도구를 사용하는 경우, 반드시 상사 및 IT 부서의 사전 허가를 받아야 합니다.
- 허가를 요청하려면 사내 공통 신청 시스템을 통해 신청서를 제출해야 합니다.

**3. 신청 및 승인 절차**

- **신청**: 외부 IT 도구 사용이 필요할 경우, 사내 공통 신청 시스템에 접속하여 관련 양식을 작성합니다.
- **검토**: 상사와 IT 부서가 신청 내용을 검토하며, 도구 사용 목적과 보안 위험성을 평가합니다.
- **승인**: 상사와 IT 부서의 승인이 완료된 후 해당 도구를 사용할 수 있습니다.

**4. 개인정보 및 사외비 정보 입력 규정**

- IT 도구를 사용할 때, 개인정보나 사외비 정보를 입력하는 행위는 원칙적으로 금지됩니다.
- 개인정보나 사외비 정보를 입력해야 하는 경우, 반드시 사전에 상사와 IT 부서의 승인을 받아야 합니다.
- 승인된 경우에도 회사의 보안 정책을 철저히 준수하며, 입력된 정보는 필요한 목적 외에 사용하지 않아야 합니다.
- 개인정보 보호법 및 관련 법규를 위반할 경우, 회사는 해당 직원에게 법적 책임을 물을 수 있습니다.

**5. 기타**

- 모든 직원은 IT 도구 사용과 관련된 회사의 보안 정책과 절차를 준수해야 합니다.
- 위 규정을 준수하지 않을 경우, 회사 규정에 따라 제재를 받을 수 있습니다.

이 규정은 모든 직원에게 적용되며, 사내 IT 자원의 효율적이고 안전한 사용을 보장하기 위해 제정되었습니다.

ChatGPT PROMPT

# FAQ 작성

사내 웹사이트나 고객을 위한 FAQ를 작성할 때도 챗GPT를 적극 활용해 보세요.

직접 넣고 싶은 질문 내용은 추가해 보세요. 다음과 같이 실제로 나올 만한 질문을 해 보세요.

- AI 도구의 사용 목적은 무엇인가요?
- 사내에서 사용할 수 있는 AI 도구의 종류는 무엇인가요?
- AI 도구를 사용하기 전에 사전 학습이 필요한가요?
- AI 도구 사용 시 어떤 보안 대책이 필요한가요?
- AI 도구 도입이 업무에 미치는 영향은 무엇인가요?
- AI 도구 사용 중 문제가 생기면 어떻게 해야 하나요?
- AI 도구를 선택할 때 기준은 무엇인가요?
- 사내에서 AI 도구의 업데이트는 어떻게 이루어지나요?
- AI 도구 사용에 관한 피드백은 어디로 제출하면 되나요?

## 프롬프트 템플릿

[○○○]의 [○○○]에 관한 FAQ를 작성해 주세요.

## 프롬프트 작성 예시

**AI 도구**의 **사내 사용**에 관한 FAQ를 작성해 주세요.

## 챗GPT 출력 예시

**AI 도구 사용에 관한 FAQ**

**Q1. 사내에서 AI 도구를 자유롭게 사용할 수 있나요?**

A1. 사내 웹사이트에 나열된 AI 도구는 자유롭게 사용할 수 있습니다. 그러나 사내 웹사이트에 등록되지 않은 AI 도구를 사용할 경우, 상사와 IT 부서의 사전 허가를 받아야 합니다. 이를 위해 사내 공통 신청 시스템을 통해 신청서를 제출해야 합니다.

**Q2. AI 도구를 사용하려면 반드시 상사의 승인이 필요한가요?**

A2. 사내에 승인된 AI 도구를 사용하는 경우에는 별도의 승인이 필요하지 않습니다. 하지만 새롭게 도입하거나 외부의 AI 도구를 사용할 경우, 상사와 IT 부서의 승인을 받아야 하며, 신청은 사내 공통 신청 시스템을 통해 처리됩니다.

**Q3. AI 도구를 사용할 때 개인정보를 입력해도 되나요?**

A3. 개인정보(이름, 전화번호, 주민등록번호 등)는 승인된 IT 도구에서만 입력이 가능합니다. 승인되지 않은 AI 도구나 외부 플랫폼에 개인정보를 입력하는 것은 엄격히 금지되며, 이를 위반할 경우 법적 책임 및 사내 징계가 따를 수 있습니다.

**Q4. 회사 기밀 정보나 사외비 정보를 AI 도구에 입력해도 되나요?**

A4. 사외비 정보(회사 기밀, 계약서, 거래처 정보 등) 역시 보안 검토를 받은 승인된 AI 도구에서만 입력해야 합니다. 승인되지 않은 AI 도구에 사외비 정보를 입력하는 것은 금지되며, 보안 규정을 위반할 경우 엄중한 조치가 이루어질 수 있습니다.

**Q5. 사내에 등록되지 않은 AI 도구를 사용하고 싶다면 어떻게 해야 하나요?**

A5. 사용하고자 하는 AI 도구가 사내에 등록되지 않은 경우, 해당 도구의 사용 목적, 필요성 등을 상세히 기술한 후 사내 공통 신청 시스템을 통해 신청서를 제출하면 됩니다. IT 부서와 상사의 검토 후 도입 가능 여부를 결정합니다.

**Q6. AI 도구 사용과 관련된 규정을 위반하면 어떤 제재를 받나요?**

A6. 사내 규정을 위반하여 승인되지 않은 AI 도구를 사용하거나 개인정보 및 사외비 정보를 부적절하게 다룰 경우, 법적 처벌뿐만 아니라 사내 징계가 부과될 수 있습니다. 보안과 관련된 사항은 엄격히 관리되므로 주의가 필요합니다.

**Q7. AI 도구 사용에 대한 교육이나 지원을 받을 수 있나요?**

A7. 사내에서 제공하는 AI 도구의 사용 방법과 관련된 교육 자료가 웹사이트에 제공되며, 필요시 IT 부서에 지원을 요청할 수 있습니다. 도구 사용에 어려움이 있거나 궁금한 사항이 있을 경우, IT 부서에 문의하시면 됩니다.

**Q8. AI 도구 사용 중 문제가 발생하면 어떻게 해야 하나요?**

A8. AI 도구 사용 중 기술적 문제가 발생하거나 데이터 처리에 오류가 생긴 경우, 즉시 IT 부서에 연락해 문제를 보고하고, 관련 조치를 취해야 합니다. 보안상 중요한 문제일 경우, 신속한 대응이 필요합니다.

**Q9. AI 도구 사용 규정은 언제 업데이트되나요?**

A9. AI 도구 사용 규정은 회사의 보안 및 기술 환경에 따라 주기적으로 검토 및 업데이트됩니다. 변경 사항이 있을 경우 사내 공지를 통해 신속하게 전달될 예정이므로 정기적으로 확인하기 바랍니다.

**Q10. AI 도구 사용에 관련된 추가 문의 사항은 어디로 연락해야 하나요?**

A10. 추가 문의 사항은 IT 부서 또는 담당 상사에게 문의하시면 됩니다. 사용 중 의문점이나 규정에 대한 질문이 있을 경우 언제든지 도움을 요청할 수 있습니다.

ChatGPT PROMPT

# 4.12 번역 요청

영어 문장을 읽어 때 꼭 챗GPT를 번역에 활용해 보세요. 많은 분들이 딥엘(DeepL)이나 구글 번역과 같은 번역 전용 도구를 사용하고 있을 겁니다. 하지만 챗GPT는 번역 정확도 면에서 이러한 도구들에 전혀 뒤지지 않습니다. 오히려 챗GPT가 더 자연스러운 한국어로 번역해 주는 경우도 있습니다. 또한, 프롬프트에서 볼 수 있듯이 '입니다, 합니다'체로 번역해 달라는 요청을 포함할 수도 있습니다.

블로그 형식, 칼럼 형식, 뉴스 기사 형식 등 원하는 상황에 맞게 선택해 보세요.

만약 번역된 부분에서 왜 이 부분이 이렇게 번역되었는지 이해되지 않는다며, "여기는 왜 이렇게 번역되었나요?"라고 물어보면 후속 답을 얻을 수 있습니다. 이처럼 대화를 통해 번역 과정에 대한 설명을 받을 수 있다는 점이 챗GPT의 편리한 기능입니다. 영어 정보를 번역하는 것뿐만 아니라 이렇게 점점 더 많은 정보를 받아들이면 정보 수집 능력이 크게 향상됩니다. 비즈니스에서는 한국어 정보만으로는 최신 정보를 따라잡기 어렵습니다. 챗GPT를 적극 활용하여 영어 정보를 받아들이고, 널리 공유하고 싶은 정보를 자연스러운 한국어로 번역하여 활용해 보기 바랍니다.

## 프롬프트 템플릿

다음의 지시문을 [○○○]로 번역하고, 웹사이트에 게시할 수 있는 [○○○○] 형식으로 사용하기 위해 존댓말 형식(입니다, 합니다 등)을 사용해 주세요.

[영문 붙여 넣기]

## 프롬프트 작성 예시

다음의 지시문을 **한국어**로 번역하고, 웹사이트에 게시할 수 있는 **칼럼 형식**으로 사용하기 위해 존댓말 형식(입니다, 합니다 등)을 사용해 주세요.

[How to Prepare for Effective Meetings]

1. Clarify the Purpose: Define the goal of the meeting to keep it focused.
2. Prepare an Agenda: Create and share an agenda with participants beforehand.
3. Invite Key People: Only invite essential participants to avoid confusion.
4. Set Expectations: Ensure everyone knows what outcomes are expected.
5. Follow Up: After the meeting, summarize key points and actions to be taken.

By following these steps, you can improve the effectiveness of your meetings.

## 챗GPT 출력 예시

**효과적인 회의를 준비하는 다섯 가지 방법**

효율적이고 생산적인 회의를 원하시나요? 회의를 잘 준비하는 것은 팀의 생산성을 높이고 목표 달성에 큰 도움이 됩니다. 다음 다섯 가지 방법을 따라 회의의 질을 크게 향상시킬 수 있습니다.

**1. 회의 목적을 명확히 하세요**

회의를 시작하기 전에 반드시 그 목적을 명확하게 설정해야 합니다. "왜 이 회의를 하는가?"라는 질문에 명확한 답을 내릴 수 있어야 합니다. 목표가 명확하면, 회의의 흐름을 잡고 참가자들이 집중력을 유지할 수 있습니다.

**2. 의제를 사전에 준비하고 공유하세요**

회의 의제는 회의의 핵심입니다. 중요한 주제나 논의할 사항을 미리 정리한 후 참석자들과 사전에 공유하세요. 준비된 의제는 회의가 효율적으로 진행되도록 도와주고, 참석자들이 미리 생각해 볼 시간을 제공해 더 나은 토론을 이끌어낼 수 있습니다.

**3. 필요한 인물만 초대하세요**

회의에 너무 많은 사람을 초대하면 논의가 산만해질 수 있습니다. 꼭 필요한 핵심 인물만 초대하여 회의의 초점이 흐려지지 않도록 하세요. 핵심 역할을 담당하는 인물들이 모이면, 더 빠르고 효율적인 결정을 내릴 수 있습니다.

**4. 회의에서 기대되는 결과를 명확히 하세요**

회의가 끝난 후 기대되는 결과나 후속 조치를 명확하게 설정해 주세요. 참석자들이 각자의 역할을 정확히 이해하고, 무엇을 해야 하는지 알고 있을 때 회의는 더욱 의미 있게 마무리될 수 있습니다.

**5. 회의 후에는 꼭 후속 조치를 취하세요**

회의 후에는 논의된 주요 사항과 결정된 내용을 요약하여 참석자들과 공유하는 것이 중요합니다. 후속 조치는 회의에서 논의된 내용이 실제로 실행될 수 있도록 돕고, 모든 참석자가 동일한 정보를 공유할 수 있게 합니다.

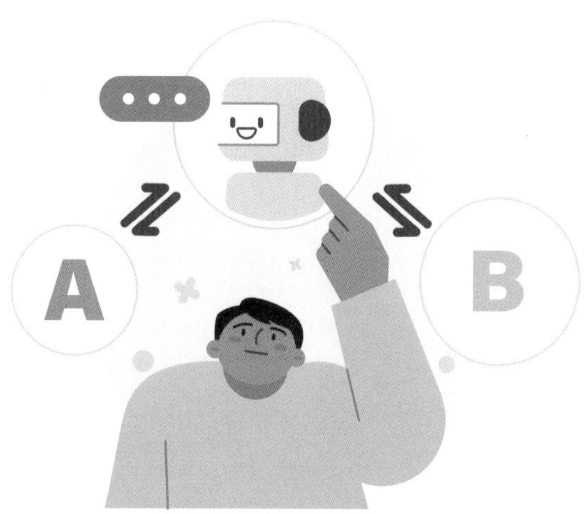

ChatGPT PROMPT

# 4.13 회의 어젠더 작성

회의 어젠더를 작성하는 것도 챗GPT의 도움을 받을 수 있습니다. 간단한 프롬프트만으로 챗GPT는 회의의 목적과 참석자에 맞춰 어젠더를 작성해 줍니다. 회의 시간 배분을 제안하는 대로 작성해 주며, 실제로 시간을 지키기 어려울 수 있지만, 기본적인 틀을 마련해 두는 것만으로도 유의미한 회의를 진행할 수 있을 것입니다. 또한, 회의 진행 방식에 대한 참고 자료로도 활용할 수 있습니다.

## 프롬프트 템플릿

다음 회의의 어젠더를 작성해 주세요.

- **목적**: [회의 목적을 작성]
- **참석자**:
- **시간**:

## 프롬프트 작성 예시

다음 회의의 어젠더를 작성해 주세요.

- **목적**: 다음 분기 마케팅 전략 검토
- **참석자**: 마케팅 부서 전원 15명
- **시간**: 1시간

## 챗GPT 출력 결과

- **회의 어젠더**: 다음 분기 마케팅 전략 검토
- **목적**: 다음 분기 마케팅 전략 검토 및 논의
- **참석자**: 마케팅 부서 전원(15명)
- **시간**: 1시간

**1. 개회 및 목적 설명(5분)**
- **진행자**: 마케팅 디렉터
- 회의 목적 및 주요 논의 사항 소개

**2. 지난 분기 마케팅 성과 분석(10분)**
- **발표자**: 데이터 분석 팀
- 지난 분기의 주요 마케팅 성과 및 결과 요약
- 개선 필요 사항 및 성공 사례 공유

**3. 다음 분기 목표 설정(15분)**
- **발표자**: 마케팅 기획 팀
- 다음 분기 마케팅 목표 제시
- 각 목표 달성을 위한 전략 개요 설명

**4. 각 채널별 마케팅 전략 발표(20분)**
- **발표자**: 채널별 담당자(디지털, 오프라인, 소셜 미디어, PR)
- 각 채널별로 준비된 마케팅 전략 및 실행 계획 설명
- 주요 캠페인 소개

**5. 질의 응답 및 자유 토론(10분)**
- 참석자 전원
- 발표된 전략에 대한 질의 응답 및 개선안 논의
- 추가 아이디어 제안

**6. 마무리 및 후속 조치 논의(5분)**
- **진행자**: 마케팅 디렉터
- 후속 조치 및 다음 회의 일정 안내
- 회의 종료

※ **비고**: 발표자는 시간 엄수를 부탁드리며, 논의 사항은 회의 후 문서로 공유될 예정입니다.

ChatGPT PROMPT

# 문서를 Word로 출력

챗GPT 유료 버전에서는 Word 파일을 직접 출력하는 기능을 사용할 수 있습니다. 프롬프트에서 Word 문서로 만들어 달라는 요청을 하면 바로 생성을 해 주고, 다운로드할 수 있는 링크를 파란색 글씨로 '여기에서 다운로드'라고 생성해 줍니다. 무료 버전에서는 이 기능이 없기 때문에 챗GPT에 문서의 텍스트를 복사 붙여 넣기해서 편집할 수 있습니다. 유료 버전을 사용하시는 분들은 직접 출력 기능을 적극 활용해 보세요.

## 프롬프트 템플릿

[○○○○]에 관한 1,000자 정도의 칼럼 글을 작성하고, Word 파일로 만들어 주세요.

## 프롬프트 작성 예시

**AI와 공생하는 미래**에 관한 1,000자 정도의 칼럼 글을 작성하고, Word 파일로 만들어 주세요.

## 챗GPT 출력 예시

칼럼이 포함된 Word 파일이 준비되었습니다. **여기에서 다운로드**하실 수 있습니다.

다운로드한 Word 파일 내용

**AI와 공생하는 미래: 인간과 기술의 조화**

21세기 들어 인공지능(AI)은 우리의 삶 전반에 깊이 스며들었습니다. 자율 주행 차, 음성 인식 비서, 그리고 의료 진단에 이르기까지 AI는 우리 삶을 혁신적으로 변화시키며 새로운 가능성을 열어가고 있습니다. 그러나 이러한 기술 발전은 단순히 편리함 이상의 질문을 제기합니다. AI와 인간이 공존하는 미래는 어떤 모습일 것이며, 이를 위해 우리는 무엇을 준비해야 할까요?

우선, AI는 반복적이고 계산적인 작업에서 인간을 돕는 강력한 도구로 자리잡고 있습니다. 예를 들어, 제조업에서는 로봇이 위험한 작업을 대신 수행하며, 의료 분야에서는 AI가 질병을 조기에 발견하여 생명을 구하는 데 기여하고 있습니다. 이러한 기술적 진보는 인간의 삶의 질을 향상시키는 데 크게 이바지합니다. 그러나 기술이 단순히 도구로 머무르는 것을 넘어 인간의 창의성과 공감 능력을 대체하려 한다면, 우리는 심각한 윤리적, 사회적 도전에 직면할 수 있습니다.

AI와 공생하기 위해 가장 중요한 요소는 신뢰와 투명성입니다. AI의 결정 과정이 투명하게 공개되어야 하며, 인간은 이를 이해하고 통제할 수 있어야 합니다. 이는 AI가 공정하고 책임감 있게 사용될 수 있는 기반을 마련합니다. 예를 들어, AI가 채용 과정에서 지원자를 평가할 때 그 알고리즘이 어떤 기준으로 결정을 내리는지 명확히 밝혀져야 할 필요가 있습니다. 그렇지 않다면 편향된 데이터로 인해 차별적인 결과가 발생할 위험이 있습니다.

또한, 교육과 평생 학습의 중요성도 강조됩니다. AI가 노동 시장에 미치는 영향을 고려할 때 우리는 기술 변화에 적응할 수 있는 능력을 갖추는 것이 필수적입니다. 이를 위해 창의적 사고, 비판적 분석, 그리고 협력과 같은 인간 고유의 역량을 강화하는 교육이 필요합니다. AI는 인간의 일자리를 대체하기보다, 인간이 보다 고차원적인 가치를 창출할 수 있도록 돕는 동반자가 되어야 합니다.

결국, AI와의 공생은 기술 그 자체보다 이를 어떻게 활용하느냐에 달려 있습니다. 인간의 이익을 최우선으로 하며, AI를 책임감 있고 윤리적으로 개발하고 사용하는 것이 핵심입니다. 이를 통해 우리는 기술과 인간이 조화롭게 공존하며, 보다 나은 미래를 만들어갈 수 있을 것입니다.

# 4.15 추천 폰트 제안

프레젠테이션 자료에서 인상을 좌우하는 중요한 요소 중 하나는 글자의 폰트입니다. 원하는 이미지를 요청하여 한국어 폰트와 영어 폰트를 각각 추천받을 수 있으며 폰트 선택은 작은 디테일일 수 있지만, 프레젠테이션을 효과적으로 만드는 중요한 팁 중 하나입니다.

## 프롬프트 템플릿

[○○○○] 이미지의 프레젠테이션 슬라이드를 만들 때 추천하는 폰트를 알려 주세요. 한국어 폰트와 영어 폰트로 나누어 알려 주세요.

## 프롬프트 작성 예시

**친근한** 이미지의 프레젠테이션 슬라이드를 만들 때 추천하는 폰트를 알려 주세요. 한국어 폰트와 영어 폰트로 나누어 알려 주세요.

## 챗GPT 출력 결과

**한국어 폰트 추천**

**1. 나눔바른고딕**
깔끔하면서도 가독성이 좋아 프레젠테이션에서 자주 사용됩니다. 친근하면서도 정돈된 느낌을 줍니다.

**2. Spoqa Han Sans**
가독성이 뛰어나며 깔끔한 스타일을 자랑합니다. 서체가 간결하고 깔끔해 다양한 용도에 적합합니다.

**3. 본고딕(Noto Sans KR)**

구글에서 개발한 폰트로, 다양한 글씨 크기에서도 안정적인 가독성을 보장합니다. 친근하면서도 현대적인 느낌이 있습니다.

**4. 둥근모꼴**

둥글고 부드러운 글씨체로, 제목이나 강조하고 싶은 부분에 사용하면 편안하고 친근한 느낌을 줍니다.

**5. 배달의민족 주아체**

부드럽고 귀여운 이미지로, 친근한 분위기의 프레젠테이션에 적합합니다.

**영어 폰트 추천**

1. Roboto

심플하면서도 현대적인 느낌을 주는 폰트입니다. 가독성이 뛰어나며 다양한 프레젠테이션에 어울립니다.

2. Open Sans

고급스럽고 깔끔한 느낌을 주는 폰트로, 친근하면서도 신뢰감을 주는 프레젠테이션에 자주 사용됩니다.

3. Montserrat

약간의 곡선이 들어간 폰트로, 부드러우면서도 세련된 느낌을 줍니다. 제목이나 슬로건에 적합합니다.

4. Lato

부드럽고 가독성이 좋은 폰트로, 부드러운 분위기의 프레젠테이션에 적합합니다. 친근하면서도 전문적인 이미지를 제공합니다.

5. Poppins

둥글둥글한 모양의 폰트로, 캐주얼하면서도 단정한 느낌을 주기 때문에 친근한 이미지의 프레젠테이션에 자주 사용됩니다.

이 폰트들은 모두 다양한 글씨 크기에서도 가독성이 좋으며, 청중들에게 친근한 이미지를 전달하는 데 효과적입니다.

# 목록에 번호 매기기

어떤 항목을 나열할 목록을 번호로 정렬해야 할 때 Word나 PowerPoint 기능을 이용해 번호를 매길 수도 있지만, 챗GPT를 활용해 같은 작업을 할 수도 있습니다. 번호를 매기는 것 뿐만 아니라 '목록에 큰따옴표를 붙여 주세요.'와 같이 세부 요청도 잘 들어 주므로 단순한 일을 수작업으로 할 때 드는 시간을 아끼고 번거로운 작업들을 챗GPT가 도와줍니다.

## 프롬프트 템플릿

다음 목록에 번호를 붙여 주세요. (1)부터 시작하여 (1)(2)(3) 형식으로 표기해 주세요.

[목록을 작성할 내용]

## 프롬프트 작성 예시

다음 목록에 번호를 붙여 주세요. (1)부터 시작하여 (1)(2)(3) 형식으로 표기해 주세요.

사과는 빨갛고 달콤하며 다양한 요리에 활용할 수 있는 과일입니다.
바나나는 쉽게 껍질을 벗길 수 있고 휴대하기 간편해 간식으로 인기가 많습니다.
포도는 작고 달콤한 맛이 특징이며, 즙이 많아 음료나 와인으로도 만들어집니다.
오렌지는 비타민 C가 풍부하여 건강에 좋으며, 주스로 만들어 마시기에도 좋습니다.
딸기는 작고 달콤하며, 샐러드나 디저트에 자주 사용되는 과일입니다.

## 챗GPT 출력 예시

(1) 사과는 빨갛고 달콤하며 다양한 요리에 활용할 수 있는 과일입니다.
(2) 바나나는 쉽게 껍질을 벗길 수 있고 휴대하기 간편해 간식으로 인기가 많습니다.

(3) 포도는 작고 달콤한 맛이 특징이며, 즙이 많아 음료나 와인으로도 만들어집니다.
(4) 오렌지는 비타민 C가 풍부하여 건강에 좋으며, 주스로 만들어 마시기에도 좋습니다.
(5) 딸기는 작고 달콤하며, 샐러드나 디저트에 자주 사용되는 과일입니다.

*추가 요청: 목록에 큰 따옴표를 붙여 주세요.*

(1) "사과는 빨갛고 달콤하며 다양한 요리에 활용할 수 있는 과일입니다."
(2) "바나나는 쉽게 껍질을 벗길 수 있고 휴대하기 간편해 간식으로 인기가 많습니다."
(3) "포도는 작고 달콤한 맛이 특징이며, 즙이 많아 음료나 와인으로도 만들어집니다."
(4) "오렌지는 비타민 C가 풍부하여 건강에 좋으며, 주스로 만들어 마시기에도 좋습니다."
(5) "딸기는 작고 달콤하며, 샐러드나 디저트에 자주 사용되는 과일입니다."

# 4.17 어려운 문장의 요점 정리

이해하기 어려운 기술적인 정보나 어렵고 복잡한 문장에 대해서 챗GPT에게 요점을 정리해 달라고 요청할 수 있습니다. 간단한 프롬프트로 요청하고 어려운 문장을 붙여 넣기만 하면 바로 결과를 보여 줍니다.

## 프롬프트 템플릿

다음 문장을 이해하기 쉽게 요약하여 목록 형식으로 정리해 주세요.

[어려운 문장 붙여 넣기]

## 프롬프트 작성 예시

다음 문장을 이해하기 쉽게 요약하여 목록 형식으로 정리해 주세요.

현대 사회에서의 기술 발전은 인간의 일상생활과 업무 환경을 혁신적으로 변화시키고 있으며, 특히 인공지능의 도입은 많은 산업 분야에서 효율성을 극대화하고 새로운 비즈니스 기회를 창출하는 데 중요한 역할을 하고 있다.

## 챗GPT 출력 결과

1. 기술 발전이 인간의 일상생활과 업무 환경을 혁신적으로 변화시키고 있다.
2. 인공지능의 도입은 다양한 산업에서 효율성을 극대화하고 있다.
3. 인공지능은 새로운 비즈니스 기회를 창출하는 데 중요한 역할을 하고 있다.

# 4.18 어려운 개념을 쉽게 설명

ChatGPT PROMPT

어려운 개념을 더 쉽게 설명받고자 할 때 챗GPT를 활용해 보세요. 낮은 연령의 학생들에게 설명을 해야 할 때도 유용합니다.

## 프롬프트 템플릿

[○○○]에 대해 [○○○]도 이해할 수 있도록 설명해 주세요.
어떻게 사용되고 있는지 구체적인 예도 함께 알려 주세요.

## 프롬프트 작성 예시

**블록체인**에 대해 **초등학교 2학년**도 이해할 수 있도록 설명해 주세요.
어떻게 사용되고 있는지 구체적인 예도 함께 알려 주세요.

## 챗GPT 출력 결과

블록체인을 초등학교 2학년이 이해할 수 있도록 쉽게 설명해 볼게요!

블록체인은 마치 친구들이랑 약속을 적어 놓는 큰 공책 같아요. 그런데 이 공책은 누구도 혼자서 고칠 수 없고, 모두가 함께 확인할 수 있는 공책이에요. 그래서 모두가 믿을 수 있는 거죠.

예를 들어, 친구들이 공책에 "우리는 내일 놀이터에서 3시에 만나서 같이 놀 거야."라고 적었다고 상상해 보세요. 그런데 만약 한 친구가 "나 2시에 만나자!"라고 혼자서 몰래 고치면, 다른 친구들이 모두 공책을 보고 "어? 그건 틀렸어! 우리는 원래 3시에 만나기로 했잖아!"라고 할 수 있죠. 블록체인은 이렇게 약속이나 정보를 모두가 함께 보고 확인할 수 있어서 속이거나 고치는 게 어려워요.

**블록체인이 사용되는 예**:

- **비트코인**: 블록체인은 돈을 주고받을 때 쓰여요. 보통 은행이 돈을 관리해 주는데, 블록체인을 사용하면 은행 없이도 사람들이 안전하게 돈을 주고받을 수 있어요. 이때 사용하는 것이 '비트코인' 같은 전자 화폐예요.

- **게임 아이템 거래**: 친구들이 게임에서 모은 멋진 아이템을 안전하게 사고팔 때 블록체인을 사용할 수 있어요. 게임 회사나 누군가가 아이템을 몰래 바꿀 수 없고, 거래가 모두 기록돼서 안전해요.

이렇게 블록체인은 안전하고 믿을 수 있는 방식으로 정보를 저장하고 확인하는 기술이에요!

ChatGPT PROMPT

# 비즈니스 기초 지식 습득 방법 문의

업무에서 새로운 것을 배워야 할 때 그 방법을 챗GPT에게 조언을 요청해 보세요. 자세한 상황을 설명하면, 더 적절한 학습 방법을 추천받을 수 있습니다. 알기 쉽게 카테고리를 나눠서 학습 방법을 제안해 줍니다. 지식이 많은 전문가의 조언을 듣는 효과는 많은 사람에게 필요하며 이는 효과적인 방법입니다.

## 프롬프트 템플릿

[조언을 듣고 싶은 내용] 어떤 방법으로 [어떻게] 하면 좋을까요?

## 프롬프트 작성 예시

저는 지금까지 전자 제조업체의 영업 담당자로 일했습니다. 같은 회사의 TV 사업부 기획 개발 부서로 이동하게 되었는데, **필요한 기초 지식을 스스로 습득하고자 합니다. 무엇을,** 어떤 방법으로 **공부**하면 좋을까요?

## 챗GPT 출력 결과

TV 사업부의 기획 개발 부서로 이동하게 되셨다면, 기초 지식을 습득하기 위해 다음과 같은 분야를 중심으로 공부하는 것이 좋습니다.

**1. TV 기술 및 제품 기초**

- **디스플레이 기술**: LCD, OLED, QLED 같은 최신 디스플레이 기술의 차이점과 장단점을 이해하세요.
- **해상도와 화면 비율**: 4K, 8K 해상도와 화면 비율이 TV 시장에 미치는 영향에 대해 학습하세요.
- **스마트 TV 기술**: TV의 운영체제(OS), 인터넷 연결, 앱 통합 기능에 대해 알아보세요.

• **공부 방법**:
제조사 공식 웹사이트나 관련 블로그에서 제품 설명서를 읽어 보고, 기술 관련 영상이나 자료를 통해 시청각적으로 학습할 수 있습니다. TV 관련 산업 뉴스나 기술 분석 보고서를 구독해 최신 트렌드를 파악하세요.

**2. 시장 및 트렌드 분석**

• **소비자 트렌드**: 소비자들이 어떤 기능과 디자인을 선호하는지, 가격 대비 성능의 중요성, 글로벌 TV 시장의 변화 등을 분석하세요.
• **경쟁사 분석**: 주요 경쟁사들의 전략과 신제품 동향을 분석하고, 경쟁사 대비 자사의 강점과 약점을 파악하세요.
• **공부 방법**:
TV 시장 보고서를 읽거나 시장 조사 업체(예: Statista, IDC)에서 발행하는 트렌드 분석 보고서를 참고하세요.
고객 리뷰나 소셜 미디어 반응을 통해 소비자의 실제 니즈를 파악해 보세요.

**3. 기획 및 개발 프로세스**

• **제품 기획**: 새로운 제품을 기획하는 과정에서 고려해야 할 요소(시장 조사, 소비자 요구 분석, 제품 스펙 정의 등)를 공부하세요.
• **개발 사이클**: TV 개발 주기와 프로세스(아이디어 발굴, 디자인, 프로토타입 제작, 테스트, 생산)를 이해하세요.
• **공부 방법**:
회사 내에서의 제품 기획 및 개발 사례를 참고하거나 관련 부서의 팀원들과 교류하며 실무 프로세스를 배우세요.
제품 기획 관련 도서나 온라인 강의를 통해 기획의 전반적인 과정을 이해할 수 있습니다.

**4. TV 산업의 표준 및 규제**

• **산업 표준**: HDMI, HDR, Dolby Vision 등 TV 관련 국제 표준과 기술 인증 요구 사항에 대해 학습하세요.
• **환경 규제 및 인증**: 에너지 효율 등 TV 산업에 영향을 미치는 환경 규제와 제품 인증 절차에 대해 알아보세요.
• **공부 방법**:
국제 표준을 관리하는 기구(예: HDMI Licensing, ITU-T)의 웹사이트에서 기술 표준 관련 자료를 참고하세요.
관련 규제 및 인증 절차는 각국의 정부 기관이나 업계 협회에서 제공하는 정보를 활용하세요.

**5. 프로젝트 관리 기술**

• 기획 개발 부서는 다양한 팀과 협업하므로 프로젝트 관리 능력도 중요합니다. 일정 관리, 목표 설정, 팀 내 커뮤니케이션 스킬 등을 학습하세요.
• **공부 방법**:
프로젝트 관리 관련 도구(Jira, Trello, Asana) 사용법을 익히고, 기본적인 프로젝트 관리 기법(PMI, Agile)을 공부해 보세요.
온라인 코스를 통해 프로젝트 관리 자격증(PMP 등)을 준비할 수도 있습니다.

이러한 기초 지식을 체계적으로 습득하면 기획 개발 부서에서 더 효과적으로 업무를 수행할 수 있을 것입니다.

# 기획 제안에 활용하기

4장에서 업무에 챗GPT를 활용하는 방법을 어느 정도 익혔을 것입니다. 이 장에서는 한 단계 구체적으로 들어가기 전에 챗GPT의 사용 방법, 작동 원리와 특징, 업무에서 챗GPT를 사용할 때 주의해야 할 사항과 팁에 대해 설명합니다. 기본적인 내용이 중심이므로 이미 챗GPT를 사용해 본 분들이나 빠르게 활용법을 알고 싶은 분들은 본문으로 바로 들어가서 학습하셔도 좋습니다.



ChatGPT PROMPT

# 들어가기 전에

## 챗GPT의 작동 원리와 특징

챗GPT는 OpenAI가 개발한 인공지능(AI) 언어 모델로, 방대한 양의 텍스트 데이터를 학습하여 인간처럼 자연스럽게 질문에 답하거나 대화를 이어갈 수 있는 기능을 제공합니다. GPT는 'Generative Pretrained Transformer'의 약자로, '사전 학습된 생성 모델'이라는 뜻입니다. 챗GPT는 텍스트를 이해하고, 입력된 내용을 바탕으로 예측해 문장을 생성하는 방식으로 작동합니다.

이 모델은 특정한 질문에 답하는 것뿐만 아니라 정보를 정리하고, 창의적인 아이디어를 제시하며, 다양한 형태의 텍스트(예 이메일, 보고서, 제안서 등)를 작성하는 데도 유용합니다.

챗GPT의 주요 특징은 다음과 같습니다.

- **자연어 처리(NLP)**: 인간이 사용하는 언어를 이해하고 자연스러운 문장으로 대답합니다.
- **맥락 인식**: 이전 대화를 기억하고 맥락을 반영하여 일관된 대화를 이어갑니다.
- **다양한 역할 수행**: 정보 제공자, 창의적인 아이디어 생성기, 텍스트 작성 보조 등의 역할을 할 수 있습니다.

## 업무에서 챗GPT를 사용할 때의 주의 사항

챗GPT는 업무에 큰 도움을 줄 수 있지만, 전적으로 의존하기보다는 적절히 활용하는 것이 중요합니다. 특히 다음과 같은 주의 사항을 염두에 두어야 합니다.

- **정확성 검토**: 챗GPT는 매우 그럴듯한 답변을 제공하지만, 항상 정확한 정보를 제공하지는 않습니다. 제공된 답변을 업무에 사용할 때는 반드시 사실 확인이 필요합니다.
- **민감한 정보 입력 금지**: 개인정보나 기밀 정보를 입력해서는 안 됩니다. 챗GPT는 이 데이터를 보관하지 않지만, 기본적으로 모든 입력 정보는 위험할 수 있습니다.

- **맥락에 맞는 답변 사용**: 챗GPT는 매우 다양한 주제를 다룰 수 있지만, 때로는 맥락과 맞지 않는 답변을 할 수 있습니다. 질문의 맥락을 명확하게 설정하고, 답변이 적절한지 꼼꼼히 검토해야 합니다.

## 업무에서 챗GPT를 사용할 때의 팁

챗GPT를 업무에서 효과적으로 활용하려면 다음과 같은 팁을 참고하세요.

- **명확하고 구체적인 질문하기**: 챗GPT는 입력된 정보에 따라 답변을 생성하므로 질문이 명확하고 구체적일수록 원하는 답변을 얻을 확률이 높습니다. 예를 들어, '효과적인 이메일 작성법'을 묻기보다는 '고객에게 감사의 인사를 전하는 이메일 작성법'처럼 구체적인 상황을 제공하세요.
- **반복적인 작업 자동화**: 챗GPT는 반복적인 이메일 작성, 보고서 서식 작성, 회의록 정리와 같은 작업을 빠르게 처리할 수 있습니다. 시간을 절약하고 효율성을 높이기 위해 챗GPT에 기본적인 양식을 작성하게 한 후 필요한 부분을 수정하는 방식으로 활용할 수 있습니다.
- **브레인스토밍 도구로 활용**: 새로운 아이디어가 필요할 때 챗GPT에 질문을 던져 보세요. 창의적인 문제 해결, 프로젝트 기획, 마케팅 전략 구상 등에서 다양한 아이디어를 빠르게 얻을 수 있습니다.
- **언어 교정 및 수정 요청**: 작성한 문서나 이메일에 대해 챗GPT에 '교정해 달라'고 요청하면 빠르게 문법 오류나 표현을 수정할 수 있습니다. 단순한 문장 수정에서부터 전문적인 톤의 수정까지 다양한 형태로 활용 가능합니다.

챗GPT는 직장 내 다양한 작업에서 강력한 도구가 될 수 있지만, 적절한 검토와 활용 방법을 익히는 것이 중요합니다.

## 활용 방법

기획 제안에 챗GPT를 활용하는 방법을 소개하겠습니다. 고객의 니즈를 파악하기, 논점·관점 도출, 설문 조사 작성, 아이디어 창출, 역산(거꾸로 생각하는) 발상법, 브레인스토밍, 평가 항목의 설계, 비교·스코어링, 이벤트 기획, 기획서 작성, 제안서 작성 등 업무에 필요한 거의 모든 것에 챗GPT를 활용해 보기 바랍니다.

ChatGPT PROMPT

# 논점·관점 도출

검토해야 할 사항이 있을 때 중요한 논점과 관점이 빠지지 않았는지 확인해야 합니다. 다음과 같은 추가 질문을 통해 구체적인 컨설팅을 받을 수 있습니다.

**추가 제안**

*각각의 관점을 검토하는 데 사용하는 방법, 프레임워크를 알려 주세요.*
*구체적인 예도 제시해 주세요.*
*SWOT 분석은 어떻게 진행하나요?*
*유명한 기업의 사례를 들어 설명해 주세요. SWOT 분석을 통해 무엇을 얻을 수 있나요?*

## 프롬프트 템플릿

당신은 [OOOO] 컨설턴트입니다.
[내용 작성]
검토해야 할 관점을 알려 주세요.

## 프롬프트 작성 예시

당신은 **일류 전략** 컨설턴트입니다.

국내 4위의 소비재 제조업체인 당사가 소비재 이외의 분야에서 신규 사업을 전개할 계획을 세우고 있습니다.

검토해야 할 관점을 알려 주세요.

## 챗GPT 출력 결과

1. 시장 분석

- **시장 규모 및 성장 가능성**: 진출하려는 분야의 현재 시장 규모와 향후 성장 가능성을 분석합니다. 성장 잠재력이 있는지, 장기적으로 안정적인 수익을 창출할 수 있는지를 파악합니다.
- **경쟁 환경**: 해당 분야에서의 주요 경쟁자를 분석하고, 경쟁사의 강점, 약점, 시장 점유율 등을 검토합니다. 당사가 경쟁에서 이길 수 있는 차별화 전략이 있는지 확인합니다.
- **소비자 수요**: 타깃 시장의 소비자 요구와 트렌드를 분석합니다. 당사의 역량을 활용해 소비자 요구를 충족할 수 있는지를 평가합니다.

2. 사업 적합성

- **핵심 역량과의 연계성**: 기존 소비재 사업에서 쌓은 당사의 핵심 역량(예: 브랜드 파워, 유통망, 생산 능력 등)이 신규 사업에 어떻게 적용될 수 있을지를 평가합니다.
- **시너지 효과**: 신규 사업과 기존 사업 간의 시너지가 발생할 가능성을 검토합니다. 예를 들어, 브랜드 확장, 유통망 공유, 연구 개발 역량 활용 등이 해당할 수 있습니다.

3. 재무 분석

- **투자 규모**: 신규 사업에 필요한 초기 투자 비용(설비, 기술, 인력 등)을 추정하고, 해당 비용을 감당할 수 있는지 분석합니다.
- **수익성**: 신규 사업의 예상 수익성과 투자 회수 기간을 검토합니다. 이때 수익성 분석은 최악의 시나리오도 함께 고려해야 합니다.
- **재무 리스크**: 신규 사업 진출이 기존 사업에 미치는 재무적 리스크를 분석합니다. 특히 재정 부담이 가중될 가능성에 대해 면밀히 검토해야 합니다.

4. 기술적 준비

- **기술 역량**: 신규 사업 분야에서 필요한 기술을 당사가 보유하고 있는지, 외부에서 조달해야 하는지 분석합니다.
- **혁신 가능성**: 해당 분야에서 기술 혁신을 이끌어 낼 수 있는 가능성 또는 기술 혁신의 흐름을 따라잡을 수 있는 능력을 평가합니다.

5. 법적 및 규제 측면

- **산업 규제**: 신규 사업이 진출하려는 산업에 적용되는 법률, 규제, 인증 절차를 이해하고, 당사가 이를 충족할 수 있는지를 분석합니다.
- **지속 가능성**: 해당 사업 분야에서 환경 규제나 사회적 책임이 중요한 이슈일 경우, 이를 준수하면서도 경쟁력을 유지할 수 있는지를 평가합니다.

6. 조직적 준비

- **인력 및 조직 역량**: 신규 사업을 추진할 때 필요한 인력 및 조직의 역량을 확보할 수 있는지 분석합니다. 당사의 기존 인력이 충분한지, 새로운 인재를 채용해야 하는지를 검토합니다.
- **조직 문화 적합성**: 신규 사업 분야가 당사의 조직 문화와 충돌하지 않고, 기존 조직이 새로운 변화에 적응할 수 있는지를 평가합니다.

**7. 사업 리스크 평가**

- **진입 장벽**: 신규 분야에서 진입 장벽이 높은지, 이를 극복할 수 있는 전략이 있는지 확인합니다.
- **시장 변화 리스크**: 기술 변화, 소비 트렌드 변화, 정치적 불안정 등 예측하기 어려운 리스크 요인을 검토하고 이에 대한 대응 전략을 마련합니다.

이러한 관점을 종합적으로 검토하여 신규 사업 진출이 당사에 장기적인 이익과 성장을 가져다 줄 수 있는지를 평가하는 것이 중요합니다.

*각각의 관점을 검토하는 데 사용하는 방법, 프레임워크를 알려 주세요. 구체적인 예도 제시해 주세요.*

**1. 시장 분석**

**1) 사용할 방법/프레임워크**

- **PEST 분석**: 정치적, 경제적, 사회적, 기술적 요소를 분석하여 시장 환경을 파악합니다.
- **포터의 5 Forces 모델**: 신규 사업의 경쟁 강도를 평가하고 진입 장벽, 대체재, 공급자 및 구매자의 협상력 등을 분석합니다.

**2) 구체적인 예**

- **PEST 분석**: 스마트 헬스케어 시장 진출을 고려할 때, 정부의 의료 관련 규제(정치적), 국민 소득 증가로 건강에 대한 관심 증대(경제적), 고령화 사회 진입(사회적), 원격 진료 기술 발전(기술적) 요인을 분석하여 기회를 확인할 수 있습니다.
- **포터의 5 Forces**: 전기차 배터리 시장을 분석할 때, 경쟁 강도(기존 배터리 제조업체), 진입 장벽(기술적 복잡성), 대체재(내연 기관차), 공급자 협상력(리튬 등 원자재 공급 업체), 구매자 협상력(자동차 제조사)을 검토하여 사업 진출의 적합성을 판단할 수 있습니다.

**2. 사업 적합성**

**1) 사용할 방법/프레임워크**

- **SWOT 분석**: 당사의 강점, 약점, 기회, 위협을 분석하여 새로운 사업이 적합한지를 평가합니다.
- **VRIO 분석**: 당사의 자원이 경쟁 우위를 창출할 수 있는지(가치, 희소성, 모방 가능성, 조직화)를 평가합니다.

**2) 구체적인 예**

- **SWOT 분석**: 가전제품 제조업체가 스마트홈 시장에 진출할 때 강점(기존 가전제품 제조 역량), 약점(기술적 혁신의 부족), 기회(스마트홈 수요 증가), 위협(기존 스마트홈 기업의 경쟁)을 분석해 진출 전략을 세웁니다.
- **VRIO 분석**: 당사의 유통망이 희소하고(기타 경쟁사보다 우수한 유통 네트워크), 모방하기 어렵다면, 이를 통해 새로운 소비재 제품군으로 확장할 때 경쟁 우위를 확보할 수 있다고 평가할 수 있습니다.

**3. 재무 분석**

**1) 사용할 방법/프레임워크**

- **NPV(Net Present Value) 분석**: 신규 사업의 미래 현금 흐름을 할인하여 사업의 수익성을 평가합니다.
- **ROIC(Return on Invested Capital)**: 투자 대비 수익률을 분석해 신규 사업의 재무적 타당성을 검토합니다.

**2) 구체적인 예**

- **NPV 분석**: 신재생 에너지 발전소를 구축하는 경우, 향후 10년 동안의 예상 수익과 초기 투자를 고려해 NPV가 양수일 경우 해당 사업이 수익성을 보일 것으로 판단할 수 있습니다.
- **ROIC 분석**: TV 사업부가 신규 디지털 서비스 사업을 시작할 때, 초기 투자 대비 해당 서비스의 수익률이 높으면 자본 효율성이 좋은 사업으로 평가할 수 있습니다.

**4. 기술적 준비**

**1) 사용할 방법/프레임워크**

- **기술 로드맵**: 기술의 발전 흐름과 이를 달성하기 위한 단계를 시각적으로 나타내어 신규 사업에서 필요한 기술을 확보할 계획을 세웁니다.
- **기술 갭 분석**: 당사가 보유한 기술과 목표 기술 사이의 격차를 분석하여 필요한 추가 기술 또는 파트너십을 결정합니다.

**2) 구체적인 예**

- **기술 로드맵**: 전기차 배터리 시장 진출을 위해 5년 안에 리튬 이온 배터리 기술을 확보하고, 그 후 10년 동안 고체 배터리 기술을 개발하는 로드맵을 설정할 수 있습니다.
- **기술 갭 분석**: AI 기반 의료 진단 시스템을 개발할 때 현재 회사가 보유한 데이터 분석 기술과 목표로 하는 AI 알고리즘 개발 기술 사이의 격차를 파악하여 이를 해결할 파트너십이나 추가 연구를 계획할 수 있습니다.

**5. 법적 및 규제 측면**

**1) 사용할 방법/프레임워크**

- **법률 및 규제 분석**: 해당 시장의 관련 법률과 규제 요건을 조사하여 사업 진출 시 충족해야 할 요구 사항을 파악합니다.
- **리스크 매트릭스**: 규제와 관련된 리스크를 확률과 영향력에 따라 분류하여 대응 전략을 수립합니다.

**2) 구체적인 예**

- **법률 및 규제 분석**: 식품 제조업체가 해외로 진출할 때, 각국의 식품 안전 규제와 수입 허가 요건을 조사해 법적 요구 사항을 충족시킬 수 있는지 확인합니다.
- **리스크 매트릭스**: 화학 제품 제조업체가 새로운 친환경 제품을 출시할 때, 환경 규제 변화가 발생할 가능성과 그로 인한 사업 중단 위험을 평가하여 대응 전략을 세울 수 있습니다.

**6. 조직적 준비**

**1) 사용할 방법/프레임워크**

- **RACI 매트릭스**: 새로운 사업에서 각 구성원의 역할과 책임을 정의하고, 팀 내에서 누가 어떤 작업에 대해 책임이 있는지 명확히 합니다.
- **McKinsey 7S Framework**: 조직 전략, 구조, 시스템, 공유 가치, 기술, 스타일, 직원이라는 7개의 요소를 평가하여 조직의 준비 상황을 점검합니다.

**2) 구체적인 예**

- **RACI 매트릭스**: 신제품 개발 프로젝트에서 기획, 디자인, 마케팅, 생산 각 부서의 역할과 책임을 명확히 정의하여 원활한 협업을 유도합니다.

- **McKinsey 7S Framework**: 기존의 전통적인 소비재 조직에서 AI 기반의 디지털 서비스를 런칭할 때, 조직이 새로운 서비스에 적응할 준비가 되었는지 각 요소를 평가하고 개선할 전략을 수립합니다.

**7. 사업 리스크 평가**

**1) 사용할 방법/프레임워크**

- **SWOT 분석**: 사업의 강점, 약점, 기회, 위협을 평가하여 리스크를 확인합니다.
- **시나리오 플래닝**: 다양한 시나리오를 설정하고 각 상황에서의 리스크를 평가하여 대응 전략을 마련합니다.

**2) 구체적인 예**

- **SWOT 분석**: 전자 제품에서 친환경 소비재로 사업을 확장할 때 강점(기존 유통망), 약점(친환경 기술 부족), 기회(소비자 트렌드), 위협(높은 기술 진입 장벽)을 분석해 리스크와 기회를 평가할 수 있습니다.
- **시나리오 플래닝**: 글로벌 시장에 진출할 때 정치적 불안정, 기술 혁신, 경제 불황 등 다양한 시나리오를 고려해 각 상황에 대응할 전략을 마련합니다.

*SWOT 분석은 어떻게 진행하나요?*
*유명한 기업의 사례를 들어 설명해 주세요.*

SWOT 분석은 기업의 내외부 환경을 분석하여 강점(Strengths), 약점(Weaknesses), 기회(Opportunities), 위협(Threats)를 평가하는 도구입니다. 이를 통해 기업이 현재 위치를 파악하고, 전략적 의사결정을 내리는 데 도움을 줍니다.
SWOT 분석을 진행하는 과정은 다음과 같습니다.

**1. 강점(Strengths) 분석**

강점은 기업이 경쟁사와 차별화되는 내부 요인을 의미합니다. 이를 통해 시장에서 경쟁 우위를 점할 수 있습니다. 강점 요소를 분석할 때는 다음 질문을 생각할 수 있습니다.
우리 회사의 핵심 역량은 무엇인가?
경쟁사에 비해 어떤 부분에서 더 잘하고 있는가?
고객에게 특별한 가치를 제공하는 부분은 무엇인가?

**2. 약점(Weaknesses) 분석**

약점은 기업의 경쟁력이 떨어지거나 부족한 내부 요인을 의미합니다. 약점이 개선되지 않으면 시장에서 경쟁력을 잃을 수 있습니다. 약점을 분석할 때는 다음 질문을 고려합니다.
어떤 부분에서 경쟁사보다 뒤처지고 있는가?
비용이 많이 들거나 비효율적인 프로세스는 무엇인가?
고객의 불만이 발생하는 이유는 무엇인가?

**3. 기회(Opportunities) 분석**

기회는 시장에서 외부 환경의 변화를 통해 기업이 성장할 수 있는 요인입니다. 기회 요소를 분석할 때는 다음 질문을 고려합니다.
새롭게 등장한 소비자 트렌드나 기술은 무엇인가?

정부의 정책 변화가 긍정적으로 작용할 수 있는 부분은 무엇인가?
새로운 시장이나 고객 세그먼트가 생겨날 가능성은 무엇인가?

**4. 위협(Threats) 분석**

위협은 기업의 성장을 방해할 수 있는 외부 요인입니다. 이는 시장 환경이나 경쟁의 변화로 인해 발생할 수 있습니다. 위협을 분석할 때는 다음 질문을 고려합니다.
경쟁사가 도입한 기술이나 제품이 우리에게 불리하게 작용하는가?
시장이나 산업의 규제가 강화되고 있는가?
경제적인 요인(예: 경기 침체, 원자재 가격 상승)이 위험을 초래할 가능성은 있는가?

**사례: 애플(Apple)의 SWOT 분석**

**1. 강점(Strengths)**

- **브랜드 파워**: 애플은 세계에서 가장 강력한 브랜드 중 하나로, 전 세계 소비자에게 높은 인지도를 자랑합니다.
- **혁신 능력**: 애플은 iPhone, iPad, Macbook 등 혁신적인 제품을 지속적으로 출시하여 업계를 선도하고 있습니다.
- **에코 시스템**: 애플은 하드웨어와 소프트웨어를 통합한 생태계를 구축하여 사용자가 여러 제품을 편리하게 연동하여 사용할 수 있습니다. 이로 인해 고객 충성도가 매우 높습니다.

**2. 약점(Weaknesses)**

- **높은 가격대**: 애플 제품은 경쟁사 제품에 비해 가격이 높아 저가 시장에서 경쟁력을 잃고 있습니다.
- **의존성**: 애플의 매출 중 큰 부분이 iPhone에 의존하고 있어 이 제품군의 매출 감소 시 회사 전체에 큰 영향을 미칠 수 있습니다.
- **개방성 부족**: 애플의 생태계는 폐쇄적이어서 다른 플랫폼과의 호환성이 제한적입니다. 이는 일부 소비자에게 불편함을 초래할 수 있습니다.

**3. 기회(Opportunities)**

- **신흥 시장 진출**: 중국, 인도 등의 신흥 시장에서 스마트폰 및 태블릿의 수요가 증가하고 있어 애플이 이 지역에서 시장 점유율을 확대할 수 있는 기회가 있습니다.
- **AI 및 AR/VR 기술**: 애플은 인공지능(AI)과 증강 현실(AR), 가상 현실(VR) 기술에 대한 연구를 지속하고 있으며, 이 분야에서의 발전은 새로운 성장 기회를 제공합니다.
- **서비스 사업 확장**: 애플은 iCloud, Apple Music, Apple TV+ 등 서비스 부문을 강화하고 있어 하드웨어 외에 추가적인 수익원을 창출하고 있습니다.

**4. 위협(Threats)**

- **치열한 경쟁**: 삼성, 화웨이, 샤오미 등의 경쟁사들이 더 저렴한 가격과 유사한 기술력으로 시장에서 점유율을 늘리고 있습니다.
- **거시 경제의 불확실성**: 경기 침체나 무역 전쟁 등의 경제적 요인이 애플의 수익성에 영향을 미칠 수 있습니다.
- **기술 변화**: 애플의 경쟁사들이 더 빠르게 기술 혁신을 이루어 낼 경우, 애플이 혁신에서 뒤처질 수 있는 위험이 있습니다.

*SWOT 분석을 통해 무엇을 얻을 수 있나요?*

애플의 사례처럼, SWOT 분석은 기업의 현재 상황을 종합적으로 파악하고, 향후 전략을 수립할 때 중요한 정보들을 제공합니다. 애플은 강점을 활용해 약점을 보완하고, 기회를 최대한 활용하며, 위협에 대응할 전략을 수립함으로써 장기적으로 경쟁력을 유지할 수 있습니다.

기업은 SWOT 분석을 통해 다음과 같은 전략적 결정을 내릴 수 있습니다.

- 강점을 활용하여 새로운 기회를 잡고, 경쟁에서 우위를 유지하는 방법을 모색합니다.
- 약점을 개선하기 위한 계획을 세우고, 이를 통해 위협에 대비하는 방안을 마련합니다.

SWOT 분석은 간단하지만, 내부 및 외부 환경을 종합적으로 평가할 수 있어 다양한 산업에서 널리 사용되는 유용한 전략 도구입니다.

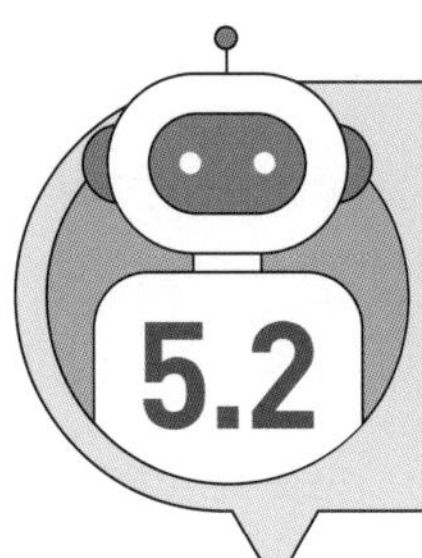


ChatGPT PROMPT

# 5.2 고객의 잠재적 니즈 파악

마케팅에서 고객의 잠재적 니즈를 파악하는 것은 중요합니다. 일부는 이미 존재할 법한 것도 있고, 미처 생각하지 못한 부분도 있습니다. 처음 나온 결과에 심화 질문을 더해 더 깊이 있는 결과를 도출해 보세요.

**추가 제안**

*더 창의적이고 유니크한 상품을 제안해 주세요.*
*6번의 내용에 대해 더 자세히 설명해 주세요.*

## 프롬프트 템플릿

[고객의 니즈 파악을 위한 질문]
현재 존재하지 않는 상품이나 서비스에 한정해 주세요.

## 프롬프트 작성 예시

건강한 생활에 관심이 있는 가족층이 잠재적으로 요구하는 것은 어떤 상품이나 서비스일까요?

현재 존재하지 않는 상품이나 서비스에 한정해 주세요.

## 챗GPT 출력 예시

건강한 생활에 관심이 있는 가족층이 잠재적으로 요구할 수 있는, 현재 존재하지 않는 상품이나 서비스는 다음과 같습니다.

### 1. 가족 맞춤형 건강 코칭 플랫폼

- **개념**: 가족 전체의 건강 데이터를 종합적으로 분석하여 맞춤형 건강 관리 계획을 제공하는 플랫폼
- **기능**: 가족 구성원의 연령, 체질, 건강 상태, 생활 습관 등을 기반으로 맞춤형 식단, 운동 계획, 수면 관리 등을 제공하며, 정기적인 건강 체크와 조언을 통해 지속적으로 건강을 관리할 수 있음.
- **특징**: 부모, 자녀 각각의 건강 목표와 요구에 맞춘 계획을 통합 제공하여 가족 구성원 전체가 건강한 생활을 함께 실천하도록 돕는 서비스

### 2. 가족 운동 게임 플랫폼(AR 기반)

- **개념**: 가족이 함께 참여할 수 있는 증강 현실(AR) 기반의 운동 게임 서비스. 가족이 집에서 AR 기기를 통해 운동을 즐기며, 건강을 챙기는 동시에 재미를 느낄 수 있음.
- **기능**: 가상 트레이너가 안내하는 운동을 따라 하면서 가족 구성원끼리 경쟁하거나 협력하는 게임 요소를 추가해 동기 부여를 제공
- **특징**: 실내에서 하는 단조로운 운동을 가족끼리 게임처럼 즐기며 건강을 증진할 수 있는 방법을 제시함. 가족 간의 유대감도 함께 강화 가능

### 3. 가족형 주말 건강 캠핑 서비스

- **개념**: 자연 속에서 가족이 함께 건강한 식사와 운동을 체험하며 주말을 보낼 수 있는 맞춤형 건강 캠핑 서비스
- **기능**: 캠핑 장소에서 제공되는 건강 식단과 자연을 활용한 운동 프로그램(산책, 요가, 명상 등), 가족 단위로 참여할 수 있는 건강 관련 워크숍 등이 포함됨.
- **특징**: 도시에서 벗어나 자연 속에서 몸과 마음을 재충전하는 경험을 제공하며, 가족의 건강을 중심으로 한 체험형 서비스로 자리 잡을 수 있음.

### 4. 어린이를 위한 스마트 식습관 모니터링 기기

- **개념**: 어린이의 식습관을 모니터링하고 건강한 식습관 형성을 돕는 스마트 기기
- **기능**: 어린이의 식사 시간을 추적하고, 건강한 식단을 자동으로 분석하여 부모에게 알림을 보내는 기능. 아이가 직접 기기와 상호 작용하면서 건강한 식습관을 배우도록 게임화된 방식 제공
- **특징**: 부모가 자녀의 식습관을 효과적으로 관리할 수 있고, 어린이 스스로도 건강한 음식 섭취에 관심을 가지도록 유도함.

### 5. 가족 건강 챌린지 구독 서비스

- **개념**: 가족이 함께 참여할 수 있는 건강 챌린지를 매달 제공하는 구독 서비스. 매달 새로운 건강 목표와 도전 과제를 가족 구성원이 함께 해결해 나가는 방식
- **기능**: 식단 개선, 운동 습관 형성, 수면 패턴 조정 등 다양한 건강 목표를 설정하고, 이를 달성하면 가족에게 보상이 주어지는 형식
- **특징**: 가족 전체가 참여할 수 있어 가족 간의 결속을 강화하고, 동시에 건강한 생활 습관을 형성할 수 있는 지속적인 동기 부여 제공

### 6. 가족형 스마트 주방(AI 조리 도우미)

- **개념**: AI가 가정의 식재료와 가족 구성원의 건강 상태에 맞춘 식단을 제안하고, 건강한 조리를 돕는 스마트 주방 시스템

- **기능**: 식재료 스캔 후 AI가 개인별 영양 필요량에 맞춘 요리법을 제안하고, 주방 기기와 연동해 조리 시간을 자동으로 관리함.
- **특징**: 가족의 건강을 고려한 맞춤형 식단 제안 및 조리 과정을 자동화하여 건강한 식사를 더 쉽게 준비할 수 있는 솔루션 제공
- 이러한 상품이나 서비스는 가족 전체의 건강을 중심으로 한 접근을 통해 새로운 시장 기회를 창출할 수 있습니다. 가족 간의 결속을 다지고, 각 구성원의 건강을 종합적으로 관리할 수 있는 상품과 서비스는 앞으로 더욱 수요가 높아질 가능성이 큽니다.

*더 창의적이고 유니크한 상품을 제안해 주세요.*

더 창의적이고 유니크한 아이디어를 제안해 보겠습니다. 가족들이 건강한 생활을 추구하면서도 일상에서 쉽게 접할 수 없는 독특한 상품과 서비스입니다.

**1. 가족 DNA 맞춤형 가상 식물 키우기**

- **개념**: 가족의 DNA 분석을 통해 건강 상태에 맞춘 가상 식물을 키우는 서비스. 가족 각자의 영양소 필요량을 반영한 식물의 성장 패턴이 결정되며, 가상 식물의 성장과 가족의 건강이 연결됨.
- **기능**: DNA 분석을 바탕으로 각 가족 구성원이 부족한 영양소를 보충하기 위한 일일 식단을 제안하고, 이 식단을 잘 지킬수록 가상 식물이 더 빨리 자라게 됨. 건강한 생활 습관을 유지하면 가상 식물이 꽃을 피우거나 열매를 맺는 등의 시각적 보상이 주어짐.
- **특징**: 게임화된 방식으로 가족이 함께 건강을 챙기면서도 재미를 느낄 수 있는 독특한 서비스. 가상 현실(VR)이나 증강 현실(AR)을 통해 식물을 직접 키우는 듯한 체험도 가능

**2. 가족 뇌파 기반 휴식 조율 시스템**

- **개념**: 가족 구성원들의 뇌파와 심박수를 실시간으로 측정해 가장 적합한 휴식 환경을 자동으로 조성해 주는 스마트 시스템
- **기능**: 각각의 가족 구성원의 스트레스 지수를 분석하여 조명이 바뀌고 음악이나 소리가 조율되며 실내 온도와 습도가 조절되는 등의 방식으로 맞춤형 휴식 환경을 제공. 가족이 함께 있을 때는 그룹 설정을 통해 모두에게 적합한 휴식 환경을 조성함.
- **특징**: 가족의 건강과 정신적 휴식을 조율해 주는 시스템으로, 함께 있는 시간이 더욱 편안하고 힐링되는 경험을 제공함. AI와 IoT 기술을 활용해 실내 환경을 가족의 건강 상태에 맞게 실시간으로 조정하는 독창적인 아이디어

**3. 가족 연대 강화 헬스 매트**

- **개념**: 가족이 함께 운동을 하며 실시간으로 연결되는 스마트 헬스 매트. 매트는 가족 구성원이 함께 사용하는 방법을 유도하고, 체중, 운동량, 균형 등을 실시간으로 측정해 주는 기능을 제공함.
- **기능**: 헬스 매트 위에서 가족이 함께 스트레칭이나 요가를 하면, 서로의 운동 패턴과 호흡을 동기화시켜 팀워크를 높여 줌. 운동 결과에 따라 매트의 컬러가 변하거나 보상이 주어짐. 또한 매트가 AI와 연동되어 가족의 피로도를 계산해 적절한 운동을 추천해 줌.
- **특징**: 가족이 함께 운동을 통해 유대감을 강화할 수 있는 제품으로, 단순한 피트니스 도구를 넘어선 기술적 요소가 결합된 제품임. 가족이 협력할수록 운동 효과가 높아지도록 설계되어 건강과 관계를 동시에 증진시킴.

**4. 가족 스토리 기반 심리 건강 보드게임**

- **개념**: 가족이 함께 자신들의 경험을 바탕으로 스토리를 만들어가면서 심리 건강을 증진시키는 심리 보드 게임
- **기능**: 게임의 각 단계에서 가족 구성원이 자신의 경험이나 감정을 나누고, 이를 기반으로 팀 미션을 해결함. 각 미션은 심리 상담 기법을 적용해 감정 공유, 소통, 신뢰를 쌓는 데 초점을 맞추고 있음. 게임이 끝나면 각자의 심리 상태와 관계 개선을 위한 맞춤형 조언이 제공됨.
- **특징**: 놀이를 통해 가족의 정신적 건강을 증진시키고, 서로의 감정에 대해 더 깊이 이해하는 기회를 제공하는 혁신적인 아이디어. 기존의 심리 치료 방식을 게임으로 녹여내 가족 간의 유대감과 소통을 강화함.

**5. 미래 건강 시뮬레이션 체험 공간**

- **개념**: 가족 구성원이 미래의 건강 상태를 가상 현실로 체험할 수 있는 헬스 시뮬레이션 체험 공간. 현재의 생활 습관을 유지할 경우 10년, 20년 뒤의 신체적, 정신적 상태를 체험할 수 있음.
- **기능**: 가족의 생활 습관 데이터를 기반으로 미래의 건강 상태(체력, 체중, 질병 가능성 등)를 3D 시뮬레이션으로 보여 줌. 시뮬레이션을 통해 가족이 함께 건강 목표를 설정하고, 생활 습관을 바꾸는 데 동기 부여를 제공함.
- **특징**: 현재의 생활이 미래에 미칠 영향을 가족 모두가 직접 경험할 수 있는 서비스로, 미래의 건강 상태를 눈으로 확인하며 더 나은 생활 습관을 선택할 수 있도록 유도함.

**6. 가족 DNA와 AI 기반 맞춤형 식물 치료원**

- **개념**: 가족의 DNA와 건강 데이터를 바탕으로 맞춤형 치유 식물을 추천하고 제공하는 서비스. 각 가족 구성원에게 맞는 식물을 선택해 정기적으로 가정으로 배송하며, 해당 식물의 활용 방법과 건강에 미치는 영향을 안내
- **기능**: AI가 가족 구성원의 DNA 정보를 분석해 특정 건강 문제(불면증, 스트레스, 면역력 저하 등)에 도움이 되는 식물을 추천하고, 그 식물의 효능을 극대화할 수 있는 방법(차로 끓이기, 흡입 등)을 제공. 가족이 함께 식물을 관리하며 치유 효과를 경험할 수 있음.
- **특징**: 단순한 관상용 식물을 넘어 가족 건강에 실제로 도움이 되는 맞춤형 식물을 제공하여 자연과의 연계를 통한 건강 관리 서비스를 제공
- 이 아이디어들은 가족의 건강과 생활 습관을 혁신적으로 관리하고 증진시키는 독창적인 방식으로, 현대적 기술과 기존의 건강 관리 방식을 융합한 미래 지향적인 제품과 서비스임.

*6번의 내용에 대해 더 자세히 설명해 주세요.*

▶ **가족 DNA와 AI 기반 맞춤형 식물 치료원**

이 서비스는 가족의 유전자(DNA) 정보와 건강 데이터를 기반으로, 각 가족 구성원에게 맞춤형 치유 식물을 제공하는 혁신적인 헬스케어 솔루션입니다. 식물의 건강 효능을 활용해 가족의 건강 문제를 예방하거나 치료하는 데 도움을 주는 서비스로, 식물 치료(Phytotherapy)와 최신 기술이 결합된 형태입니다. 아래에서 더 구체적으로 설명드리겠습니다.

**1. 개념**

- **DNA 분석 및 맞춤형 치료**: 가족 구성원의 DNA를 분석해 각자의 건강 상태와 체질적 특징을 파악합니다. 이를 기반으로 AI가 적절한 식물을 추천하여 가족의 건강 문제를 예방하거나 개선할 수 있도록 돕는 서비스입니다.
- **식물 치료(Phytotherapy)**: 특정 건강 문제(예: 스트레스, 수면 장애, 면역력 저하 등)에 도움이 되는 식물의 효능을 활용하여 자연적인 방법으로 건강을 관리합니다. 식물을 집에서 직접 키우고, 식물의 일부를 차나 에센셜 오일 등으로 활용하여 건강을 증진시킵니다.

**2. 서비스 과정**

- **DNA 분석**: 가족 구성원의 유전자 샘플을 수집(예: 타액 샘플)하여 특정 건강 상태(스트레스 지수, 소화 건강, 알레르기 경향 등)를 분석합니다.
- **건강 데이터 수집**: 스마트워치나 건강 앱과 같은 웨어러블 기기를 통해 가족 구성원의 심박수, 수면 패턴, 활동량 등의 데이터를 실시간으로 수집합니다.
- **AI 분석 및 맞춤형 식물 추천**: AI가 수집된 건강 데이터를 분석하여 각 가족 구성원에게 적합한 식물을 추천합니다. 예를 들어, 불면증이 있는 사람에게는 라벤더나 카모마일을, 스트레스가 높은 사람에게는 레몬밤과 같은 허브를 추천할 수 있습니다.
- **정기 식물 배송**: 추천된 식물을 키울 수 있도록 가정에 정기적으로 배송합니다. 각 식물은 간단한 관리 방법이 함께 제공되며, 이를 통해 가족 구성원들이 손쉽게 식물을 관리하고 활용할 수 있습니다.
- **치유 가이드 제공**: 식물의 효능을 최대한 활용할 수 있도록 AI가 식물을 활용하는 다양한 방법을 제안합니다. 예를 들어, 특정 허브를 차로 끓여 마시거나 에센셜 오일로 만들어 아로마 테라피로 사용하는 방법을 알려 줍니다.

**3. 주요 기능**

- **맞춤형 식물 추천**: 가족 구성원의 유전적, 건강적 특징을 바탕으로 최적의 치유 식물을 추천합니다. 추천되는 식물은 건강 문제와 생활 습관에 맞춘 맞춤형 솔루션입니다.
- **식물의 효능 관리**: AI가 실시간으로 건강 데이터를 모니터링하고, 식물의 효능을 극대화할 수 있는 활용 방법을 지속적으로 제안합니다. 필요할 경우, 추가로 다른 식물을 추천하거나 관리 방법을 업데이트해 줍니다.
- **가족 건강 기록 통합 관리**: 가족의 건강 데이터를 통합 관리하고, 식물의 효능과 사용 결과를 기록하여 다음 추천에 반영합니다.

**4. 예시**

- **가족 구성원 A**: 수면의 질이 낮고, 스트레스 지수가 높음. → AI가 라벤더와 카모마일을 추천. 이 식물들을 활용해 아로마 테라피와 차를 만들어 수면의 질을 개선하는 데 사용
- **가족 구성원 B**: 면역력이 약하고 자주 피로를 느낌 → AI가 레몬밤과 에키네시아 같은 면역력 증진에 도움이 되는 허브를 추천. 차로 만들어 매일 섭취

5. 서비스의 특징

- **개인 맞춤형 솔루션**: 기존의 건강 관리 솔루션과 달리, 이 서비스는 가족 구성원 개개인의 유전자와 건강 상태에 맞춘 개인 맞춤형 솔루션을 제공합니다.
- **자연과의 연계**: 화학적인 약물 대신 자연에서 얻은 식물의 효능을 활용하여 건강을 관리할 수 있어 가족들이 더 안전하고 부드럽게 건강을 챙길 수 있습니다.
- **가족 참여형 서비스**: 가족 구성원들이 함께 식물을 키우고 관리하면서, 자연스럽게 건강 관리 습관을 형성할 수 있으며, 가족 간의 유대감도 강화할 수 있습니다.
- **지속적인 건강 모니터링**: 웨어러블 기기와 AI를 통해 건강 상태를 실시간으로 모니터링하고 건강 관리 목표에 맞춘 지속적인 맞춤형 서비스를 제공합니다.

6. 차별점

- **혁신적 융합**: 이 서비스는 유전자 분석, AI 기반 건강 관리, 식물 치료라는 3가지 분야를 혁신적으로 융합한 솔루션입니다. 기존의 헬스케어 서비스와 달리, 자연과 기술을 결합해 새로운 방식으로 가족의 건강을 돌보는 서비스를 제공합니다.
- **자연 친화적**: 건강을 화학적 약물이나 인공적인 방법이 아닌, 자연에서 얻은 재료를 통해 돌본다는 점에서 자연 친화적이며, 현대인들이 추구하는 '지속 가능성'과 '웰빙' 트렌드에 부합합니다.

# 5.3 설문지 작성

제품 개발이나 마케팅 등에서 설문 조사를 작성할 기회가 있는 분들은 챗GPT를 적극 활용해 보세요. 설문 조사는 목적과 내용이 명확히 일치하지 않으면, 결과 분석에 어려움이 생길 수 있습니다. 챗GPT에 명확한 목적을 전달하여 효과적인 설문 항목을 작성해 보세요.

## 프롬프트 템플릿

[OOOO]에 대한 설문지를 작성해 주세요.

- 모니터 대상: [구체적인 대상 지정]
- 대상 연령대: [설문 대상 연령대 및 내용]
- 설문 항목: [필요한 설문 항목]
- 추가 항목: [자유 문항 및 의견 작성 문항]

## 프롬프트 작성 예시

다이어트 음료에 대한 설문지를 작성해 주세요.

- 모니터 대상: 신제품 다이어트 음료
- 대상 연령대: 20~30대, 건강한 다이어트에 관심이 있는 남녀 30명
- 설문 항목: 맛, 섭취 빈도, 선호하는 음용 방법, 가격에 대한 정량적 질문 포함
- 추가 항목: 자유롭게 의견을 기재할 수 있는 문항 포함

## 챗GPT 출력 예시

**신제품 다이어트 음료에 대한 설문**

- **대상**: 20~30대 남녀, 건강한 다이어트에 관심이 있는 30명
- **목적**: 신제품 다이어트 음료의 소비자 만족도와 선호도를 파악하기 위해 진행하는 설문입니다. 여러분의 소중한 의견은 제품 개선과 마케팅 전략에 큰 도움이 됩니다.

**1. 다이어트 음료의 맛에 대한 평가**

이 음료의 맛은 어떻다고 생각하십니까?

- 매우 만족
- 만족
- 보통
- 불만족
- 매우 불만족

**2. 다이어트 음료를 얼마나 자주 섭취할 의향이 있으십니까?**

- 하루 1회 이상
- 주 4~6회
- 주 1~3회
- 월 1~3회
- 거의 섭취하지 않을 것 같다.

**3. 음료를 어떤 방식으로 섭취하는 것을 선호하십니까?**

- 바로 마실 수 있는 병/캔 음료
- 물에 타서 마시는 분말 형태
- 스틱형 음료
- 기타(직접 기재해 주세요.: _________________________)

**4. 이 음료에 적절하다고 생각하는 가격대는 얼마입니까?**

- 1,000원 이하
- 1,000원 ~ 2,000원
- 2,000원 ~ 3,000원
- 3,000원 이상

**5. 다이어트 음료를 선택할 때 가장 중요하게 생각하는 요소는 무엇입니까?**

- 맛
- 가격
- 성분(칼로리, 첨가물 등)
- 브랜드 신뢰도
- 기타(직접 기재해 주세요.: ________)

**6. 이 음료를 어떤 상황에서 섭취할 계획이 있습니까?(중복 선택 가능)**

- 식사 대용으로
- 운동 전후에
- 간식으로
- 배고플 때
- 기타(직접 기재해 주세요.: ________)

**7. 자유 의견**

- 신제품 다이어트 음료에 대한 추가 의견이나 개선 사항이 있다면 자유롭게 작성해 주세요.

감사합니다! 여러분의 소중한 의견은 신제품 개선과 마케팅 전략에 큰 도움이 됩니다.

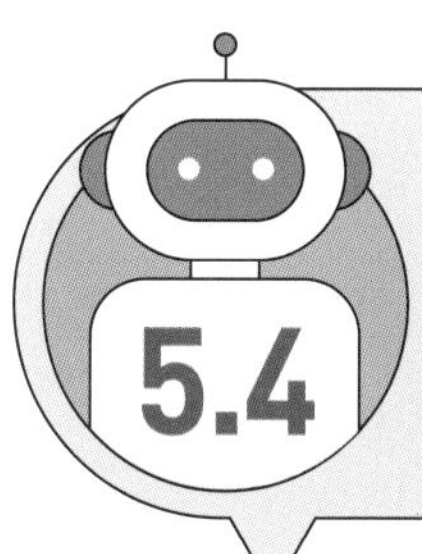


ChatGPT PROMPT

# 아이디어 도출

챗GPT의 강점 중 하나는 아이디어 도출입니다. 업무에서 아이디어가 필요한 경우가 자주 있는데 사업을 구상하거나 마케팅을 위해 아이디어를 처음부터 창출하는 것은 쉽지 않은 일일 것입니다. 이 때 챗GPT의 도움의 도움을 받으면 어려움을 크게 줄일 수 있습니다. 회사의 강점 등 세부 사항을 구체적으로 입력하면, 더 현실 가능성이 높은 신사업 아이디어를 제안해 줄 수 있으므로 프롬프트를 잘 구성해 보기 바랍니다.

**추가 제안**

*위에 100개의 아이디어 중에서 현재 주력 사업과의 시너지 효과가 높은 순서로 10개를 선택하여 어떻게 시너지 효과가 발생할 수 있는지를 표 형식으로 정리해 주세요.*

## 프롬프트 템플릿

[○○○○]가 현재 집중하고 있는 **[화장품, 샴푸, 린스 외의 분야]**에서 성공 가능성이 높은 신규 사업 후보를 100가지 생각해 주세요.

## 프롬프트 작성 예시

**국내 4위 소비재 제조업체인 당사**가 현재 집중하고 있는 **화장품, 샴푸, 린스 외의 분야**에서 성공 가능성이 높은 신규 사업 후보를 100가지 생각해 주세요.

## 챗GPT 출력 결과

국내 4위 소비재 제조업체가 화장품, 샴푸, 린스 외의 분야에서 성공 가능성이 높은 신규 사업 후보 100가지를 아래에 제시합니다. 이 리스트는 현재 시장 트렌드와 기업의 소비재 역량을 고려한 다양한 아이디어들로 구성되었습니다.

1. 천연 성분 기반 세정제
2. 항균 손 세정제
3. 친환경 세탁 세제
4. 천연 성분 욕실 클리너
5. 친환경 주방 세제
6. 미세먼지 제거용 클렌징 워터
7. 친환경 베이비용 세정제
8. 건강 관리용 디퓨저
9. 개인 맞춤형 스킨케어 디바이스
10. 비건 성분으로 만든 페이셜 마스크
11. 면역력 증강 건강 음료
12. 항산화 성분 음료
13. 장 건강을 위한 유산균 제품
14. 탈모 예방 헤어케어 제품
15. 구강 청결제
16. 구취 제거 스프레이
17. 비건 립밤
18. 멀티비타민 스프레이
19. 피로 회복 건강 음료

… 중략 …

86. 천연 모발 윤기 강화제
87. 오가닉 스킨케어 스타터 키트
88. 스트레스 완화 스프레이
89. 일회용 페이셜 클렌징 티슈
90. 생체 리듬 조절 디바이스
91. 친환경 면도기 및 리필 블레이드
92. 저자극 남성용 스킨케어 세트
93. 천연 성분 아로마 테라피 오일
94. 피부 재생 촉진 젤
95. 휴대용 스킨 분석기
96. 스마트 공기 정화기
97. 자극 없는 패드형 클렌저
98. 유기농 바디 스크럽
99. 미용 음료(콜라겐 성분 포함)
100. 천연 성분 마스크팩

*위에 나열된 100개의 아이디어 중에서 현재 주력 사업과의 시너지 효과가 높은 순서로 10개를 선택하여 어떻게 시너지 효과가 발생할 수 있는지를 표 형식으로 정리해 주세요.*

| 신규 사업 아이디어 | 시너지 효과 설명 |
|---|---|
| 천연 성분 기반 세정제 | 기존 화장품 및 헤어케어 제품과 천연 성분 연구 및 생산 설비를 공유하여 비용 절감과 품질 일관성 확보 가능 |
| 항균 손 세정제 | 화장품 제조와 연계하여 피부 자극 없는 손 세정제를 개발, 개인 위생 관련 제품 포트폴리오 확대 |
| 친환경 세탁 세제 | 천연 성분을 활용한 세제와 스킨케어 제품이 함께 제공되며, 친환경 이미지 구축 가능 |
| 천연 성분 욕실 클리너 | 샴푸 및 린스 등 위생 용품의 연장선으로 욕실 클리너를 함께 제공하여 소비자 만족도 향상 |
| 미세먼지 제거용 클렌징 워터 | 피부 클렌징 제품과 연계하여 미세먼지 제거에 특화된 클렌징 제품군 확대 가능 |
| 비건 성분으로 만든 페이셜 마스크 | 비건 및 천연 성분을 강조한 화장품 라인업 확대로 기존 시장의 차별화된 경쟁력 확보 |
| 탈모 예방 헤어케어 제품 | 기존 샴푸 및 린스 제품군과 결합하여 탈모 케어 시장에서 강력한 브랜드 확장 가능 |
| 천연 성분 치약 | 구강 청결제 및 립케어 제품과 함께 친환경 및 천연 성분 제품군으로 포지셔닝 가능 |
| 미세먼지 차단 선크림 | 미세먼지 차단 효과를 강조한 스킨케어 라인과 함께 제공하여 브랜드 일관성 강화 |
| 패밀리용 보디 샤워젤 | 가족 단위로 사용할 수 있는 제품 제공으로 브랜드 친화력 강화 |

# 아이디어 결합법

아이디어를 도출하는 데는 여러 가지 방법이 있습니다. 그중 하나가 아이디어 결합법입니다. 챗GPT는 간단한 프롬프트 하나로 다양한 흥미로운 아이디어를 제시해 줍니다. 이름과 설명을 보고 이미지가 그려지는 아이디어도 있고, 설명만으로는 어떤 상품인지 이해하기 어려운 아이디어도 있을 수 있습니다. 만약 독창성이 더 필요하다면 창의적이고 획기적인 아이디어를 추가로 요청해 보세요.

**추가 제안**

*더 창의적이고 획기적인 상품을 5개 생각해 주세요.*

## 프롬프트 템플릿

[○○○○] 상품의 콘셉트와 새로운 기술을 결합하여 독창적인 상품 아이디어 15가지를 만들어 주세요.

## 프롬프트 작성 예시

**과거 히트** 상품의 콘셉트와 새로운 기술을 결합하여 독창적인 상품 아이디어 15가지를 만들어 주세요.

## 챗GPT 출력 예시

다음은 과거에 히트했던 상품의 콘셉트와 최신 기술을 결합한 독창적인 상품 아이디어 15가지입니다.

**1. 스마트 워크맨(카세트 플레이어 + 스트리밍 서비스)**

과거 워크맨에 스트리밍 기능과 무선 연결을 더해 아날로그 감성과 디지털 편의성을 동시에 제공

**2. AI 다마고치(가상 반려동물 + 인공지능)**

AI 기술을 활용해 사용자와 더 깊이 상호 작용하는 가상 반려동물로, 더욱 진화된 게임 경험 제공

**3. AR 쌍안경(쌍안경 + 증강 현실)**

쌍안경에 증강 현실 기능을 결합하여 실시간으로 역사적 정보나 자연 정보를 보여 주는 관광용 기기

**4. 스마트 팩맨(팩맨 게임 + 헬스케어 데이터)**

웨어러블 기기의 운동 데이터를 활용하여 팩맨 게임을 즐기면서 운동 성과를 측정하고 건강을 관리하는 앱

**5. 스마트 폴라로이드 카메라(폴라로이드 카메라 + 모바일 프린터)**

폴라로이드의 즉석 사진 기능과 스마트폰 연동, 모바일 프린팅을 결합해 실시간으로 사진 출력 및 저장

**6. AI 퍼즐 매트(퍼즐 장난감 + 인공지능 분석)**

퍼즐을 맞추는 동안 AI가 뇌 활동 패턴을 분석해 피드백을 제공하는 스마트 퍼즐 장난감

**7. 디지털 뷰마스터(뷰마스터 + 가상 현실 VR)**

뷰마스터와 VR 기술을 결합해 현실감 있는 여행지나 동화 속 장면을 체험할 수 있는 제품

**8. 스마트 조명 요요(요요 + 스마트 조명)**

요요의 움직임에 따라 조명이 바뀌고 패턴을 만들어 내는 스마트 조명 요요

**9. 인터랙티브 비디오 게임북(게임북 + 동작 인식 기술)**

동작 인식과 음성 제어를 통해 사용자가 직접 게임북 속 이야기를 진행할 수 있는 체험형 게임북

**10. 스마트 추억 다이어리(종이 다이어리 + 블루투스 데이터 공유)**

손으로 적는 감성을 유지하면서 블루투스를 통해 스마트폰에 저장하고 관리할 수 있는 스마트 다이어리

**11. AR 퍼즐(퍼즐 + 증강 현실)**

퍼즐을 완성하면 AR을 통해 3D 캐릭터나 스토리를 경험할 수 있는 놀이형 퍼즐

**12. 스마트 방 탈출 보드 게임(보드 게임 + 스마트폰 연동)**

QR 코드와 NFC 기술을 활용하여 실시간 미션과 스토리를 제공하는 방 탈출 보드 게임

**13. 디지털 회전 책장(책장 + 스마트 라이브러리)**

종이책과 전자책을 모두 담을 수 있고 추천 도서를 디지털로 표시하는 스마트 책장

**14. 스마트 전자 앨범(사진 앨범 + 디지털 스크린)**

종이 앨범 감성에 디지털 사진과 영상을 재생할 수 있는 기능을 결합한 전자 앨범

**15. AI 피부 관리 미러(거울 + 피부 분석 AI)**

AI 피부 분석 기술을 적용해 매일 아침 피부 상태를 점검하고 맞춤형 스킨케어 제품을 추천하는 스마트 미러

이 15가지 아이디어는 과거의 인기 있는 상품 콘셉트를 현대의 기술과 결합하여 독창적이고 실용적인 제품을 제공하도록 구성되었습니다.

*더 창의적이고 획기적인 상품을 5개 생각해 주세요.*

**1. 감정 분석 AI 의류**

- **개념**: 의류에 AI 센서를 탑재하여 사용자의 심박수, 피부 온도, 땀 등을 분석해 감정 상태를 실시간으로 파악하고, 그에 맞는 음악, 냄새(아로마), 색상(옷의 LED 변환)을 제안하는 의류
- **특징**: 스트레스가 높으면 릴랙스 음악과 아로마를 추천하고, 기분이 좋으면 에너지를 북돋는 컬러로 LED가 변함. 의류와 사용자의 기분이 상호 작용하는 혁신적인 웨어러블 패션

**2. 스마트 식물 아바타**

- **개념**: IoT 기술을 통해 실제로 키우는 식물이 가상 공간에서 아바타로 성장하고, 사용자는 그 아바타를 통해 게임이나 소셜 네트워크에서 다른 사용자와 상호 작용
- **특징**: 현실에서 물을 주고 관리하는 식물의 성장 상태에 따라 가상 아바타가 진화하고, 이 아바타를 활용해 가상 세계에서 게임을 하거나 친구들과 교류할 수 있는 플랫폼 제공

**3. AI 기반 드림 컨트롤러**

- **개념**: AI와 뇌파 분석 기술을 이용해 사용자의 수면 중 뇌파를 모니터링하고, 꿈을 제어하거나 편안한 꿈을 유도하는 웨어러블 기기
- **특징**: 수면 중 특정 뇌파 주기에 맞춰 사용자가 원하는 꿈 주제를 설정해 스트레스나 불안을 해소하고 깊은 수면을 유도하는 제품. 꿈의 내용과 수면 패턴을 기록해 아침에 피드백 제공

**4. AR 패션 메이커**

- **개념**: 증강 현실(AR) 기술을 활용해 스마트폰으로 원하는 옷을 입어 보고, 가상으로 스타일링한 옷을 즉시 주문할 수 있는 서비스. 사용자가 디자인한 옷도 즉시 착용 가능
- **특징**: 사용자가 스마트폰 카메라로 자신을 스캔한 후 AR을 통해 다양한 패션 아이템을 가상으로 입어 보며 실시간으로 디자인을 수정. 직접 디자인한 옷을 가상으로 입어본 후 즉시 제작 및 배송 가능

**5. 기분에 맞춰 변화하는 가구**

- **개념**: 모션 센서와 AI가 결합된 스마트 가구로, 사용자의 몸짓이나 목소리, 기분에 따라 가구의 색상, 높이, 형태가 변화하는 스마트 인테리어 제품
- **특징**: 예를 들어, 사용자가 피곤할 때는 의자가 자동으로 리클라이닝 모드로 전환되거나 집중력이 필요할 때 책상의 높이가 자동으로 조절. 가구가 사용자의 기분과 필요에 맞춰 실시간으로 반응하는 미래형 가구

이 5가지 아이디어는 사용자의 경험을 중심으로 최신 기술을 접목한 혁신적이고 획기적인 제품으로, 기존 제품과는 차별화된 새로운 소비자 경험을 제공합니다.

ChatGPT PROMPT

# 브레인스토밍

지금까지 아이디어를 도출하는 데 놀라운 챗GPT의 활약을 보았을 것입니다. 브레인스토밍을 할 때도 챗GPT를 활용해 보세요.

## 프롬프트 템플릿

다음 주제에 관한 브레인스토밍 상대가 되어 주세요.

- 목적: [목적]
- 내용: [내용]
- 목표: [목표를 구체적으로 작성]

## 프롬프트 작성 예시

다음 주제에 관한 브레인스토밍 상대가 되어 주세요.

- 목적: 신상품 아이디어 구상
- 내용: 자연과의 공생, 웰빙을 중시한 신상품 구상
- 목표: 기획 회의에서 제안할 수 있도록 신상품의 가치, 콘셉트, 개요를 표로 정리. 최소 5개 이상, 가능하다면 10개 이상

## 챗GPT 출력 예시

자연과의 공생과 웰빙을 중시한 신상품 아이디어를 브레인스토밍하여 기획 회의에서 제안할 수 있도록 아래와 같이 정리해 보겠습니다. 각 아이디어에는 가칭, 콘셉트, 개요를 포함하여 최소 5개 이상의 아이디어를 제안합니다.

| 가칭 | 콘셉트 | 개요 |
|---|---|---|
| 에코 브리즈<br>(Eco Breeze) | 자연 공기 청정 시스템 | 자연의 공기를 실내에 그대로 재현하는 스마트 공기청정기. 식물 필터와 자연 생태계를 모방한 시스템으로 실내 공기 정화 및 자연의 향을 그대로 전달 |
| 리프웨이브<br>(LeafWave) | 식물 기반 웰빙 디퓨저 | 식물을 기반으로 한 디퓨저로, 살아 있는 식물이 향과 공기를 정화하며, 실내 습도를 조절. 다양한 향과 기능을 가진 식물을 선택 가능 |
| 가이아매트(GaiaMat) | 자연 재료로 만든<br>헬스케어 매트 | 100% 자연 재료로 만든 헬스케어 매트로, 운동이나 요가 시 자연과의 연결감을 느낄 수 있음. 자연 속에서 운동하는 느낌을 주며 환경 친화적 |
| 비건텍스처<br>(VeganTexture) | 자연 섬유 기반<br>패션 아이템 | 비건 패션 브랜드로, 자연에서 얻은 섬유와 친환경 염색 공법을 사용한 의류. 패션과 환경 보호를 동시에 추구하며, 착용감이 좋고 스타일리시한 디자인 제공 |
| 선샤인 스낵<br>(Sunshine Snack) | 자연 태양광으로<br>건조한 웰빙 간식 | 인공 첨가물을 사용하지 않고 자연의 태양광으로만 건조시킨 건강한 간식 라인. 다양한 과일과 채소로 만든 영양가 높은 스낵으로, 간편하면서도 자연 그대로의 맛을 즐길 수 있음. |
| 에코 홈 가든<br>(Eco Home Garden) | 가정용 스마트 텃밭<br>시스템 | 실내에서 채소와 허브를 키울 수 있는 스마트 홈 가드닝 시스템. 물 절약 및 에너지 효율이 높은 기술을 적용해 자연 친화적인 생활을 지원 |
| 네이처 딥 슬립<br>(Nature Deep Sleep) | 자연 소재 침구와 AI<br>수면 관리 시스템 | 자연 소재로 만든 침구 세트와 함께 수면의 질을 높이는 AI 수면 모니터링 시스템 제공. 수면 상태를 분석해 최적의 환경을 만들어 주고, 자연의 소리로 숙면을 유도 |
| 리프랩(LeafLab) | 재활용 가능한<br>식물 기반 포장재 | 자연에서 추출한 재활용 가능한 포장재로, 과일이나 채소 포장을 위한 친환경 솔루션. 패키징이 끝난 후 다시 자연으로 돌아가는 생분해성 소재로 환경 보호에 기여 |
| 바이오클린<br>(BioClean) | 천연 세정 성분을<br>사용한 친환경 세제 | 천연 세정 성분을 사용한 세제로, 화학 물질 없이도 강력한 세정력을 발휘. 자연 친화적인 성분으로 피부 자극이 적고, 가정에서 안전하게 사용할 수 있음. |
| 에코팟(EcoPot) | 자연 퇴비화 화분과<br>자동 물 공급 시스템 | 자연 분해 가능한 화분과 자동 물 공급 시스템을 결합한 실내 가드닝 제품. 화분이 퇴비화되면서 식물이 자라며, 자동으로 물을 공급해 편리하게 식물을 관리할 수 있음. |
| 오션웨이브<br>(OceanWave) | 바다에서 얻은 해양<br>성분으로 만든<br>천연 화장품 | 바다에서 추출한 천연 성분을 사용한 화장품으로, 해조류, 소금, 미네랄 등을 활용해 피부에 필요한 영양소를 공급. 자연 속 성분으로 피부 재생 및 진정 효과를 강화 |
| 에코킷(EcoKit) | 어린이를 위한<br>자연 체험 키트 | 어린이들이 자연을 체험할 수 있는 교육용 키트로, 식물을 심거나 작은 곤충을 키우며 자연과의 교감을 배울 수 있음. 자연 보호의 중요성을 어린이들에게 교육하는 데 도움을 줌. |

ChatGPT PROMPT

# 5.7 장단점 제시

특정 상품이나 서비스의 장단점을 분석하고, 이를 바탕으로 새로운 제품 개발이나 마케팅 포인트를 찾는 데 활용할 수 있습니다. 챗GPT는 프롬프트 요청에 따라 즉시 장단점을 제시하며 원하는 개수만큼 요청하면 출력해 줍니다. 왜 장점인지, 단점인지에 대한 깊이 있는 질문으로 원하는 결과를 도출해 보세요.

## 프롬프트 템플릿

[○○○○] 사용의 장점과 단점을 각각 5가지씩 제시해 주세요.

## 프롬프트 작성 예시

화장품 사용의 장점과 단점을 각각 5가지씩 제시해 주세요.

## 챗GPT 출력 예시

■ **화장품 사용의 장점**

1. **피부 보호**: 자외선 차단제나 보습 크림은 외부 환경(예: 자외선, 오염)으로부터 피부를 보호해 줍니다.
2. **자신감 향상**: 화장품은 외모를 개선하여 자신감을 높이는 데 기여할 수 있습니다. 피부 결점을 가리고, 피부 톤을 균일하게 만들어 주며, 건강한 인상을 줍니다.
3. **피부 관리**: 보습제, 세럼, 영양 크림 등 스킨케어 화장품은 피부를 관리하고, 수분을 공급하여 피부 건강을 유지하는 데 도움을 줍니다.
4. **개성 표현**: 메이크업을 통해 개인의 스타일이나 기분을 표현할 수 있습니다. 색조 화장품은 창의적인 방식으로 개성을 드러낼 수 있는 도구입니다.
5. **피부 문제 완화**: 트러블 전용 제품이나 기능성 화장품은 여드름, 색소 침착, 주름 등 특정 피부 문제를 완화하는 데 효과적입니다.

■ **화장품 사용의 단점**

1. **피부 자극**: 화장품에 포함된 화학 성분이나 향료가 민감한 피부를 자극할 수 있으며, 알레르기 반응을 일으킬 수 있습니다.
2. **피부 트러블 유발**: 일부 화장품이 모공을 막거나 장기적인 사용으로 인해 피부 트러블이나 여드름을 유발할 수 있습니다.
3. **비용 부담**: 고품질의 화장품이나 브랜드 제품은 가격이 높아 꾸준히 사용하려면 경제적 부담이 될 수 있습니다.
4. **시간 소모**: 화장이나 스킨케어에 많은 시간을 투자해야 할 수 있으며, 이를 유지하는 데 지속적인 관리가 필요합니다.
5. **화장품 중독**: 외모 개선에 지나치게 의존할 경우, 화장품에 대한 심리적 의존이 생기고, 이를 사용하지 않을 때 자신감이 떨어지는 현상이 발생할 수 있습니다.

이처럼 화장품 사용에는 피부 관리와 자기 표현 등의 장점이 있지만, 알레르기 유발이나 비용 부담 등의 단점도 존재합니다.

ChatGPT PROMPT

# 찬성파, 반대파 의견 제시

특정 상품이나 서비스에 대한 찬성과 반대 의견을 모아 마케팅이나 상품 개발에 활용할 수 있습니다. 찬성 의견을 홍보 포인트로 활용하거나 반대 의견을 반영해 제품을 개선할 수 있습니다.

## 프롬프트 템플릿

[OOOO **제품**] 활용에 대해 찬성 의견과 반대 의견을 각각 [OOOO] 형식으로 정리해 주세요.

## 프롬프트 작성 예시

**정수기** 활용에 대해 찬성 의견과 반대 의견을 각각 **목록** 형식으로 정리해 주세요.

## 챗GPT 출력 예시

■ **정수기 사용에 대한 찬성 의견**

1. **깨끗하고 안전한 물 공급**: 정수기를 통해 불순물, 미세먼지, 중금속 등을 제거하여 더 깨끗하고 안전한 물을 마실 수 있습니다.
2. **편리성**: 언제든지 손쉽게 정수된 물을 사용할 수 있으며, 따로 물을 끓이거나 생수를 사지 않아도 됩니다.
3. **비용 절감**: 생수를 계속 구매하는 것보다 장기적으로 정수기를 사용하는 것이 경제적일 수 있습니다.
4. **환경 보호**: 생수병 사용을 줄임으로써 플라스틱 쓰레기 감소에 기여할 수 있습니다.
5. **맛 향상**: 정수기로 불순물이 제거되면 물의 맛이 더 상쾌하고 깔끔해질 수 있습니다.

■ **정수기 사용에 대한 반대 의견**

1. **유지 비용**: 정수 필터 교체와 정수기 청소, 관리 비용이 추가로 발생할 수 있어 부담이 될 수 있습니다.

2. **기기 고장 가능성**: 정수기 기기가 고장 날 경우 물 공급에 문제가 생길 수 있으며, 수리 비용이 추가로 발생할 수 있습니다.
3. **정기적인 관리 필요**: 정수기의 필터는 정기적으로 교체해야 하며, 관리가 소홀하면 오히려 물이 오염될 가능성이 있습니다.
4. **전기 사용**: 전기를 사용하는 정수기는 전기 요금이 추가로 발생할 수 있으며, 에너지 소비가 늘어납니다.
5. **일부 물 성분 제거**: 필터를 사용하는 과정에서 물 속의 유익한 미네랄 성분이 함께 제거될 수 있습니다.

이 목록은 정수기 사용에 대한 장점과 단점을 각각 반영한 찬반 의견으로, 정수기 사용에 대해 더욱 균형 잡힌 시각을 제공할 수 있습니다.

# 5.9 유사성 다이어그램

아이디어 발상법 중 하나로 KJ법이라는 방법이 있습니다. 이는 문제 해결이나 아이디어 정리, 분류를 촉진하는 방법으로, 그룹 워크 등에서 자주 사용됩니다. 의견을 카드에 적어 유사한 것끼리 그룹화하여 전체 구조를 파악하는 데 유용합니다. 챗GPT를 활용해 아이디어를 구조화하여 아이디어 정리를 할 수 있습니다. 다음 프롬프트를 입력하면 먼저 아이디어를 수집하고 그룹화한 후 문제 해결책을 검토하고 실행 계획까지 세워 줍니다.

## 프롬프트 템플릿

[OOOO] 업무를 효율화하는 방법을 생각하고, 유사성 다이어그램(Affinity Diagram)으로 정리해 주세요.

## 프롬프트 작성 예시

**생산 관리** 업무를 효율화하는 방법을 생각하고, 유사성 다이어그램(Affinity Diagram)으로 정리해 주세요.

## 챗GPT 출력 예시

생산 관리 업무를 효율화하는 방법을 유사성 다이어그램으로 정리하여 각 방법을 카테고리로 묶어 보겠습니다. 유사성 다이어그램은 다양한 아이디어를 관련 있는 그룹으로 분류해 시각적으로 정리하는 방법입니다.

**1. 자동화 및 디지털화**

- **생산 라인 자동화**: 반복적인 작업을 자동화 시스템으로 대체해 생산 속도와 정확도를 높임.
- **ERP 시스템 도입**: 기업 자원 관리 시스템을 도입해 실시간으로 생산량, 재고, 납기 등을 모니터링하고 관리

- **MES(Manufacturing Execution System) 사용**: 제조 실행 시스템을 통해 작업 공정과 실시간 데이터를 관리해 생산의 투명성과 효율성을 강화
- **AI 기반 품질 관리**: AI 기술을 활용해 생산 중 발생할 수 있는 불량품을 실시간으로 감지하고 조치
- **스마트 팩토리**: IoT와 센서를 결합하여 전체 생산 과정을 디지털화하고 실시간 데이터를 통해 관리 및 최적화

**2. 작업 프로세스 개선**
- **LEAN 제조 기법 도입**: 낭비 요소를 줄이고, 생산 효율성을 높이기 위한 린(LEAN) 기법을 도입
- **생산 공정 단순화**: 불필요한 단계를 제거하여 생산 프로세스를 단순화하고 효율성을 증대
- **5S 방법론 적용**: 정리, 정돈, 청소, 청결, 습관화를 통해 작업 환경을 정돈하여 생산 효율을 높임
- **BOM(Bill of Materials) 관리 최적화**: 정확하고 효율적인 BOM 관리로 자재 낭비를 줄이고, 생산 계획을 더 체계적으로 수립
- **재고 관리 시스템 개선**: 재고를 실시간으로 추적하고 관리하는 시스템을 도입해 자재 부족이나 과잉 재고 문제를 최소화

**3. 인력 관리 및 협업 강화**
- **작업자 교육 및 훈련**: 생산 설비나 시스템에 대한 정기적인 교육을 통해 작업자의 역량을 강화하고 오류를 줄임.
- **업무 배분 최적화**: 작업자의 역할을 명확히 하고, 업무를 효율적으로 배분해 업무의 중복이나 누락을 방지
- **협업 플랫폼 도입**: 작업자 간의 원활한 의사소통을 위해 협업 툴(슬랙, 트렐로 등)을 도입해 커뮤니케이션과 협업을 강화
- **작업자 안전 시스템 강화**: 작업자의 안전을 보장하기 위한 예방 시스템을 구축해 생산 중단을 줄이고 작업 효율을 높임.
- **동기 부여 및 인센티브 제도**: 작업자들에게 성과 기반 보상이나 인센티브 제도를 도입해 생산성과 업무 만족도를 높임.

**4. 데이터 분석 및 품질 관리**
- **데이터 분석 도구 도입**: 생산 데이터를 분석해 생산 병목 현상이나 개선이 필요한 부분을 실시간으로 파악하고 대처
- **실시간 품질 모니터링**: 품질 관리 시스템을 통해 생산 공정의 데이터를 실시간으로 모니터링하고, 문제 발생 시 즉시 조치
- **지속적인 개선 프로세스(CIP)**: 생산 과정에서의 문제를 빠르게 식별하고, 이를 지속적으로 개선하는 프로세스를 구축
- **데이터 기반 의사결정**: 과거 생산 데이터를 기반으로 의사결정을 내리고, 효율성 높은 생산 계획을 수립
- **고객 피드백 반영**: 고객 불만이나 피드백을 분석해 품질을 개선하고, 이를 생산 과정에 즉시 반영

**5. 공급망 관리 최적화**
- **JIT(Just In Time) 생산 방식 도입**: 필요할 때 필요한 양만큼 자재를 공급하여 재고 부담을 줄이고 자본 회전율을 높임.
- **공급 업체 관계 관리 강화**: 공급 업체와의 원활한 커뮤니케이션과 협력 관계를 통해 자재 납기를 최적화하고 공급망의 효율성을 높임.
- **물류 시스템 개선**: 생산된 제품의 배송과 유통 과정을 개선해 고객에게 신속하게 전달하고 물류 비용을 절감
- **다중 공급망 확보**: 공급망 리스크를 줄이기 위해 복수의 공급 업체와 계약하여 자재 부족 시에도 생산에 차질이 없도록 대비

- **수요 예측 시스템 도입**: AI 기반 수요 예측 시스템을 통해 미래 수요를 정확히 예측하고, 이에 맞춘 생산 계획을 수립

이와 같은 방법을 유사성 다이어그램으로 그룹화하여 생산 관리 업무를 효율화할 수 있습니다. 각각의 방법은 디지털화, 작업 프로세스, 인력 관리, 데이터 분석, 공급망 관리 등 여러 카테고리로 나뉘며, 이러한 방법들을 함께 적용해 효율성을 극대화할 수 있습니다.

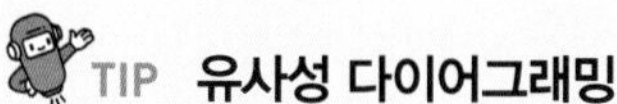

**TIP 유사성 다이어그래밍**

**1단계:** 아이디어가 떠오르는 대로 포스트잇 같은 스티커 노트로 만든다. 윈도우의 '스티키 노트(Sticky Notes)' 앱으로 모니터에 만들어도 된다.

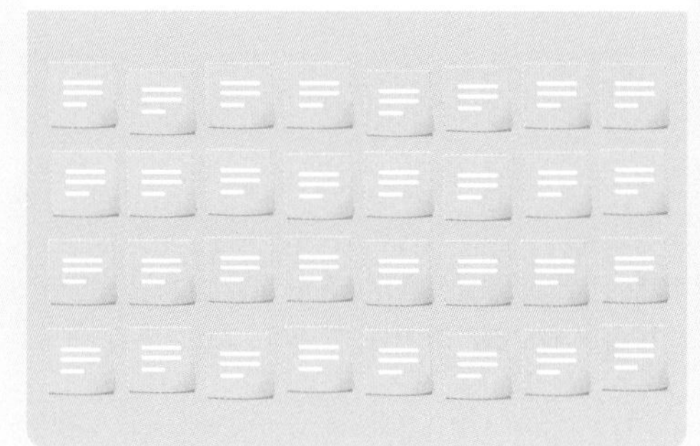

**2단계:** 노트를 묶음이나 주제로 구성한다.

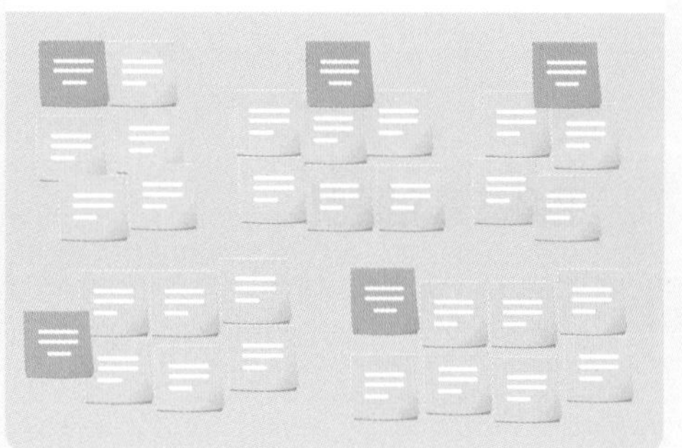

**3단계:** 묶음(주제) 및 다음 단계의 우선순위를 지정한다.

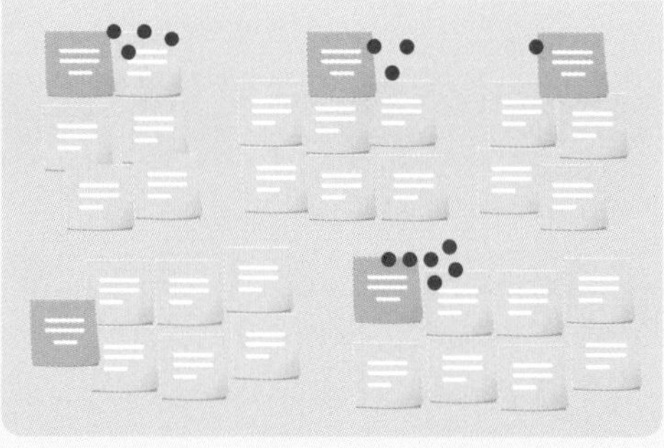

# 평가 항목 설정

어떤 제안을 평가할 때 어떤 평가 항목과 기준으로 평가해야 할지 챗GPT에게 물어 보고 도움을 요청해 보세요. 질문에 대해 대표적인 항목을 제시하고 그에 대한 상세 설명을 제공합니다. 챗GPT가 내놓은 결과에서 중요한 요소를 추가 질문해 보세요.

**추가 제안**

*이 중에서 가장 중요한 요소는 무엇인가요?*
*다른 평가 항목도 있으면 알려 주세요.*

## 프롬프트 템플릿

[OOOO] 업체인 당사의 [OOOO] 사업 계획을 평가할 때 필요한 평가 항목과 평가 기준을 알려 주세요.

## 프롬프트 작성 예시

**국내 4위 소비재 제조** 업체인 당사의 **신규** 사업 계획을 평가할 때 필요한 평가 항목과 평가 기준을 알려 주세요.

## 챗GPT 출력 예시

국내 4위 소비재 제조업체의 신규 사업 계획을 평가할 때 필요한 평가 항목과 평가 기준을 제시하겠습니다. 각 항목은 사업의 성공 가능성, 시장 경쟁력, 재무 성과, 리스크 관리 등을 종합적으로 평가하는 데 도움이 될 것입니다.

1. 시장 분석

**시장 규모 및 성장 가능성**: 신규 사업이 진출하려는 시장의 현재 규모와 성장 전망을 평가합니다.

- **평가 기준**: 시장이 성장 중인지, 정체 중인지, 축소되고 있는지 분석하고, 5년 후 시장 규모 예측치와 성장률이 긍정적인지 확인합니다.
- **경쟁 분석**: 주요 경쟁사들의 시장 점유율과 강점을 분석하여 경쟁 우위를 점할 가능성을 평가합니다.
- **평가 기준**: 경쟁사가 이미 차지하고 있는 시장의 특징과 자사가 진입할 여지가 있는지를 평가하고 경쟁사의 약점을 활용할 수 있는지 여부도 고려합니다.
- **소비자 요구 분석**: 소비자들의 니즈와 트렌드를 분석하여 자사의 제품이나 서비스가 얼마나 잘 맞아떨어지는지를 평가합니다.
- **평가 기준**: 타깃 소비자층의 명확성, 소비자의 불만이나 해결되지 않은 문제를 자사가 해결할 수 있는지 여부를 평가합니다.

2. 재무 평가

- **초기 투자 비용**: 신규 사업을 시작하는 데 필요한 초기 투자 비용을 평가합니다.
- **평가 기준**: 초기 투자 비용이 합리적이고 자금 조달이 가능한지, 투자 대비 수익률(ROI)이 긍정적인지 분석합니다.
- **수익성 분석**: 사업이 성공할 경우 예상되는 수익성을 분석합니다.
- **평가 기준**: 예상 매출과 순이익 마진, 브레이크이븐 포인트(손익분기점) 도달 예상 기간, 장기적인 수익 창출 가능성을 평가합니다.
- **비용 절감 효과**: 신규 사업이 기존 사업과의 시너지를 통해 비용을 절감할 가능성을 평가합니다.
- **평가 기준**: 기존 인프라, 유통망, 마케팅 채널 등을 활용해 투자 비용을 얼마나 절감할 수 있는지 분석합니다.

3. 사업 적합성

- **핵심 역량과의 연계성**: 자사의 기존 핵심 역량과 신규 사업의 시너지 효과를 평가합니다.
- **평가 기준**: 기존 사업과의 연결성, 자사의 강점이 신규 사업에서 얼마나 발휘될 수 있는지를 평가합니다.
- **브랜드 이미지 적합성**: 신규 사업이 자사의 브랜드 이미지에 맞는지를 평가합니다.
- **평가 기준**: 자사의 브랜드 가치, 미션, 소비자 인식과 신규 사업이 얼마나 부합하는지를 평가합니다.

4. 경영 및 운영 평가

- **운영 효율성**: 신규 사업이 원활하게 운영될 수 있도록 필요한 리소스와 시스템을 평가합니다.
- **평가 기준**: 인력, 설비, 기술적 요구 사항을 충족할 수 있는지, 새로운 사업의 운영에 필요한 프로세스를 구축할 수 있는지를 평가합니다.
- **인재 및 기술 역량**: 신규 사업에 필요한 기술과 인재가 확보되어 있는지를 평가합니다.
- **평가 기준**: 내부에서 기술을 지원할 수 있는 역량이 있는지, 필요한 인재나 기술을 외부에서 확보할 계획이 있는지를 평가합니다.

5. 리스크 관리

- **사업 리스크 분석**: 법적, 규제적, 기술적, 시장적 리스크를 분석하고 대응 방안을 평가합니다.
- **평가 기준**: 해당 사업에 대한 정부 규제, 법적 제한, 기술 변화의 속도, 시장 변동성 등의 리스크에 대한 대응 전략이 충분한지를 평가합니다.

- **경쟁 리스크**: 신규 사업이 경쟁사에 의해 빠르게 모방되거나 대응될 가능성을 평가합니다.
- **평가 기준**: 진입 장벽이 높고 경쟁사가 쉽게 따라할 수 없는 독점적 요소가 있는지를 평가합니다.
- **재무 리스크**: 자금 조달 및 재무 건전성을 유지하면서 사업을 운영할 수 있는지를 평가합니다.
- **평가 기준**: 자본 투자 리스크, 자금 조달 전략의 안정성, 예상치 못한 지출 발생에 대비한 재무 계획이 있는지를 평가합니다.

**6. 시장 진입 전략**

- **마케팅 및 브랜딩 전략**: 신규 사업의 성공을 위해 필요한 마케팅과 브랜딩 전략을 평가합니다.
- **평가 기준**: 소비자에게 효과적으로 다가가기 위한 마케팅 전략이 준비되어 있는지, 브랜드 확장성이 있는지를 분석합니다.
- **유통 전략**: 신규 제품이나 서비스의 유통 전략을 평가합니다.
- **평가 기준**: 기존 유통망을 활용할 수 있는지, 새로운 유통 채널이 필요한지, 유통 비용이 효율적으로 관리될 수 있는지를 평가합니다.

**7. 장기 성장 가능성**

- **확장 가능성**: 신규 사업이 성공한 후 확장할 수 있는 잠재력을 평가합니다.
- **평가 기준**: 신규 사업이 다른 분야로 확장할 가능성이 있는지, 해외 진출이나 새로운 제품 라인을 추가할 가능성이 있는지를 평가합니다.
- **기술 혁신 가능성**: 신규 사업에서 기술 혁신을 통해 추가적인 기회를 창출할 수 있는지를 평가합니다.
- **평가 기준**: 사업이 발전함에 따라 기술적 진보가 가능하고, 시장을 선도할 수 있는 혁신을 도모할 수 있는지를 평가합니다.

**8. 친환경 및 지속 가능성 평가**

- **친환경성**: 신규 사업이 환경에 미치는 영향을 평가하고, 지속 가능한 방식으로 운영될 수 있는지를 분석합니다.
- **평가 기준**: 자재, 제조 과정, 유통 과정에서 친환경적인 요소가 있는지, 환경 규제와 지속 가능성 목표를 충족할 수 있는지를 평가합니다.
- **사회적 책임**: 신규 사업이 소비자 및 지역 사회에 긍정적인 영향을 미칠 수 있는지를 평가합니다.
- **평가 기준**: 사회적 책임을 다할 수 있는 구조인지, 기업의 사회적 책임(CSR)과 일치하는지를 평가합니다.

이러한 평가 항목과 기준을 통해 신규 사업 계획의 전반적인 타당성, 시장 경쟁력, 리스크, 수익성 등을 종합적으로 판단할 수 있습니다. 각 항목은 사업의 다양한 측면을 객관적으로 평가하는 데 도움을 줄 것입니다.

*이 중에서 가장 중요한 요소는 무엇인가요?*

신규 사업 계획을 평가할 때 가장 중요한 요소는 시장 분석입니다. 이는 사업의 성공 가능성을 결정하는 핵심 요인으로, 사업이 진입하려는 시장이 얼마나 큰지, 성장 가능성이 있는지 그리고 경쟁 상황이 어떠한지를 정확히 파악해야만 전략적 의사결정을 내릴 수 있습니다.

■ **시장 분석이 중요한 이유:**

1. **수요 파악**: 시장 규모와 소비자의 수요를 파악하는 것은 사업의 성공 여부를 좌우합니다. 수요가 충분하지 않으면 사업이 어려움을 겪을 가능성이 큽니다.

2. **경쟁 우위**: 경쟁사가 어떤 전략을 사용하고 있는지, 어떤 시장에서 강점을 가지고 있는지를 분석함으로써 자사가 경쟁에서 어떻게 차별화할 수 있을지 파악할 수 있습니다.
3. **성장 잠재력**: 현재 시장이 포화 상태인지, 아니면 성장 가능성이 높은지에 따라 신규 사업의 장기적인 수익성을 예측할 수 있습니다.
4. **그 외 중요한 요소**:

- **재무 평가**: 자금 조달과 투자 대비 수익률을 분석하는 것도 중요한데, 사업이 장기적으로 수익을 창출할 수 없다면 시장이 커도 지속 가능하지 않습니다.
- **사업 적합성**: 자사의 기존 역량과 신규 사업이 얼마나 연계될 수 있는지도 성공 가능성에 영향을 미칩니다. 따라서 시장 분석이 가장 중요한 요소이며, 이를 기반으로 다른 요소들을 평가하여 종합적으로 판단해야 합니다.

*다른 평가 항목도 있으면 알려 주세요.*

신규 사업 계획을 평가할 때 추가로 고려해야 할 평가 항목도 있습니다. 아래에 제시한 항목들은 사업 계획의 성공 가능성을 더 깊이 평가하는 데 도움이 되는 요소들입니다.

**1. 법적 및 규제적 요건**

- **규제 준수**: 해당 산업 분야에 적용되는 법률과 규제를 준수할 수 있는지를 평가합니다. 특히 식품, 의약품, 화장품, 환경 관련 제품의 경우 엄격한 규제 요건이 있습니다.
- **평가 기준**: 해당 사업이 규제 요건을 충족하는지, 인증이나 허가를 받아야 하는지, 이를 해결할 수 있는 전략이 있는지를 평가합니다.

**2. 기술 혁신 가능성**

- **기술적 진입 장벽**: 신규 사업이 고도화된 기술을 필요로 하는지, 이를 해결할 수 있는 기술적 역량이 있는지를 평가합니다.
- **평가 기준**: 자사의 기술력이나 파트너십을 통해 혁신적인 기술을 도입할 수 있는지, 지속적인 R&D 투자가 필요한지를 평가합니다.

**3. 시장 타이밍**

- **시장 진입 타이밍**: 사업의 성공은 타이밍에 따라 크게 좌우될 수 있습니다. 시장이 급격히 성장하는 시점에 진입하면 경쟁 우위를 점할 수 있습니다.
- **평가 기준**: 시장의 성장 시기와 자사의 제품이나 서비스 출시 시점이 맞는지, 경쟁사가 시장에 진입하기 전에 선점할 수 있는 기회가 있는지를 평가합니다.

**4. 문화적 적합성**

- **소비자 문화와의 적합성**: 신규 사업이 타깃 시장의 문화, 사회적 트렌드와 얼마나 잘 맞는지를 평가합니다. 특히 해외 시장으로 확장할 때는 문화적 차이를 고려해야 합니다.
- **평가 기준**: 타깃 시장의 문화적 배경에 맞춰 제품이나 서비스가 성공할 가능성이 있는지, 사회적 트렌드에 부합하는지를 평가합니다.

**5. 파트너십 및 협력 가능성**

- **전략적 파트너십**: 신규 사업이 성공하기 위해 필요한 외부 파트너와의 협력 가능성을 평가합니다. 이는 기술 제공 업체, 유통망, 마케팅 파트너 등 다양한 파트너십을 포함합니다.

- **평가 기준**: 필요한 파트너십을 성공적으로 구축할 수 있는지, 파트너십을 통해 사업의 리스크를 줄이거나 비용을 절감할 수 있는지를 평가합니다.

**6. 고객 서비스 및 유지 전략**

- **고객 서비스 계획**: 신규 사업의 성공을 위해서는 우수한 고객 서비스와 유지 전략이 필요합니다. 이는 제품 출시 후 고객 만족도와 충성도를 유지하는 데 중요한 역할을 합니다.
- **평가 기준**: 고객 불만이나 문제 발생 시 신속하게 대응할 수 있는 체계가 갖춰져 있는지, 사후 서비스(A/S) 계획이 충분한지를 평가합니다.

**7. 브랜드 확장성**

- **브랜드 인지도 및 확장성**: 신규 사업이 자사 브랜드의 이미지를 어떻게 강화하거나 확장할 수 있는지를 평가합니다. 기존 브랜드가 새 사업과의 연관성을 통해 더 넓은 인지도를 얻을 수 있는지 파악해야 합니다.
- **평가 기준**: 신규 사업이 자사의 기존 브랜드 이미지와 잘 연결되거나 이를 확장할 수 있는지, 새로운 시장에 대한 진입 장벽을 낮출 수 있는지를 평가합니다.

**8. CSR(기업의 사회적 책임) 전략**

- **사회적 책임**: 신규 사업이 기업의 사회적 책임(CSR)을 어떻게 이행할 수 있을지를 평가합니다. 이는 고객에게 긍정적인 인식을 심어 주고, 브랜드 충성도를 높이는 데 중요한 역할을 합니다.
- **평가 기준**: 환경 보호, 윤리적 경영, 사회적 기여 등의 측면에서 신규 사업이 긍정적인 영향을 미칠 수 있는지를 평가합니다.

**9. 비즈니스 모델의 유연성**

- **비즈니스 모델의 적응력**: 변화하는 시장 환경에 따라 비즈니스 모델이 얼마나 유연하게 적응할 수 있는지를 평가합니다. 불확실한 시장 상황에서 유연성이 높을수록 리스크를 줄일 수 있습니다.
- **평가 기준**: 비즈니스 모델이 변화하는 시장 요구에 따라 쉽게 조정될 수 있는지, 확장 가능성과 변화 대응력이 높은지를 평가합니다.

**10. 지속 가능성**

- **자원의 지속 가능성**: 신규 사업이 자원을 지속적으로 확보할 수 있는지, 환경에 미치는 영향을 최소화할 수 있는지를 평가합니다.
- **평가 기준**: 자원의 공급이 안정적인지, 환경 보호 측면에서 지속 가능성이 있는 사업인지를 분석합니다.

**이러한 평가 항목이 중요한 이유**:

신규 사업을 시작할 때 종합적인 평가가 필요합니다. 단순히 수익성이나 시장 규모만이 아니라 법적 요건, 문화적 적합성, 기술 역량, 파트너십, 고객 서비스 등 다양한 요소가 성공에 영향을 미칩니다.

위 항목들은 기업이 리스크를 최소화하고 기회를 최대화할 수 있도록 돕습니다.

이러한 추가 평가 항목을 통해 더 깊이 있는 신규 사업 평가가 가능하며, 사업 계획을 구체화하는 데 도움을 줄 것입니다.

# 비교와 점수 매기기

앞서 제시된 평가 기준을 사용해 여러 신사업 아이디어를 평가하고 비교하기와 점수 매기기를 해 보세요.

## 프롬프트 템플릿

다음 평가 기준을 사용하여 신규 사업을 평가하고 10단계로 점수를 매긴 후 표 형식으로 정리해 주세요. 종합 점수가 높은 순으로 나열해 주세요.

**[평가 기준]**
**[신규 사업 아이디어]**

## 프롬프트 작성 예시

다음 평가 기준을 사용하여 신규 사업을 평가하고 10단계로 점수를 매긴 후 표 형식으로 정리해 주세요. 종합 점수가 높은 순으로 나열해 주세요.

[평가 기준]
1. **시장성:** 시장에서의 성장 가능성
2. **혁신성:** 기존 제품과 차별화된 혁신 요소
3. **수익성:** 예상되는 이익률과 재무 전망
4. **운영 가능성:** 사업 운영의 용이성 및 리스크 관리
5. **사회적 영향:** 사회에 미치는 긍정적인 영향
6. **경쟁 우위:** 경쟁 제품 대비 우위 요소
7. **확장성:** 다른 시장으로의 확장 가능성
8. **기술적 실현 가능성:** 기술 구현의 가능성

9. 고객 수요: 예상되는 고객의 관심과 수요
10. 투자 유치 가능성: 투자자들이 관심을 가질 가능성

[신규 사업 아이디어]

1. **스마트 플랜트 매니저:** 위치 정보를 활용해 사용자가 휴식을 취할 수 있는 자연 장소를 추천하는 스마트 플랜트 서비스
2. **AI 헬스 트래커:** 실시간으로 개인의 건강 상태를 모니터링하고 맞춤형 피드백을 제공하는 인공지능 헬스케어 기기
3. **가상 비서 기반 교육 플랫폼:** 맞춤형 학습 경험을 제공하는 인공지능 가상 비서가 포함된 교육 플랫폼

## 챗GPT 출력 예시

| 신규 사업 아이디어 | 시장성 | 혁신성 | 수익성 | 운영 가능성 | 사회적 영향 | 경쟁 우위 | 확장성 | 기술적 실현 가능성 | 고객 수요 | 투자 유치 가능성 | 종합 점수 |
|---|---|---|---|---|---|---|---|---|---|---|---|
| AI 헬스 트래커 | 9 | 9 | 9 | 8 | 7 | 8 | 9 | 9 | 8 | 9 | 85 |
| 가상 비서 기반 교육 플랫폼 | 7 | 8 | 8 | 7 | 8 | 7 | 9 | 9 | 8 | 8 | 78 |
| 스마트 플랜트 매니저 | 8 | 7 | 6 | 8 | 9 | 7 | 6 | 6 | 7 | 7 | 72 |

신규 사업 아이디어 평가 결과를 종합 점수 기준으로 정리한 표를 제공했습니다. AI 헬스 트래커가 85점으로 가장 높은 점수를 받았으며, 가상 비서 기반 교육 플랫폼이 78점, 스마트 플랜트 매니저가 72점으로 각각 평가되었습니다. 각 항목별로 평가 점수와 종합 점수를 비교해 보고, 신규 사업의 우선순위를 정하는 데 참고하면 좋습니다.

# 5.12 이벤트 기획

회사의 행사, 마케팅 등 다양한 이벤트를 기획해 보세요. 목적, 시기, 내용 등을 기재하여 원하는 이벤트를 기획에 활용해 보세요. 아이디어 도출과 마찬가지로 목적과 내용을 어느 정도 명확하게 제시하면 원하는 답변을 얻기가 더 쉽습니다.

## 프롬프트 템플릿

다음 조건을 충족하는 이벤트 기획 및 제안을 해 주세요.

- 목적: [○○○○]
- 시기: [○○○○]
- 내용: [○○○○]

## 프롬프트 작성 예시

다음 조건을 충족하는 이벤트 기획 및 제안을 해 주세요.

- 목적: 국내외 파트너 기업과의 제휴 강화 및 신제품 홍보
- 시기: 2025년 3월
- 내용: ① 당사 제품의 B2B 도입 사례를 몇몇 기업에서 소개
  ② 신제품 홍보
  ③ 약 300명의 내빈 참석

## 챗GPT 출력 예시

다음은 국내외 파트너 기업과의 제휴 강화를 위한 2025년 3월 이벤트 기획 및 제안입니다. 이 이벤트는 파트너 기업과의 관계를 강화하고, 신제품 홍보를 목표로 합니다.

■ **이벤트 제안**: 2025 B2B 파트너십 서밋 & 신제품 발표회

- **이벤트 명**: 2025 B2B 파트너십 서밋 & 신제품 발표회
- **목적**: 국내외 파트너 기업과의 제휴 강화 및 신제품 홍보
- **시기**: 2025년 3월
- **장소**: 서울 주요 호텔 컨퍼런스 센터 또는 기업의 쇼케이스 홀
- **참석자**: 약 300명(국내외 파트너 기업, 주요 고객, 언론사)

■ **프로그램 개요**

**1. B2B 도입 사례 발표**

- **내용**: 당사의 제품을 B2B로 도입한 몇몇 대표 기업의 성공 사례를 소개
- **발표자**: 각 기업의 담당자(예: IT, 제조, 유통, 서비스 등 다양한 산업군)
- **목적**: 기존 파트너들이 당사 제품을 도입하여 성과를 낸 사례를 통해 다른 파트너 기업에 신뢰를 주고 도입을 유도
- **형식**: 발표 및 패널 토론 형식으로 각 기업의 경험과 노하우를 공유

■ **세션 예시**

- **A 기업**: 당사의 디지털 솔루션을 도입해 생산 효율성을 20% 향상
- **B 기업**: 신제품으로 재고 관리 비용을 절감한 사례

**2. 신제품 홍보 및 데모**

- **내용**: 당사의 2025년 신제품(예: IT 장비, 소프트웨어, 산업용 솔루션 등)의 주요 기능과 장점을 발표
- **목적**: 새로운 제품을 직접 선보이며, 잠재적 파트너 기업들에게 도입을 유도
- **형식**: 신제품의 주요 기능 설명, 시연 및 데모를 통해 참석자들이 직접 체험할 수 있는 기회 제공

■ **활동 예시**

- **제품 발표 세션**: 신제품의 혁신적인 기능, 도입 시 이점 등을 설명
- **체험 부스**: 신제품을 직접 테스트하고, 전문가와 상담할 수 있는 공간 마련

**3. 네트워킹 세션**

- **내용**: 국내외 파트너 기업들과의 네트워킹을 위한 자유로운 만남의 장 마련
- **목적**: 파트너 기업과의 관계를 강화하고, 새로운 제휴 기회를 모색할 수 있도록 지원
- **형식**: 칵테일 파티 형식의 네트워킹 시간으로, 각 기업의 담당자들이 자유롭게 의견을 나눌 수 있도록 분위기를 조성

**4. 기념품 및 홍보 자료 제공**

- **내용**: 이벤트 종료 후 신제품 브로슈어, 홍보 키트 및 맞춤형 기념품 제공

- **목적**: 이벤트 참석자들에게 신제품에 대한 관심을 지속적으로 유지시키고, 당사와의 파트너십을 상기시킬 수 있는 선물을 제공
- **예시**: 브랜드 로고가 포함된 고급 문구류, 미니어처 제품 모형, 신제품 무료 샘플 등

■ **세부 일정**

| 시간 | 프로그램 |
|---|---|
| 10:00 ~ 10:30 | 참석자 등록 및 웰컴 드링크 |
| 10:30 ~ 11:00 | 오프닝 및 회사 비전 발표 |
| 11:00 ~ 12:00 | B2B 도입 사례 발표 |
| 12:00 ~ 13:00 | 런치 및 네트워킹 |
| 13:00 ~ 14:30 | 신제품 발표 및 데모 |
| 14:30 ~ 15:30 | 파트너 패널 토론: 성공적인 B2B 도입 사례 |
| 15:30 ~ 16:30 | 네트워킹 세션 및 신제품 체험 부스 |
| 16:30 ~ 17:00 | 기념품 배포 및 종료 |

■ **예산 계획(예시)**

| 항목 | 예산(KRW) |
|---|---|
| 장소 대여 비용 | 30,000,000 |
| 케이터링 및 음료 | 10,000,000 |
| 장비 및 기술 지원 | 15,000,000 |
| 홍보물 및 기념품 | 8,000,000 |
| 행사 운영 인력 및 지원 | 5,000,000 |
| 총 비용 | 68,000,000 |

■ **홍보 전략**

1. **초청장 발송**: 주요 파트너 기업 및 잠재 파트너 기업에 초청장을 사전 발송
2. **온라인 홍보**: SNS, 뉴스레터, 블로그 등을 통해 이벤트 소식을 널리 알리고, 관심 기업들이 쉽게 등록할 수 있도록 유도
3. **언론 보도**: 신제품 발표회 후 관련 보도 자료를 주요 매체에 배포하여 B2B 시장에서 당사의 영향력을 강화

# 5.13 기획서 작성

기획서 작성하는 일이 업무에서 차지하는 비중이 큰데, 다음 내용을 포함하여 SNS 마케팅 기획서를 작성해 보세요. 추가 작성으로 기획의 개요, 강조하고 싶은 점, 일정, 과제와 해결책, 비용 등을 입력하여 결과를 확인해 보세요. 또한, 기획서를 문서 형식으로 작성할지, 슬라이드 형식으로 작성할지 미리 결정해서 프롬프트에 포함시키면 요청한 형식으로 작성해 줍니다. 챗GPT는 일반적으로 예상할 수 있는 내용들을 자동으로 정리해 주므로 고유한 정보나 특별한 정보는 반드시 프롬프트에 포함시켜야 적합한 결과를 얻을 수 있습니다.

## 프롬프트 템플릿

다음 내용을 포함하여 SNS 마케팅 기획서를 작성해 주세요.

[OOOO]

## 프롬프트 작성 예시

다음 내용을 포함하여 SNS 마케팅 기획서를 작성해 주세요.

- 새로운 SNS 도구 "PART"를 활용한 마케팅 전략 실행
- PART를 사용하는 장점(젊은 층에 대한 도달)과 사용자 수 증가(월 평균 +200%) 강조
- 일정(최단 1개월 내 전략 시작)
- 과제와 대응 방안
- 비용(월 120만 원~200만 원 예상)

## 챗GPT 출력 결과

다음은 새로운 SNS 도구 'PART'를 활용한 SNS 마케팅 기획서입니다. 이 기획서는 PART 도구를 통해 젊은 층에 도달하고 사용자 수를 증가시키는 전략을 포함하고 있습니다.

■ **SNS 마케팅 기획서**: PART 활용 전략

**1. 개요**

- **목표**: PART를 활용하여 당사의 브랜드와 신제품을 젊은 층에 효과적으로 홍보하고, 사용자 수를 빠르게 증가시키는 것
- **기간**: 1개월 내 전략 실행 시작
- **예산**: 월 120만 원~200만 원 예상

**2. PART를 활용한 마케팅 전략**

- PART는 최신 SNS 도구로, 젊은 층을 중심으로 빠르게 사용자 수가 증가하고 있습니다. 특히 월 평균 사용자 수 200% 증가라는 성과를 바탕으로 당사의 브랜드 인지도를 높이고 새로운 고객층을 확보하기 위한 마케팅 전략을 아래와 같이 제안합니다.

**2.1 PART의 장점**

- **젊은 층 도달**: PART는 20대와 30대 초반의 젊은 층에서 특히 높은 인기를 끌고 있으며, 이들이 주요 사용자입니다.
- **빠른 사용자 수 증가**: 최근 PART는 월 평균 +200%의 사용자 증가율을 기록하고 있으며, 이는 우리 브랜드가 이 플랫폼을 통해 신속하게 성장할 수 있는 기회를 제공합니다.
- **시각적 콘텐츠 중심**: PART는 이미지와 짧은 동영상 위주의 콘텐츠가 주를 이루며, 비주얼 중심의 캠페인에 매우 적합합니다.

**2.2 핵심 마케팅 전략**

- **인플루언서 협업**: PART에서 인기를 끌고 있는 인플루언서와 협업하여 우리 제품을 자연스럽게 노출시킵니다. 인플루언서의 일상 콘텐츠에 제품을 포함하여 젊은 층의 공감을 이끌어 냅니다.
- **참여형 캠페인**: 사용자들이 직접 참여할 수 있는 챌린지를 기획하여 사용자들의 자발적인 콘텐츠 생성을 유도합니다. 예를 들어, 신제품을 사용하거나 특정 브랜드 메시지를 전달하는 챌린지를 통해 브랜드 인지도를 높입니다.
- **단기 집중 광고**: PART의 피드 광고와 스토리 광고 기능을 활용하여 신제품 출시나 이벤트와 같은 타이밍에 맞춘 집중적인 광고 캠페인을 운영합니다.

**3. 마케팅 일정**

▶ **1주차**: PART 플랫폼 분석 및 광고 예산 배정

- PART의 타깃팅 기능과 인플루언서 리스트 조사
- 브랜드 콘텐츠 제작 및 참여형 캠페인 준비

▶ **2주차**: 인플루언서 섭외 및 협업 진행

- 인플루언서와의 협업 계약 및 콘텐츠 촬영
- 캠페인 운영을 위한 해시태그 및 참여 방법 설계

▶ **3주차**: 캠페인 론칭 및 광고 집행 시작

- 참여형 캠페인 공식 론칭
- PART 내 집중 광고 및 콘텐츠 노출 극대화

▶ **4주차**: 캠페인 모니터링 및 결과 분석

- 캠페인 성과 분석 및 리포트 작성
- 참여율, 조회수, 전환율 등을 기반으로 추가 개선 전략 수립

**4. 과제와 대응 방안**

| 과제 | 대응 방안 |
|---|---|
| PART 플랫폼의 광고 효과 불확실성 | 초기 소규모 테스트 캠페인을 통해 효율적인 광고 방법을 도출하고 점진적으로 확장 |
| 인플루언서 협업 시 브랜드 메시지 전달 미흡 | 협업 전 브랜드 메시지와 가이드라인을 명확히 전달하고, 콘텐츠 제작 시 이를 검토하여 통일된 이미지 전달 |
| 캠페인 참여 저조 | 참여형 캠페인의 보상(경품)을 강화하고, 캠페인의 재미 요소를 부각하여 참여도를 높임. |
| 예산 관리의 어려움 | 예산 범위 내에서 광고비를 세분화하고, 실시간 광고 성과를 모니터링하여 예산 조정 |

**5. 비용 추정**

- **인플루언서 협업**: 50만 원~100만 원(각 인플루언서의 영향력에 따라 다름.)
- **PART 내 광고 집행**: 70만 원~120만 원(집행 기간 및 광고 형식에 따라 다름.)
- **기타 비용 (콘텐츠 제작 및 관리)**: 30만 원~50만 원
- **총 예상 비용**: 월 120만 원~200만 원

**6. 성과 기대**

PART의 사용자 수가 지속적으로 증가하고 있는 상황에서 이번 마케팅 캠페인을 통해 당사의 브랜드 인지도와 신제품 홍보 효과를 극대화할 수 있을 것입니다. 젊은 층을 대상으로 한 적극적인 참여형 캠페인과 인플루언서 협업을 통해 높은 도달률과 참여율을 기대합니다.

ChatGPT PROMPT

# 5.14 제안서 작성

제안서는 기획서 작성과 비슷하지만 클라이언트의 니즈에 맞춰 제안을 할 때 제출하는 문서입니다. 제안서는 프레젠테이션에 자주 사용되므로 슬라이드 형식으로 작성하는 경우가 많습니다. 프롬프트를 다음과 같이 입력하면 챗GPT가 슬라이드별로 주요 포인트와 이미지 자료를 제안해 주는 것을 볼 수 있습니다. 추가 제안으로 각 슬라이드에 들어갈 텍스트의 글자 수를 제한해서 30자 이내로 한다든지 하면 각 슬라이드에 짧은 텍스트를 제안해 줍니다.

**추가 제안**

*각 슬라이드의 글자 수를 30자 이내로 해 주세요.*

*각 슬라이드에 눈에 띄는 캐치프레이즈를 넣어 주세요.*

## 프롬프트 템플릿

다음 내용을 포함하여 클라이언트용 제안서(슬라이드)를 작성해 주세요.

[OOOO]

## 프롬프트 작성 예시

다음 내용을 포함하여 클라이언트용 제안서(슬라이드)를 작성해 주세요.

각 슬라이드에 넣을 이미지 자료의 제안도 함께 포함해 주세요.

- 제안의 핵심 내용: 동영상 코스를 활용한 인재 육성 서비스 도입 제안
- 핵심 포인트: 사회 환경 변화와 리스킬링(재교육)의 중요성 강조

- 클라이언트 고유의 니즈: 신입 직원 육성 문제, 리모트 워크가 주를 이루면서 사내 커뮤니케이션 감소
- 제안 내용: 서비스 내용, 일정, 요금 체계

## 챗GPT 출력 예시

다음은 클라이언트용 제안서(슬라이드) 구성안입니다. 각 슬라이드의 내용과 이미지 자료 제안도 포함하였습니다.

▶ **슬라이드 1: 제안 개요**
- **슬라이드 제목**: 동영상 코스를 활용한 인재 육성 서비스 도입 제안
- **내용**: 본 제안서는 클라이언트의 신입 직원 육성 및 리모트 워크 환경에서의 커뮤니케이션 문제를 해결하기 위한 동영상 코스 기반의 인재 육성 솔루션을 제시합니다.
- **이미지 제안**: 비즈니스 교육 장면 또는 온라인 강의 플랫폼 인터페이스(신입 직원들이 컴퓨터 앞에서 학습하는 이미지)

▶ **슬라이드 2: 사회 환경 변화와 리스킬링의 중요성**
- **슬라이드 제목**: 변화하는 사회 환경과 리스킬링의 필요성
- **내용**: 빠르게 변화하는 비즈니스 환경에서 직원들의 리스킬링(재교육)이 중요해지고 있습니다. 특히 리모트 워크 확산으로 인해 사내 커뮤니케이션과 협업 능력이 중요시됩니다.
- **이미지 제안**: 글로벌 경제 변화 이미지(세계 지도, 데이터 그래프)와 사내 화상 회의 장면(리모트 워크와 협업 강조)

▶ **슬라이드 3: 클라이언트의 현재 문제점 분석**
- **슬라이드 제목**: 클라이언트의 현황 및 문제점
- **내용**: 신입 직원 육성 과정에서의 문제점. 리모트 워크 환경에서의 사내 커뮤니케이션 부족. 이러한 문제는 조직 내 효율성을 저하시키고, 직원들의 성장에 걸림돌이 될 수 있습니다.
- **이미지 제안**: 이동 중인 직장인들(리모트 워크)과 신입 직원의 혼란스러운 모습(커뮤니케이션 문제를 시각화)

▶ **슬라이드 4: 제안 솔루션 동영상 코스 기반 인재 육성 서비스**
- **슬라이드 제목**: 동영상 코스 기반 인재 육성 서비스
- **내용**: 맞춤형 동영상 코스를 통해 신입 직원의 기초 역량 강화. 리모트 워크 환경에서도 지속적인 교육과 소통이 가능한 플랫폼. 대화형 학습 콘텐츠와 퀴즈를 통해 사내 커뮤니케이션 능력 향상
- **이미지 제안**: 온라인 학습 플랫폼 스크린샷 또는 영상 기반 학습 장면(컴퓨터 화면에서 강의를 듣고 있는 직원들)

▶ **슬라이드 5: 서비스 구성 및 일정**
- **슬라이드 제목**: 서비스 구성 및 실행 일정
- **내용**:1단계: 초기 진단 및 맞춤형 교육 과정 설계(1주), 2단계: 동영상 콘텐츠 제작 및 배포(2주), 3단계: 학습 진행 및 피드백 제공(3개월), 4단계: 성과 평가 및 추가 학습 계획 수립(1개월)
- **이미지 제안**: 프로젝트 일정표 또는 타임라인(각 단계를 시각적으로 표현)

▶ **슬라이드 6: 서비스 요금 체계**

- **슬라이드 제목**: 서비스 요금 체계
- **내용**:기본 패키지: 동영상 코스 제공, 매월 피드백, 3개월 기준 100만 원 프리미엄 패키지: 동영상 코스 + 실시간 교육 세션 제공, 3개월 기준 150만 원 커스터마이즈 패키지: 맞춤형 동영상 코스 제작, 실시간 피드백, 3개월 기준 200만 원
- **이미지 제안**: 요금표와 각 패키지별 혜택을 강조하는 그래픽

▶ **슬라이드 7: 기대 효과**

- **슬라이드 제목**: 기대 효과
- **내용**:신입 직원의 빠른 적응 및 역량 강화. 리모트 워크 환경에서도 커뮤니케이션 및 협업 능력 향상. 교육 효과 분석 및 피드백을 통한 지속적인 성과 개선
- **이미지 제안**: 성장 그래프(직원의 성장과 발전을 나타내는 그래프)와 만족스러운 표정의 직원들

▶ **슬라이드 8: 마무리**

- **슬라이드 제목**: 제안 요약 및 다음 단계
- **내용**: 본 제안은 클라이언트의 인재 육성과 리모트 워크 문제를 해결할 수 있는 동영상 코스 기반 솔루션입니다. 다음 단계로는 협의 후 실행 계획을 확정하고, 서비스 도입 준비를 진행할 예정입니다.
- **이미지 제안**: 미팅 장면(파트너십을 맺는 모습을 강조) 또는 손을 맞잡는 이미지(협력과 신뢰를 상징)

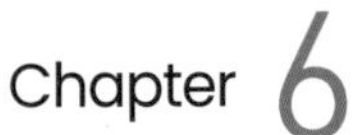


# 정보 정리의 7가지 방법

이 장에서는 정보 정리에 챗GPT를 활용하는 7가지 방법을 소개합니다. 정보 수집, 분류 태그 붙이기, 각종 자료 요약, 마인드 맵 등 정보 처리 업무의 수준을 높여 보세요.

# 6.0 들어가기 전에

### TIP 맞춤형 AI, GPTs

GPTs는 OpenAI가 제공하는 개인 맞춤형 AI 도구입니다. 'Generative Pre-trained Transformers'의 약자인 GPT와 도구를 의미하는 's'가 결합된 이름으로, 여러분이 업무를 효율적으로 수행하고 일상 속에서 AI를 활용할 수 있도록 돕는 맞춤형 AI입니다.

GPTs의 핵심 기능은 직접 자신의 AI 도우미를 생성하고 맞춤 설정할 수 있다는 점입니다. 예를 들어, 반복적으로 해야 하는 업무나 시간 소모가 큰 작업이 있다면, GPTs를 통해 이를 자동화하거나 보다 간편하게 수행하도록 도와주는 개인 AI를 만들 수 있습니다. 이를 통해 업무 속도를 높이고 더 중요한 일에 집중할 수 있게 됩니다.

이 GPTs는 사용자가 입력한 몇 가지 설정에 따라 학습된 AI 모델을 기반으로 여러분이 원하는 기능을 갖춘 도우미를 손쉽게 만들 수 있습니다. 예를 들어 다음과 같은 도우미를 설정할 수 있습니다.

- **일일 보고서 작성 도우미**: 매일 반복적으로 작성해야 하는 보고서 작성을 도와줍니다.
- **회의 메모 요약 도우미**: 회의에서 나온 내용을 요약해 문서화하는 데 도움을 줍니다.
- **아이디어 브레인스토밍 도우미**: 새로운 프로젝트나 캠페인을 기획할 때 창의적인 아이디어를 제안해 줍니다.

GPTs를 설정하면, 마치 여러분만의 맞춤형 비서처럼 사용할 수 있는 도구를 손쉽게 만들 수 있을 것입니다. 이를 통해 일상 업무에서 AI의 강력한 힘을 더 활용할 수 있습니다. 쉽게 말해, 여러분의 업무나 생활에 맞게 AI 도구를 '직접 디자인'하여 사용할 수 있는 기능이 바로 GPTs입니다. 이를 통해 여러분이 원하는 방식으로 AI를 활용할 수 있는 강력한 도구가 되는 것입니다.

이미 만들어진 GPTs를 검색하여 사용할 수도 있습니다. 예를 들어, 'WebPilot'과 같은 특정 도우미를 찾고 싶을 때는 다음과 같이 하면 됩니다.

**1. Explore GPTs 페이지로 이동**

챗GPT 창에서 오른쪽 상단 메뉴의 [Explore GPTs] 버튼을 클릭합니다. 이 페이지에서는 다양한 GPTs를 탐색하고 여러분에게 적합한 AI 도우미를 찾을 수 있습니다.

**2. 검색 기능 사용**

페이지 상단에 있는 검색 창에 'WebPilot' 또는 찾고 싶은 GPT의 이름을 입력합니다. 검색어를 입력하면 해당 이름에 맞는 도우미들을 리스트에서 볼 수 있습니다.

**3. GPTs 목록에서 찾기**

검색 결과에서 'WebPilot'을 찾고 해당 도우미를 클릭하면 자세한 설명을 볼 수 있습니다. 여기에는 이 도우미가 어떤 기능을 제공하는지, 어떻게 활용할 수 있는지가 포함되어 있습니다.

**4. GPT 추가 또는 실행**

마음에 드는 GPT를 발견했다면, 바로 사용할 수 있도록 [추가(Add to your tools)] 버튼을 클릭하거나 [Run] 버튼을 눌러 직접 실행할 수 있습니다. 이렇게 하면 여러분의 환경에서 해당 도우미를 바로 활용할 수 있습니다.

이렇게 하여 이미 만들어진 도구들을 찾아서 손쉽게 활용할 수 있습니다. 'WebPilot'과 같은 GPT는 특히 웹 브라우징 기능과 같은 특수한 기능을 제공하므로 필요에 따라 이러한 도우미를 사용하면 더 편리하게 작업을 진행할 수 있습니다.

이 과정을 통해 여러분은 이미 만들어진 수많은 GPT 도우미 중 원하는 것을 찾아 직접 개발할 필요 없이 바로 활용할 수 있습니다.

# 정보 수집

무료 버전은 일정 시점까지의 학습데이터를 바탕으로 답변을 제공하지만, 유료 버전에서는 웹 브라우징 기능을 통해 실시간으로 웹 검색을 수행하여 최신 정보를 반영할 수 있습니다.

## 프롬프트 템플릿

[○○○○]에 관한 최신 뉴스를 한글로 알려 주세요.

## 프롬프트 작성 예시

자율 주행에 관한 최신 뉴스를 한글로 알려 주세요.

## 챗GPT 출력 결과

붉은색 원이 있는 부분을 클릭하면 웹사이트의 해당 정보 출처를 알 수 있고 이동해서 원문을 볼 수 있다.

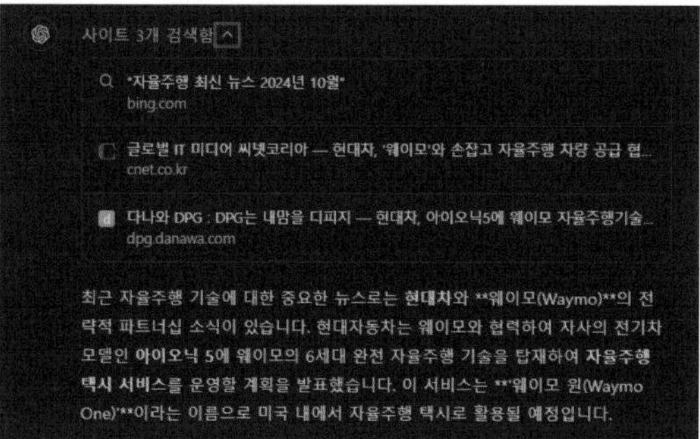


정보 수집 측면에서는 퍼플렉시티(www.perplexity.ai)를 추천합니다.

# 분류 및 태그 지정

챗GPT를 활용한 분류 및 태그 기능도 매우 유용합니다. 자유형 설문 조사의 응답이 서술형일 때 그 내용을 분류해야 할 때가 있을 것입니다. 챗GPT에 설문 응답을 주요 키워드로 태그하고 분류할 수 있습니다. 그리고 받은 응답을 모두 붙여 넣습니다.

**추가 제안**

*이 태그들을 3개의 카테고리로 다시 정리해 주세요.*

## 프롬프트 템플릿

다음 설문 응답을 주요 키워드로 태그하고 분류해 주세요.

응답 1: [○○○○]
응답 2: [○○○○]
응답 3: [○○○○]

## 프롬프트 작성 예시

다음 설문 응답을 주요 키워드로 태그하고 분류해 주세요.

- **응답 1:**

앱이 전체적으로 유용했지만, 개인 맞춤형 운동 계획이 부족했습니다. 그리고 알림 설정이 잘 작동하지 않는 점도 불편했습니다.

- **응답 2:**

식단 관리 기능이 매우 좋았습니다. 앱을 사용하면서 제가 먹는 음식을 잘 기록할 수 있었고, 칼로리 계산이 쉽더군요. 하지만 앱 속도가 조금 느려서 개선이 필요합니다.

■ 응답 3:
체중 기록을 매일 하도록 동기 부여해 주는 부분이 마음에 들었습니다. 다만, 운동 기록이 자동으로 연동되지 않아 불편했습니다.

## 챗GPT 출력 예시

다음 설문 응답을 주요 키워드로 태그하고 분류하면 다음과 같습니다.

■ **응답 1**:
- **키워드**: 개인 맞춤형, 운동 계획, 알림 설정, 작동 문제
- **분류**:
  - **운동 계획**: 개인 맞춤형 운동 계획 부족
  - **기능 문제**: 알림 설정 작동 불편

■ **응답 2**:
- **키워드**: 식단 관리, 칼로리 계산, 앱 속도
- **분류**:
  - **식단 관리**: 음식을 잘 기록, 칼로리 계산 용이
  - **속도 문제**: 앱 속도 느림, 개선 필요

■ **응답 3**:
- **키워드**: 체중 기록, 동기 부여, 운동 기록, 연동 문제
- **분류**:
  - **동기 부여**: 체중 기록을 매일 하도록 유도
  - **운동 기록**: 자동 연동 문제

이와 같이 응답자들의 피드백을 기능적 문제와 사용자 경험으로 나눠 분석할 수 있습니다.

*이 태그들을 3개의 카테고리로 다시 정리해 주세요.*

다음은 이전에 제시된 태그들을 3개의 카테고리로 재정리한 결과입니다.

**1. 기능 문제**
- **태그**: 알림 설정, 작동 문제, 앱 속도, 연동 문제
- **설명**: 앱의 기능적인 작동 관련 문제들을 포함한 카테고리입니다. 예를 들어, 알림 설정이 제대로 작동하지 않거나, 앱 속도가 느리거나, 운동 기록의 자동 연동에 문제가 있는 경우가 여기에 속합니다.

**2. 사용자 경험**

- **태그**: 개인 맞춤형, 동기 부여, 체중 기록
- **설명**: 사용자가 앱을 사용하면서 느낀 전반적인 경험과 관련된 태그입니다. 여기에는 개인 맞춤형 운동 계획의 부족이나 체중 기록을 유도하는 기능에서 받은 동기 부여 등의 경험적 요소가 포함됩니다.

**3. 건강 관리 기능**

- **태그**: 운동 계획, 식단 관리, 칼로리 계산
- **설명**: 앱의 건강 관리 기능과 관련된 태그로, 사용자가 운동 계획을 세우거나 식단을 기록하고 칼로리를 계산하는 기능들이 여기에 속합니다.

이 3개의 카테고리를 통해 설문 응답을 더 명확하게 분류할 수 있습니다.

# 6.3 요약(사이트)+WebPilot의 GPTs 이용

챗GPT는 웹사이트 요약을 도와줍니다. 이 기능은 현재 유료 버전에서 가능합니다.

GPTs **탐색** → WebPilot **검색**

https://챗GPT.com/g/g-pNWGgUYqS-webpilot

위키피디아에서 '빅데이터' 검색을 예시로 넣어 보았습니다. 링크를 찾아 내용을 잘 요약해 주고 있습니다. 요약을 할 때 항목별로 정리하거나 긴 내용의 경우 소제목을 추가해 달라고 요청할 수 있습니다.

### 프롬프트 템플릿

> 다음을 요약해 주세요.
>
> [웹사이트 주소]

## 프롬프트 작성 예시

다음을 요약해 주세요.

https://ko.wikipedia.org/wiki/%EB%B9%85_%EB%8D%B0%EC%9D%B4%ED%84%B0

## 챗GPT 출력 예시

빅 데이터(Big Data)는 기존의 데이터베이스 관리 도구로는 처리할 수 없을 정도로 방대한 양의 데이터를 의미하며, 정형 및 비정형 데이터를 포함한다. 빅 데이터는 대용량 데이터의 수집, 분석, 표현을 통해 다양한 분야에서 유용한 정보를 도출할 수 있는 기술로, 정치, 사회, 경제, 문화 등 다양한 분야에 걸쳐 중요한 역할을 하고 있다. 이 데이터의 주요 특징은 3V(Volume: 데이터 양, Velocity: 생성 속도, Variety: 데이터의 다양성)로 설명되며, 최근에는 정확성(Veracity), 가변성(Variability), 시각화(Visualization) 등의 추가 요소도 고려된다. 빅 데이터 기술은 산업혁명 시기의 석탄처럼 현대 사회에서 중요한 자원으로 여겨지며, 개인정보 보호 및 보안 문제도 함께 논의되고 있다.

# 요약(PDF) * PDF AI PDF의 GPTs 이용

내용이 긴 PDF 파일을 요약해야 할 때, 영어로 된 내용을 요약해야 할 때도 유용합니다. 이때 PDF.ai 또는 PDF GPT라는 GPT 툴을 사용하는 것을 추천합니다.

**방법 1** PDF의 URL을 그대로 붙여 넣으면, 읽지 못하고 오류가 발생할 수 있으므로 MyAi Drive.com이라는 전용 사이트에 PDF를 업로드 합니다.

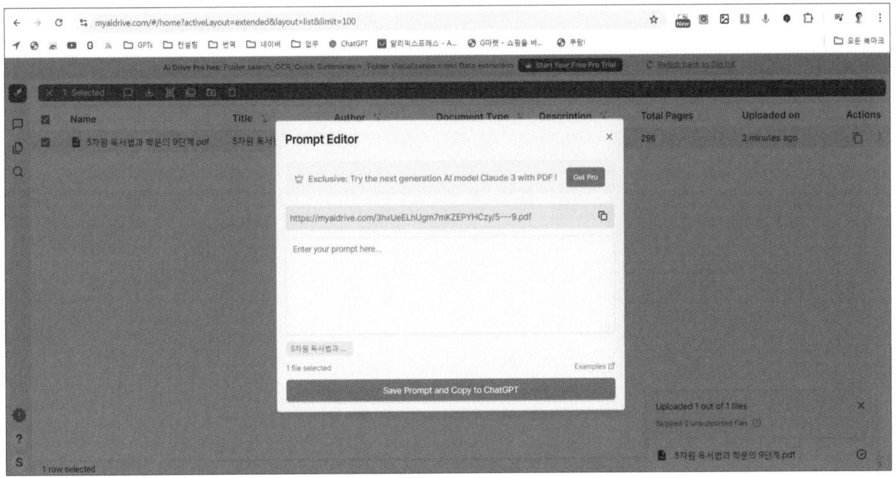


그런 다음 'PDF를 요약해 주세요.'라는 프롬프트를 입력하고, MyAiDrive.com에서 얻은 PDF의 URL을 붙여 넣으면 됩니다.

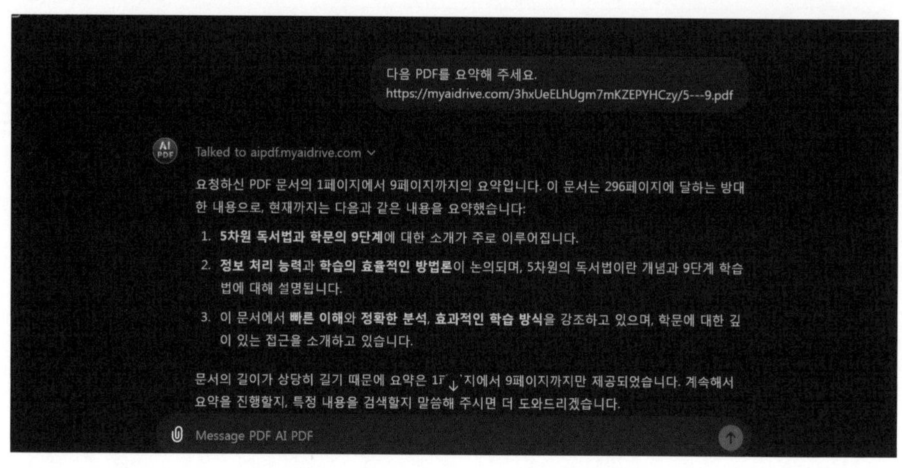

다음 PDF를 요약해 주세요.
https://myaidrive.com/3hxUeELhUgm7mKZEPYHCzy/5---9.pdf
Talked to aipdf.myaidrive.com
요청하신 PDF 문서의 1페이지에서 9페이지까지의 요약입니다. 이 문서는 296페이지에 달하는 방대한 내용으로, 현재까지는 다음과 같은 내용을 요약했습니다:
1. 5차원 독서법과 학문의 9단계에 대한 소개가 주로 이루어집니다.
2. 정보 처리 능력과 학습의 효율적인 방법론이 논의되며, 5차원의 독서법이란 개념과 9단계 학습법에 대해 설명됩니다.
3. 이 문서에서 빠른 이해와 정확한 분석, 효과적인 학습 방식을 강조하고 있으며, 학문에 대한 깊이 있는 접근을 소개하고 있습니다.
문서의 길이가 상당히 길기 때문에 요약은 1 지에서 9페이지까지만 제공되었습니다. 계속해서 요약을 진행할지, 특정 내용을 검색할지 말씀해 주시면 더 도와드리겠습니다.
Message PDF AI PDF


▲ https://chatgpt.com/g/g-V2KlUZSj0-ai-pdf-drive-chat-create-organize

**방법 2** PDF 파일을 AI PDF GPTs에 직접 업로드(https://chatgpt.com/g/g-V2KIUZSj0-ai-pdf-drive-chat-create-organize)하여 내용을 요약해 달라고 요청합니다. 간혹 에러가 날 때는 **방법 1** 로 하기 바랍니다.

세부적인 숫자 정보는 잘못된 부분이 있거나 문자를 정확히 읽지 못하는 경우도 있는 듯합니다. 긴 PDF의 내용을 대략적으로 파악하고 싶을 때 사용하면 좋습니다.

# 6.5 요약(영상) * Voxscript의 GPTs 이용

요즘은 유튜브에 좋은 정보가 많습니다. 이런 유튜브 동영상 요약도 챗GPT가 잘합니다. 동영상 링크를 붙여 넣기만 하면 됩니다. 긴 시간의 동영상의 경우 요약글을 보고 볼 가치가 있는 영상인지 판단할 때 유용하며, 긴 영상을 요약 정리하는 글을 써야 할 때도 편리합니다.

▲ https://chatgpt.com/g/g-TYUog3ZnP-voxscript

## 프롬프트 템플릿

동영상을 요약해 주세요.

[유튜브 링크]

Voxscript
Share

다음 동영상을 요약해 주세요.
https://youtu.be/z_dxwnjiHTs?si=oKi7bYaQpd2JOYq1

Talked to voxscript.awt.icu

이 영상은 한국의 초등학생이 보여준 행동이 전 세계 군인들에게 큰 감동을 준 사례를 다루고 있습니다. 영상에서는 어린이들이 사회적 실험에서 보여준 반응을 분석하며, 특히 한국 어린이들의 정직하고 순수한 모습을 강조하고 있습니다. 한국 어린이들은 떨어진 돈보다 태극기를 중요하게 여겼으며, 정직하게 행동해 주위를 감동시켰습니다.

또한, 경북 칠곡군에 사는 초등학생 유아진 양이 한국 전쟁 중 실종된 미국 군인의 유해 발굴을 위해

Message Voxscript

MNC AI 글루방 workspace chats aren't used to train our models. ChatGPT can make mistakes.

동영상 요약에는 크롬 확장 기능을 사용할 수 있습니다.

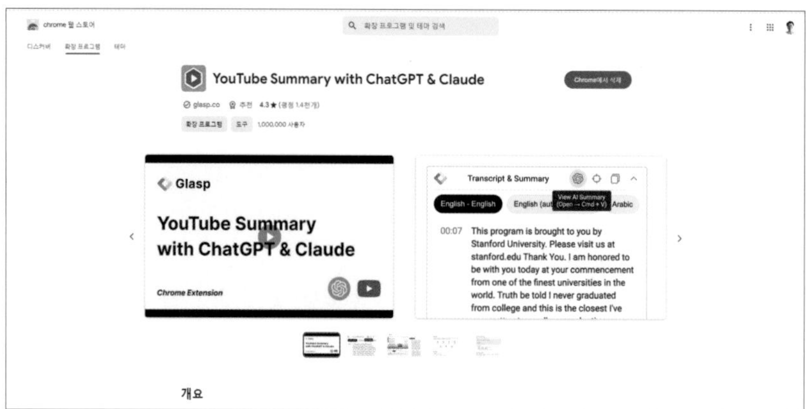


**웹스토어에서 검색** YouTube Summary with ChatGPT & Claude 또는 https://chromewebstore.google.com/detail/youtube-summary-with-chat/nmmicjeknamkfloonkhhcjmomieiodli?hl=ko

크롬 확장 프로그램을 설치하고 활성화한 후 유튜브를 열면 화면 오른쪽에 자막이 표시됩니다.

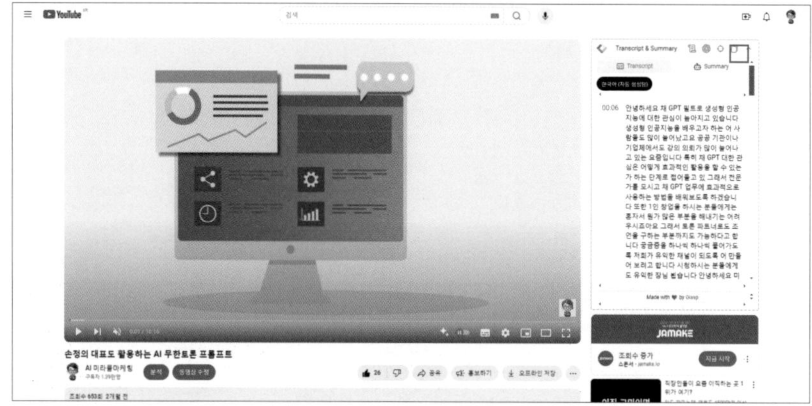

오른쪽 상단에 있는 챗GPT 아이콘을 클릭하면 챗GPT 화면으로 이동해 요약을 작성해 줍니다. 동영상 자막을 텍스트로 간단하게 확인할 수 있어 매우 편리하므로 이 기능도 꼭 사용해 보기 바랍니다.

ChatGPT PROMPT

# 6.6 도해 * Whimsical Diagrams의 GPTs 이용

다음은 도식입니다. Whimsical Diagrams라는 GPTs를 사용하면 도식을 만들 수 있습니다. 복잡한 개념을 시각적으로 설명하면 매우 이해하기 쉬워지므로 적극적으로 활용해 보시기 바랍니다.

https://chatgpt.com/g/g-vI2kaiM9N-whimsical-diagrams

## 프롬프트 템플릿

[○○○○]의 비즈니스 모델을 도식화해 주세요.

## 프롬프트 작성 예시

**일반적인 클라우드 소싱 서비스**의 비즈니스 모델을 도식화해 주세요.

## 챗GPT 출력 예시

일반적인 클라우드 소싱 서비스의 비즈니스 모델을 시각화하기 위해 주요 참여자 간의 관계와 프로세스를 보여줄 수 있는 Flowchart를 사용하겠습니다. 이 도식화는 서비스의 전반적인 흐름과 각 단계의 주요 과정을 표현하는 데 적합합니다.
생성 후 다이어그램을 이미지로 보여드리겠습니다.

whimsical.com과(와) 대화 완료

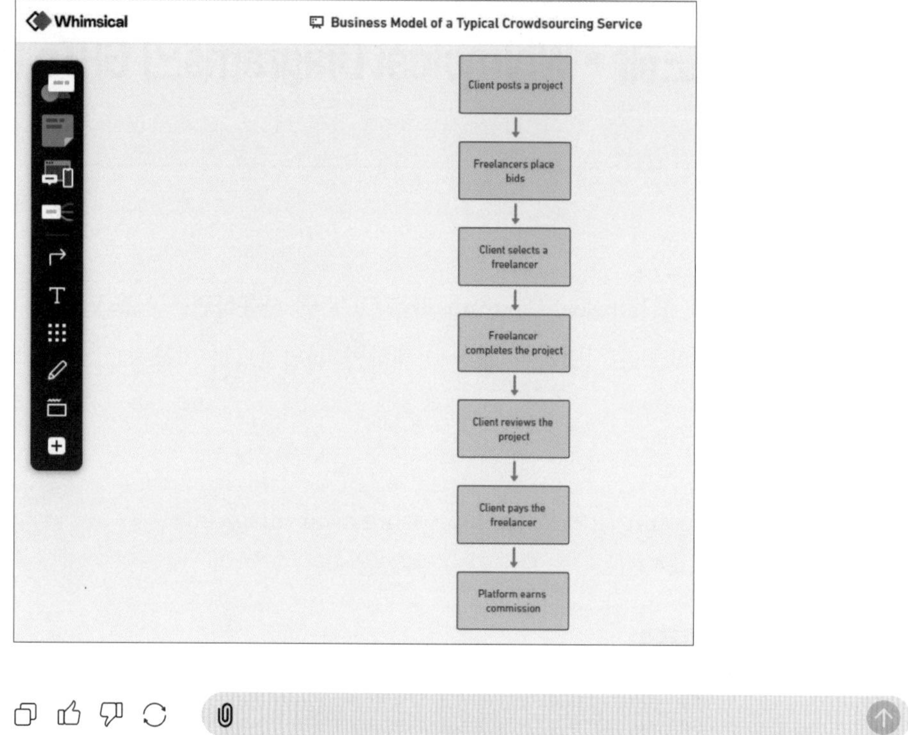


위 그림은 챗GPT에 직접 만들어 줄 때도 있고 링크를 생성해 줄 때도 있으니 상황에 따라 확인하면 됩니다. 위의 경우는 생성된 링크로 이동하여 결과를 확인하였습니다.

ChatGPT PROMPT

# 마인드맵 작성 * Whimsical Diagrams의 GPTs 이용

마인드맵을 작성에도 활용할 수 있습니다. 앞서 활용했던 Whimsical Diagrams (https://chatgpt.com/g/g-vI2kaiM9N-whimsical-diagrams)의 GPTs를 다시 한번 사용해 보겠습니다.

## 프롬프트 템플릿

[OOOO]할 사항을 마인드맵 형식으로 한글로 정리해 주세요.

## 프롬프트 작성 예시

신제품인 다이어트 음료 사용자 인터뷰에서 유의해야 할 사항을 마인드맵 형식으로 한글로 정리해 주세요.

## 챗GPT 출력 예시

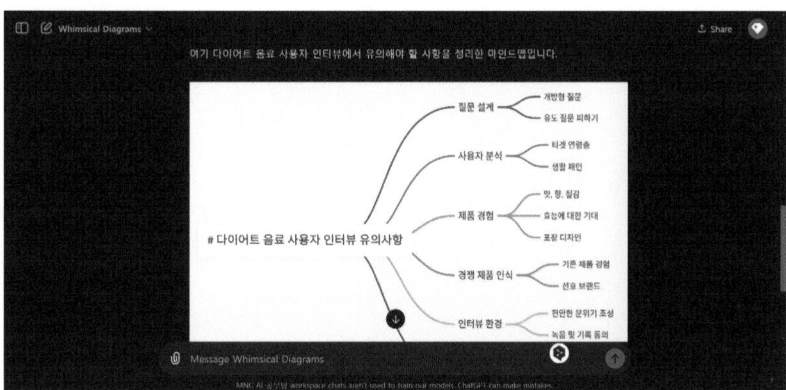

Whimsical Diagrams으로 만든 도식은 온라인에서 편집할 수 있으므로 스스로 추가하거나 삭제하여 만족스러운 마인드맵으로 완성할 수 있습니다. 마인드맵은 정보를 정리하는 것 뿐만아니라 아이디어 도출 시에도 유용한 도구입니다. 챗GPT와 함께 마인드맵을 적극 활용해 보세요. 도식을 만들 수 있는 GPTs는 Whimsical Diagrams 외에도 여러 가지가 있으므로 자신에게 맞는 도구를 찾아보기 바랍니다.

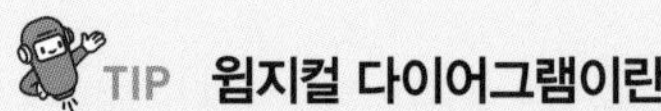

### TIP 윔지컬 다이어그램이란?

윔지컬 다이어그램(Whimsical Diagrams)은 복잡한 정보를 시각적으로 정리하고, 쉽게 이해할 수 있도록 돕는 도식화 도구입니다. 마인드맵, 플로차트, 시퀀스 다이어그램과 같은 다양한 시각적 형식을 사용하여 아이디어를 체계화하고, 프로세스를 명확히 하며, 상호작용을 시각적으로 설명할 수 있습니다.

- 마인드맵(Mind Map)
- 플로차트(Flowchart)
- 시퀀스 다이어그램(Sequence Diagram)

윔지컬 다이어그램은 사용자가 입력한 정보를 기반으로 도식화를 자동 생성하며, 결과물을 이미지와 링크 형태로 제공합니다. 생성된 다이어그램은 이미지로 확인할 수 있을 뿐만 아니라 윔지컬(Whimsical) 플랫폼에서 추가 편집도 가능합니다.

윔지컬 다이어그램은 다음과 같은 상황에서 유용합니다.

- **계획 정리:** 프로젝트 플랜, 학습 계획, 여행 준비 등
- **프로세스 설명:** 업무 절차, 알고리즘, 의사결정 흐름
- **상호작용 시각화:** 시스템 설계, 협업 과정 정리

윔지컬 다이어그램은 텍스트만 입력하면 실시간으로 도식화를 생성하는 혁신적인 도구입니다. 복잡한 아이디어와 과정을 누구나 이해하기 쉽게 표현하고 싶다면 윔지컬 다이어그램을 활용해 보면 누구나 손쉽게 사용할 수 있는 직관적인 도구로 생산성과 창의력을 동시에 높일 수 있습니다.

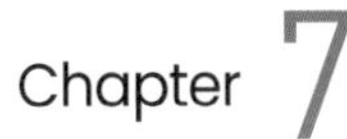


# 프레젠테이션에 활용하기

이 장에서는 챗GPT를 프레젠테이션에 활용하는 방법 3가지를 소개합니다. 프레젠테이션 자료의 문서 작성, 발표 대본 작성, 예상 질문 및 답변 작성에 사용할 수 있습니다.



ChatGPT PROMPT

ChatGPT PROMPT

# 프레젠테이션 자료의 문서 작성

**추가 제안**

*위 내용의 ROI에 대한 분석도 부탁합니다.*

## 프롬프트 템플릿

다음 내용을 충족하는 프레젠테이션 자료의 문장을 작성해 주세요.

**[프레젠테이션 목적, 포인트, 견적 비교 등 포함할 내용을 붙여 넣기]**

## 프롬프트 작성 예시

다음 내용을 충족하는 프레젠테이션 자료의 문장을 작성해 주세요.

프레젠테이션의 목적은 IT 인프라 업그레이드를 위한 예산 승인을 받는 것입니다.
주요 포인트는 현재 사용 중인 서버의 용량이 한계에 도달했고, 보안 취약점이 발생할 위험이 커졌기 때문에 업그레이드가 시급하다는 점입니다.
X 사, Y 사, Z 사로부터 각각 다음과 같은 설치 기간과 예상 비용에 대한 견적을 받았습니다.

## 챗GPT 출력 예시

다음은 IT 인프라 업그레이드 예산 승인을 위한 프레젠테이션 자료에 사용할 수 있는 문장 예시입니다. 주요 포인트와 견적 관련 내용이 포함되어 있습니다.

**1. IT 인프라 업그레이드 필요성**

현재 사용 중인 서버는 용량 한계에 도달하였으며, 성능 저하가 발생하고 있습니다. 이로 인해 업무 효율성이 떨어지고 있으며, 시스템 과부하로 인한 다운타임이 발생할 위험이 있습니다. 특히, 최근 보안 점검에서 보안 취약점이 발견되었고, 이를 방치할 경우 해킹 및 데이터 유출의 위험이 커질 수 있습니다. 이러한 이유로 IT 인프라의 업그레이드는 시급한 상황입니다.

**2. 서버 용량 및 보안 문제**

서버의 용량 부족은 단순한 성능 저하 문제를 넘어 핵심 데이터의 처리 지연을 일으키고 있습니다. 또한, 서버가 오래될수록 보안 취약점이 증가하여 데이터 무결성과 회사의 신뢰성에도 악영향을 미칠 수 있습니다. 이를 해결하기 위해서는 서버 업그레이드를 통해 시스템 안정성을 높이고, 최신 보안 기술을 적용해야 합니다.

**3. 업그레이드의 기대 효과**

- **성능 향상**: 새로운 서버 도입으로 시스템 처리 속도와 데이터 처리 용량이 크게 향상됩니다.
- **보안 강화**: 최신 보안 기술 도입으로 외부 공격에 대한 방어 능력을 강화하고, 데이터 유출 가능성을 최소화합니다.
- **장기적 비용 절감**: 지속적인 시스템 유지 보수 비용을 줄이고, IT 인프라의 안정성을 확보할 수 있습니다.

**4. 설치 기간 및 예상 비용**

현재 X 사, Y 사, Z 사로부터 서버 업그레이드 견적을 받았습니다. 각 회사의 설치 기간과 비용은 다음과 같습니다.

- **X 사**: 설치 기간 2개월, 예상 비용 1억 5,000만 원
- **Y 사**: 설치 기간 3개월, 예상 비용 1억 8,000만 원
- **Z 사**: 설치 기간 2.5개월, 예상 비용 1억 6,000만 원

**5. 결론 및 요청 사항**

서버 업그레이드는 더 이상 미룰 수 없는 필수 과제입니다. 안정적인 서비스 운영을 위해 예산 승인을 요청드리며, 최적의 솔루션을 도입하여 회사의 경쟁력을 높이는 데 기여할 것입니다.

이 자료는 IT 인프라 업그레이드의 필요성을 명확하게 전달하고, 예산 승인을 얻기 위한 설득력을 높이는 데 초점을 맞추고 있습니다.

*위 내용의 ROI에 대한 분석도 부탁합니다.*

다음은 IT 인프라 업그레이드에 따른 ROI(Return on Investment) 분석 자료입니다. 이는 IT 인프라 업그레이드의 투자 대비 수익을 평가하여 예산 승인에 대한 강력한 근거를 제공하기 위한 내용입니다.

**1. ROI 분석의 목적**

서버 업그레이드를 통해 성능 향상, 보안 강화, 유지 보수 비용 절감 등의 효과를 기대할 수 있습니다. ROI 분석은 이러한 업그레이드가 회사에 얼마나 많은 가치를 제공하는지를 정량적으로 평가하기 위한 과정입니다.

**2. 업그레이드 투자 비용**

서버 업그레이드를 위해 제시된 총 예상 비용은 1억 5천만 원~1억 8천만 원수준입니다. 이를 통해 다음과 같은 비용 항목을 분석할 수 있습니다.

**설치 및 초기 도입 비용**: 1억 5,000만 원~1억 8,000만 원

**초기 설정 및 교육 비용**: 추가 교육이나 서버 세팅에 대한 초기 비용 고려(최대 10% 증가 가능)

**추가 유지 보수 비용 절감**: 새로운 서버는 유지 보수 비용을 크게 줄이며, 기존 서버 대비 유지 보수 비용이 30% 감소할 것으로 예상됩니다.

**3. 수익 기대 요소**

- **업무 생산성 향상**

업그레이드된 서버는 시스템 처리 속도를 향상시켜 직원 생산성이 약 15% 증가할 것으로 예상됩니다. 예를 들어, 시간당 10명의 업무 처리가 가능하던 것이 12~13명으로 늘어나 연간 수백 시간의 업무 시간이 절감될 수 있습니다.

- **다운타임 감소**

기존 서버의 용량 한계로 인해 발생하던 연간 다운타임 발생 시간을 20% 줄임으로써 서비스 연속성과 고객 만족도가 향상됩니다. 이를 통해 매출 손실을 최소화할 수 있습니다.

- **보안 비용 절감**

새로운 보안 체계를 도입하면, 데이터 유출 사고를 예방할 수 있어 보안 관련 사고 대응 비용이 감소합니다. 이는 잠재적 손실 방지 측면에서 큰 이점을 제공합니다.

**4. ROI 계산**

- **예상 투자 비용**: 1억 5,000만 원(중간 값)
- **예상 연간 절감 비용**:
- **유지 보수 비용 절감**: 약 3,000만 원(기존 유지 보수 비용의 30% 절감)
  - **다운타임 감소로 인한 손실 절감**: 약 5,000만 원
  - **보안 사고 예방으로 인한 절감 비용**: 약 4,000만 원
  - **ROI 계산**:

    ROI = (연간 절감 비용 / 투자 비용) * 100

    ROI = (3,000만 원 + 5,000만 원 + 4,000만 원) / 1억 5,000만 원) * 100

    ROI = (1억 2,000만 원 / 1억 5,000만 원) * 100 = 80%

즉, IT 인프라 업그레이드를 통해 약 80%의 ROI를 기대할 수 있습니다. 이 ROI는 단기적으로는 1년 내에 투자비용의 상당 부분을 회수할 수 있음을 의미하며, 장기적으로는 더 큰 이익을 가져올 수 있습니다.

**5. 결론**

서버 업그레이드를 통해 약 80%의 ROI를 기대할 수 있으며, 이는 다운타임 감소, 유지 보수 비용 절감, 보안 비용 절감 등 다양한 요소로 이루어집니다. 투자 회수 기간은 1년 이내로 예상되며, 이는 회사의 장기적인 성과 향상과 안정성 확보에 기여할 것입니다.

이 분석은 예산 승인에 필요한 중요한 요소로, 서버 업그레이드가 회사에 가져올 긍정적인 재무적 영향을 강조합니다.

ChatGPT PROMPT

# 프레젠테이션 자료의 대본 작성

프레젠테이션의 구성까지 완료되면, 발표 대본도 작성해 보세요. 프롬프트에 슬라이드 제목, 내용, 구성을 첨부하여 작성해 보세요. 내용이 조금 짧다면, 각 항목을 더 길게 작성해 달라고 요청할 수 있습니다.

**추가 제안**

*마케팅 활동 계획에 대해 좀 상세히 설명을 추가해 주세요.*

## 프롬프트 템플릿

다음 슬라이드 내용에 맞춰 프레젠테이션 대본을 작성해 주세요.

제목: [OOOO]

구성: [OOOO]

## 프롬프트 작성 예시

다음 슬라이드 내용에 맞춰 프레젠테이션 대본을 작성해 주세요.

- **제목: 2025년 마케팅 전략 브리핑**
- 구성:

1. 서론

오늘의 발표 목적 설명

2024년의 마케팅 성과 간단 리뷰

2. 시장 환경 분석

현재 산업 환경 및 경쟁 구도 분석
주요 소비자 트렌드 변화 요약

3. 목표 설정
2025년 마케팅 목표와 이를 통해 달성하려는 성과
매출 성장, 고객 확장 등의 구체적인 목표 소개

4. 소비자 세분화
현재 및 잠재 고객층의 특징 분석
소비자 행동과 관심사를 반영한 새로운 타깃 세그먼트 제안

5. 마케팅 활동 계획
디지털 및 오프라인 채널을 활용한 통합 마케팅 전략 발표
고객 참여도 향상을 위한 콘텐츠 및 캠페인 계획 설명

## 챗GPT 출력 예시

다음은 2024년 마케팅 전략 브리핑을 위한 프레젠테이션 대본입니다. 각 슬라이드에 맞춘 설명과 발표 시 사용할 수 있는 문장들로 구성되어 있습니다.

**1. 서론**
(대본)
안녕하세요, 모두. 오늘 발표를 맡은 [발표자 이름]입니다.
오늘 이 자리는 2025년 마케팅 전략을 브리핑하기 위한 자리입니다. 우리는 2023년 한 해 동안 여러 도전과 기회를 맞이하며 많은 성과를 거뒀습니다.
간단히 2024년의 주요 마케팅 성과를 짚어 보면, 우리는 고객 기반을 [X%] 확대했고, 주요 캠페인에서 [매출 증가율 Y%]를 달성했습니다. 이를 바탕으로, 올해는 그 성과를 넘어서는 성장을 도모하고자 합니다.

**2. 시장 환경 분석**
(대본)
본격적인 전략 설명에 앞서, 현재의 시장 환경을 분석해 보겠습니다.
2025년의 산업 환경은 크게 변화하고 있습니다. 기술 발전과 소비자 행동 변화가 중요한 요인이며, 특히 [주요 경쟁사들]은 더욱 공격적인 마케팅 전략을 펼치고 있습니다.
또한, 소비자 트렌드도 크게 바뀌고 있습니다. 예를 들어, 지속 가능성과 개인화된 경험을 중시하는 소비자들이 늘어나고 있으며, 이는 앞으로 우리의 마케팅 전략에 중요한 영향을 미칠 것입니다.
이러한 변화를 반영하여 우리는 다음 단계에서 마케팅 목표와 계획을 구체적으로 설정할 것입니다.

**3. 목표 설정**

(대본)

이제 2025년의 마케팅 목표를 설정해 보겠습니다.

첫 번째로, 우리는 매출 성장을 [X%] 목표로 삼고 있으며, 이 성장은 주로 [디지털 채널]과 [신제품 출시]를 통해 달성할 계획입니다.

또한, 고객 확장역시 중요한 목표 중 하나입니다. 새로운 타깃 고객층을 발굴하고, 기존 고객의 충성도를 높이는 것이 핵심 전략입니다.

이를 통해 고객 생애 가치(LTV)를 증가시키고, 전환율을 개선하여 장기적인 성장을 도모할 것입니다.

**4. 소비자 세분화**

(대본)

다음으로는 소비자 세분화입니다.

우리의 현재 고객층은 [주요 고객군]으로 구성되어 있지만, 2025년에는 새로운 세그먼트를 공략할 계획입니다.

특히, [특정 연령대나 관심사]에 속한 고객들의 관심사가 점점 더 다양화되고 있습니다. 예를 들어 지속 가능한 제품에 대한 수요가 커지고, 디지털 경험에 대한 기대가 높아지고 있습니다.

이에 따라 우리는 맞춤형 콘텐츠와 메시지를 통해 이러한 세분화된 고객층에게 보다 효과적으로 다가갈 것입니다.

**5. 마케팅 활동 계획**

(대본)

마지막으로, 2025년 마케팅 활동 계획을 소개하겠습니다.

우리는 디지털 채널을 중심으로 오프라인 마케팅과의 통합 전략을 실행할 계획입니다.

디지털에서는 주로 소셜 미디어, 검색 엔진 마케팅(SEM), 이메일 마케팅을 활용해 고객과의 접점을 확대할 것입니다.

또한, 오프라인 이벤트나 팝업 스토어를 통해 직접적인 경험을 제공하여 고객의 참여를 유도할 예정입니다. 특히, 콘텐츠 마케팅과 참여형 캠페인을 통해 고객 참여도를 높이고, 브랜드 충성도를 강화하는 데 주력할 것입니다.

이 대본은 2025년 마케팅 전략 브리핑의 흐름을 매끄럽게 진행할 수 있도록 도와줍니다. 각 섹션에서 전략의 주요 포인트를 명확히 전달하며, 마케팅 목표와 실행 계획을 설득력 있게 설명할 수 있습니다.

# 프레젠테이션 예상 질문 및 답변 작성

프레젠테이션에서 자신이 말할 부분을 준비하고 연습할 수는 있지만 Q&A까지 철저히 대비하는 것이 좋습니다. 이를 위해 챗GPT와 함께 예상 질문과 답변을 준비해 보세요. 각 세션에 대한 예상 질문과 답변 예시를 제시해 줍니다. 챗GPT 내용은 참고로 하고 실제 답변하고 싶은 내용으로 수정하여 최종적인 예상 Q&A를 완성하기 바랍니다.

## 프롬프트 템플릿

[OOOO]에 대해 예상되는 질문과 답변 예시를 제시해 주세요.

## 프롬프트 작성 예시

**다음 프레젠테이션**에 대해 예상되는 질문과 답변 예시를 제시해 주세요.

1. 서론
발표의 목적 및 중요성 소개
현재 디지털 환경에서 당사의 위치 설명

2. 시장 분석 및 과제
최신 디지털 마케팅 트렌드 분석
경쟁사의 디지털 마케팅 전략 비교
당사가 해결해야 할 주요 과제 도출

3. 디지털 마케팅 목표
디지털 마케팅을 통해 달성하고자 하는 목표 설명
목표 달성을 위해 필요한 핵심 전략 제시

4. 고객 세그먼트 재분석

현재 고객 세그먼트의 니즈와 행동 변화 평가

새로운 타깃 고객층 발굴을 위한 데이터 분석 제안

**5. 디지털 채널 및 콘텐츠 전략**

당사의 주요 디지털 채널에서 강화해야 할 부분 설명

개인화된 콘텐츠와 커뮤니케이션 전략 제안

## 챗GPT 출력 예시

**1. 서론**

**예상 질문 1:**

**Q: 이번 발표에서 다루는 내용이 우리 회사에 중요한 이유는 무엇입니까?**

A: 이번 발표의 목표는 디지털 마케팅 전략의 재정비를 통해 급변하는 디지털 환경에서 회사의 경쟁력을 강화하는 것입니다. 현재 우리의 디지털 마케팅 성과는 업계 표준에 미치지 못하고 있으며, 빠르게 변하는 시장에서 뒤처지지 않기 위해서는 전략적 전환이 필수적입니다. 특히, 디지털 마케팅은 효율적으로 잠재 고객을 공략하고 브랜드 인지도를 높일수 있는 중요한 도구입니다.

**예상 질문 2:**

**Q: 당사의 현재 디지털 환경에서의 위치는 어떻게 평가됩니까?**

A: 당사는 소셜 미디어와 검색 엔진 마케팅(SEM)에서 나쁘지 않은 성과를 내고 있지만, 개인화된 고객 경험 제공이나 데이터 분석을 통한 세분화 전략에서는 경쟁사보다 뒤처져 있습니다. 또한, 디지털 채널의 통합적 활용 면에서도 더 큰 개선의 여지가 있습니다. 이를 보완하기 위해 새로운 전략을 제시할 예정입니다.

**2. 시장 분석 및 과제**

**예상 질문 1:**

**Q: 최신 디지털 마케팅 트렌드 중에서 가장 주목해야 할 요소는 무엇입니까?**

A: 현재 주목해야 할 트렌드는 개인화된 마케팅과 데이터 기반 의사결정입니다. 소비자들은 더 이상 일반적인 메시지에 반응하지 않으며, 맞춤형 콘텐츠와 개인화된 경험을 원합니다. 또한, AI와 머신러닝을 활용한 데이터 분석이 마케팅의 효율성을 높이고 있습니다.

**예상 질문 2:**

**Q: 경쟁사의 디지털 마케팅 전략과 비교했을 때 우리의 주요 과제는 무엇입니까?**

A: 경쟁사들은 이미 고급 데이터 분석을 통해 고객 맞춤형 콘텐츠를 제공하고 있으며, 소셜 미디어를 활용한 실시간 소통과 캠페인 운영에서 앞서가고 있습니다. 우리는 데이터 활용 부족과 효과적인 고객 세분화 부재가 큰 과제로 남아 있으며, 이를 해결하기 위한 기술적 인프라와 인적 자원이 필요합니다.

**3. 디지털 마케팅 목표**

**예상 질문 1:**

**Q: 디지털 마케팅을 통해 달성하고자 하는 구체적인 목표는 무엇입니까?**

A: 2025년까지 디지털 채널을 통한 매출 증가를 20% 목표로 설정하고 있으며, 동시에 고객 전환율을 15% 높이는 것을 목표로 하고 있습니다. 이를 통해 브랜드 인지도를 확대하고, 고객 충성도를 높여 장기적인 수익성 향상을 꾀할 것입니다.

**예상 질문 2:**

**Q: 목표를 달성하기 위해 가장 중요한 핵심 전략은 무엇입니까?**

A: 핵심 전략은 고객 세그먼트에 맞춘 개인화된 콘텐츠 제공과 디지털 채널 간의 통합된 마케팅 캠페인 운영입니다. 이를 위해 데이터 분석을 강화하고, 인공지능 기반 마케팅 자동화 도구를 도입하여 각 고객층에 맞춘 메시지를 효과적으로 전달할 계획입니다.

**4. 고객 세그먼트 재분석**

**예상 질문 1:**

**Q: 현재 고객 세그먼트의 니즈와 행동에 어떤 변화가 있습니까?**

A: 최근 지속 가능성에 대한 관심이 크게 증가했으며, 디지털 경험의 개인화를 중시하는 경향이 나타났습니다. 특히, Z세대와 밀레니얼 세대는 자신만의 취향과 라이프스타일을 중시하며, 이에 맞춘 맞춤형 마케팅이 필요합니다.

**예상 질문 2:**

**Q: 새로운 타깃 고객층 발굴을 위한 데이터 분석 방법은 무엇입니까?**

A: 고객 행동 분석 도구와 CRM(고객 관계 관리 시스템)을 활용하여 기존 고객의 구매 패턴과 선호도를 분석한 후 잠재 고객 프로필을 생성할 계획입니다. 특히 소셜 미디어 활동 데이터와 구매 이력을 결합해 새로운 타깃 고객층을 발굴할 수 있습니다.

**5. 디지털 채널 및 콘텐츠 전략**

**예상 질문 1:**

**Q: 우리가 현재 강화해야 할 디지털 채널은 무엇입니까?**

A: 특히 소셜 미디어와 검색 엔진 마케팅(SEM)이 강화가 필요합니다. 소셜 미디어에서는 실시간 소통과 인플루언서 마케팅을 강화할 계획이며, SEM에서는 타깃팅을 세밀하게 조정하여 전환율을 높이는 것이 중요합니다.

**예상 질문 2:**

**Q: 개인화된 콘텐츠와 커뮤니케이션 전략의 구체적인 예시는 무엇입니까?**

A: 개인화된 이메일 캠페인을 통해 각 고객의 구매 이력과 관심사에 맞는 제품을 추천하고, AI 기반의 웹사이트 추천 시스템을 도입하여 사용자가 관심을 가질 만한 콘텐츠를 자동으로 보여 주는 방식입니다. 또한, 실시간 채팅과 챗봇을 활용해 고객과 빠르게 소통할 수 있는 환경을 마련할 것입니다.

이 질문과 답변 예시는 발표 후 예상되는 질의 응답에서 효과적으로 대응할 수 있도록 도와줍니다.

# 마케팅·PR에 활용하기

이 장에서는 마케팅 PR에 챗GPT를 활용하는 방법에 대해 설명합니다. 이를 통해 판촉물 작성,마케팅 분석, 페르소나 작성, 히어링 항목 작성, 사용자 인터뷰, 보도 자료 작성, 캐치프레이즈 작성, 블로그 · 칼럼 아이디어 도출, 웹 라이팅, SNS 게시물 아이디어 작성, SNS 게시물 작성, 리스크 관리(SNS 문제 발생 리스크 점검), 웹사이트 구성 · 내용 작성, 키워드를 넣어 웹사이트 문서 작성 등에 활용해 보세요.

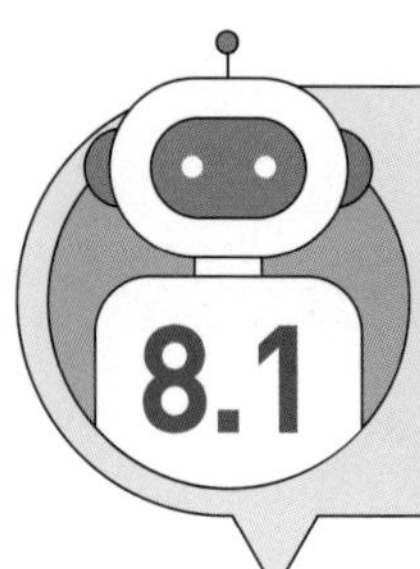


ChatGPT PROMPT

# 판촉물 작성

판촉물 제작을 위한 프롬프트를 만들어 보세요. 전단지에 추가하고 싶은 내용, 강조하고 싶은 사항을 추가로 입력합니다. 서비스의 특징을 강조하고 싶은 부분도 포함하면 좋습니다. 그러면 각 면의 디자인, 이미지, 글꼴, 글꼴 크기와 색상, 캐치프레이즈 등을 제안해 줍니다.

## 프롬프트 템플릿

다음 조건에 맞춰 동영상을 활용한 브랜딩 지원 서비스 전단지를 작성해 주세요.
각 면의 디자인, 이미지, 폰트 크기, 폰트 색상도 제안해 주세요.

**[크기, 포함할 내용, 강조하고 싶은 사항 등을 붙여 넣기]**

## 프롬프트 작성 예시

다음 조건에 맞춰 동영상을 활용한 브랜딩 지원 서비스 전단지를 작성해 주세요.
각 면의 디자인, 이미지, 폰트 크기, 폰트 색상도 제안해 주세요.

[전단지는 A4, 앞뒤 있음
회사명 'ABC Company'를 넣을 것
서비스의 특징으로서 철저한 히어링을 통해 '매력을 전달할 수 있는 동영상'을 제작할 수 있다는 점을 강조
매력적인 캐치프레이즈를 넣어 주세요.]

## 챗GPT 출력 예시

다음은 ABC Company의 동영상을 활용한 브랜딩 지원 서비스 전단지 구성과 디자인 제안입니다. 각 면의 디자인, 이미지, 폰트 크기 및 색상도 포함하였습니다.

**전단지: 앞면**

**1. 디자인 개요**

- **배경**: 밝은 그레이 또는 심플한 화이트 배경을 사용하여 깔끔하고 프로페셔널한 이미지를 유지
- **이미지**: 상단에 동영상 제작 장면(카메라, 편집 소프트웨어, 촬영 장비 등)을 넣어 고객에게 영상 제작 과정에 대한 직관적인 이미지를 전달
- **폰트 스타일**: 모던하고 심플한 산세리프 폰트(예: Noto Sans, 나눔스퀘어) 사용. 타이틀은 굵고, 강조할 텍스트는 대조되는 색상 사용
- **폰트 크기**: 타이틀 24pt, 본문 12~14pt
- **폰트 색상**: 다크 그레이(#333333), 포인트 텍스트는 ABC Company의 브랜드 색상(예: 블루, 레드)으로 강조

**2. 콘텐츠**

- **회사명**: ABC Company
- **캐치프레이즈**:"당신의 매력을 세상에! 맞춤형 동영상으로 브랜드를 더욱 빛나게."
- **서비스 소개**: "ABC Company는 고객의 이야기를 담아 매력을 극대화하는 동영상을 제작합니다. 철저한 히어링을 통해 브랜드의 가치를 효과적으로 전달할 수 있는 맞춤형 동영상을 제공합니다."
- **특징 강조**:
  - 철저한 히어링을 통해 고객의 필요와 목표를 파악
  - 매력적인 스토리로 브랜드의 가치를 전달하는 동영상 제작
  - **다양한 포맷의 영상 제공**: 브랜드 홍보 영상, 제품 소개 영상, 고객 사례 영상 등
- **이미지 제안**: 비즈니스 미팅 장면 또는 촬영 중인 현장을 보여 주는 이미지로, 고객과의 소통을 강조하는 비주얼을 제안

**전단지: 뒷면**

**1. 디자인 개요**

- **배경**: 앞면과 동일한 밝고 깔끔한 디자인 유지
- **이미지**: 하단에는 동영상 콘텐츠의 예시(제품 홍보 영상의 스틸컷, 동영상 제작 소프트웨어 화면) 등을 배치하여 작업 결과물을 시각적으로 전달
- **폰트 스타일**: 앞면과 동일한 모던 산세리프 폰트 사용
- **폰트 크기**: 타이틀 20pt, 본문 12~14pt
- **폰트 색상**: 다크 그레이(#333333)와 포인트 색상 사용

**2. 콘텐츠**

- **ABC Company의 프로세스**
  - **1단계**: 히어링

    고객의 브랜드 철학과 목표를 깊이 이해하기 위해 전문가들이 직접 인터뷰를 진행합니다.
  - **2단계**: 기획 및 스토리보드 제작

    고객의 니즈에 맞춰 브랜드의 매력을 효과적으로 전달할 수 있는 스토리보드를 제작합니다.

- **3단계**: 동영상 제작 및 편집
  최첨단 장비와 기술을 활용하여 고객이 원하는 맞춤형 동영상을 제작합니다.
- **4단계**: 피드백 및 최종 수정
  고객의 피드백을 반영하여 완벽한 최종 영상을 완성합니다.

- **고객 혜택**:
  - 브랜드 가치를 극대화하는 고품질 동영상 제작
  - 맞춤형 솔루션으로 타깃 고객과의 강력한 소통 가능
  - **시간과 비용 절감**: ABC Company의 효율적인 프로세스를 통해 최단 시간 내에 결과물을 제공합니다.
- **비용 안내**: 프로젝트별 맞춤형 견적 제공. 문의 주시면 상세한 견적을 안내해드립니다.
- **연락처**:
  - **전화**: 1234-5678
  - **이메일**: contact@abccompany.com
  - **웹사이트**: www.abccompany.com
  - **이미지 제안**: 브랜드 동영상 사례의 캡처 이미지나 편집 중인 장면을 활용하여 실제 작업의 품질을 시각적으로 전달

**전단지 디자인 요소 요약**

- **배경 색상**: 밝은 그레이 또는 화이트
- **폰트 스타일**: 모던한 산세리프 폰트(Noto Sans, 나눔스퀘어)
- **폰트 크기**: 타이틀 20~24pt, 본문 12~14pt
- **폰트 색상**: 다크 그레이(#333333) + 포인트 색상 (ABC Company의 브랜드 색상 사용)
- **이미지 제안**: 동영상 제작 장면, 편집 화면, 브랜드 홍보 사례 등

이 전단지는 ABC Company의 전문성과 고객 맞춤형 접근을 강조하며, 매력적인 동영상 제작에 대한 신뢰를 제공하는 목적에 맞춰 디자인되었습니다.

# 8.2 마케팅 분석

이번 단계는 분석입니다. 프롬프트만으로 유명한 전략 컨설턴트를 영입하는 효과를 누려 보세요. 아래 프롬프트를 넣으면 여러 가지 분석을 제안해 주는데, 특히 SWOT 분석, PEST 등 비즈니스에 영향을 주는 요인을 세세히 분석해 주어 기획자의 시선을 확장시켜 주는 효과가 있습니다.

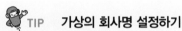

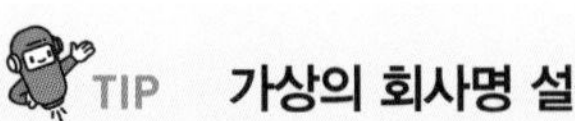


가상의 회사명: 브라이트노바

## 프롬프트 템플릿

당신은 유능한 전략 컨설턴트입니다. 당사가 검토 중인 아래 신규 사업 계획에 대해 여러 방법으로 분석해 주세요.

**[신규 사업 계획 개요를 붙여 넣기]**

## 프롬프트 작성 예시

당신은 유능한 전략 컨설턴트입니다. 당사가 검토 중인 아래 신규 사업 계획에 대해 여러 방법으로 분석해 주세요.

**사업 내용:**

1. **서비스 개발:** 브라이트노바는 철저한 시장 조사와 고객 요구 분석을 통해 사용자 친화적인 서비스를 제공합니다. 당사의 서비스는 최신 기술과 편리한 인터페이스를 결합하여 사용 편의성과 높은 만족도를 목표로 하고 있습니다.

2. **스마트 홈 솔루션:** 당사는 가정과 사무실에서 사용할 수 있는 다양한 스마트 홈 솔루션을 제공합니다. 여기에는 스마트 조명, 보안 시스템, 자동화된 가전 기기 등이 포함됩니다. 당사의 솔루션은 효율적인 에너지 사용과 지속 가능한 생활 환경을 목표로 설계되었습니다.
3. **웨어러블 테크놀로지:** 브라이트노바는 최신 웨어러블 기술을 바탕으로 한 제품을 제공합니다. 여기에는 스마트 워치, 피트니스 트래커, 헬스 케어 관련 기기 등이 포함됩니다. 당사의 제품은 높은 정확도와 우수한 사용자 경험을 제공하며, 사용자의 건강과 라이프스타일 향상을 돕는 것을 목표로 하고 있습니다.
4. **글로벌 전략:** 브라이트노바는 전 세계적으로 사업을 전개하고 있습니다. 풍부한 글로벌 네트워크와 파트너십을 통해 다양한 고객의 요구를 충족할 수 있는 서비스를 제공합니다. 지역별 특성에 맞춘 맞춤형 솔루션 개발에 중점을 두며, 글로벌 시각으로 사업을 전개해 나가고 있습니다.

## 챗GPT 출력 예시

신규 사업 계획에 대한 여러 가지 분석 방법을 통해 브라이트노바(BrightNova)의 전략적 접근을 평가해 보겠습니다.

### 1. SWOT 분석

SWOT 분석은 기업의 강점(Strengths), 약점(Weaknesses), 기회(Opportunities), 위협(Threats)을 평가하여 전략적 결정을 내리는 데 도움이 됩니다.

Strengths(강점):

- **고객 중심의 서비스 개발**: 철저한 시장 조사와 고객 요구 분석을 통해 사용자 친화적인 서비스를 제공, 고객 만족도를 높일 가능성이 큼.
- **스마트 홈 솔루션 제공**: 스마트 조명, 보안 시스템, 자동화 가전 등으로 구성된 종합 솔루션을 제공, 에너지 효율성 및 지속 가능성에 대한 수요를 충족
- **웨어러블 테크놀로지 경쟁력**: 헬스 케어 및 라이프스타일 개선에 기여하는 최신 웨어러블 기술을 보유, 사용자 편의성과 정확성 면에서 강력한 경쟁 우위 확보
- **글로벌 네트워크**: 글로벌 파트너십과 현지화 전략을 통해 다양한 고객의 요구를 충족할 수 있는 역량을 보유

Weaknesses(약점):

- **다양한 기술 관리의 복잡성**: 스마트 홈, 웨어러블, 글로벌 서비스 등 여러 기술 영역을 동시에 관리해야 하므로 기술적 복잡성이 높음.
- **강력한 경쟁사 존재**: 웨어러블 기술 및 스마트 홈 솔루션은 이미 많은 글로벌 대기업들이 선도하고 있는 분야로, 차별화된 전략이 부족하면 경쟁에서 밀릴 가능성

Opportunities(기회):

- **IoT(사물 인터넷)와 헬스케어 시장 성장**: IoT와 헬스케어 관련 웨어러블 제품에 대한 글로벌 수요가 급격히 증가하고 있어 사업 확장 기회가 큼.

- **지속 가능성 트렌드**: 에너지 절감 및 환경 보호에 대한 관심이 높아지는 현재 트렌드에서 브라이트노바의 스마트 홈 솔루션은 큰 호응을 받을 수 있음.
- **글로벌 시장 확장 가능성**: 브라이트노바의 글로벌 네트워크를 활용하여 신규 시장으로 진출, 특히 신흥 시장에서의 성장 가능성 큼.

Threats(위협):

- **기술 변화의 속도**: 기술의 빠른 발전으로 인해 현재 제공하는 기술이 금방 뒤처질 위험이 있음. 지속적인 R&D가 필요
- **글로벌 공급망 문제**: 글로벌 네트워크를 통해 사업을 확장하는 전략은 공급망 혼란, 무역 규제 등의 리스크에 직면할 수 있음.

### 2. PEST 분석

PEST 분석은 정치(Political), 경제(Economic), 사회(Social), 기술(Technological) 측면에서 외부 환경 요인이 비즈니스에 미치는 영향을 분석합니다.

Political(정치적 요인):

- **글로벌 확장 시 법규 및 규제 준수**: 스마트 홈 솔루션과 웨어러블 제품은 국가별로 상이한 법규 및 데이터 보호 규제를 준수해야 함. 특히 보안 및 개인정보 보호 규정은 매우 중요

Economic(경제적 요인):

- **경제적 불확실성**: 글로벌 경기 변동성으로 인해 소비자 지출이 감소하면 스마트 기기와 웨어러블 제품에 대한 수요도 영향을 받을 수 있음.
- **기술 제품의 가격 경쟁력**: 가격 민감도가 높은 시장에서는 스마트 홈 솔루션과 웨어러블 기기의 가격 책정이 중요한 요소로 작용할 수 있음.

Social(사회적 요인):

- **건강 및 안전에 대한 관심 증가**: 웨어러블 기술을 통해 건강 모니터링을 강화하는 제품이 사회적으로 주목받고 있으며, 특히 헬스케어와 관련된 시장에서 높은 수요가 예상됨.
- **지속 가능성에 대한 관심**: 스마트 홈 솔루션에서 에너지 절약과 친환경 기술이 소비자에게 중요한 가치로 작용할 수 있음.

Technological(기술적 요인):

- **기술 혁신의 속도**: 스마트 홈과 웨어러블 기술은 매우 빠르게 발전하고 있으며, 최신 기술을 지속적으로 도입하고 개선해야 시장에서 경쟁력을 유지할 수 있음.
- **사물인터넷(IoT) 확산**: 스마트 홈 솔루션과 웨어러블 기술은 IoT 기술 발전에 크게 의존하며, 이를 통해 더 정교하고 통합된 솔루션을 제공할 수 있음.

### 3. 고객 세분화 및 타깃팅

브라이트노바의 제품들은 서로 다른 시장 세그먼트를 타깃팅하고 있습니다. 이를 기반으로 고객 세분화와 타깃팅 전략을 제안합니다.

- **스마트 홈 솔루션 타깃**: 주로 가정에서 에너지 효율성을 높이고 생활 편리성을 추구하는 중산층 이상의 소비자들, 특히 지속 가능한 라이프스타일을 선호하는 고객층

- **웨어러블 기술 타깃**: 건강 관리와 피트니스에 관심이 많은 20대~40대 고객층. 특히 헬스케어 기술을 활용해 자신의 건강 상태를 모니터링하고 개선하려는 사용자들
- **글로벌 타깃 전략**: 각 지역의 특성을 반영한 맞춤형 솔루션을 제공하는 데 중점을 두며, 특히 신흥 시장의 중산층을 주요 타깃으로 설정

**4. 포터의 5가지 힘 분석(Five Forces)**

포터의 5가지 힘 분석을 통해 브라이트노바의 시장 내 경쟁력을 분석합니다.

- **기존 경쟁자 간의 경쟁**: 스마트 홈과 웨어러블 기술 시장은 이미 대기업들이 치열한 경쟁을 벌이고 있으며, 차별화된 기술이 없다면 경쟁에서 뒤처질 위험이 큼.
- **신규 진입자의 위협**: 스마트 홈 및 웨어러블 분야는 높은 기술 장벽이 있지만, 스타트업이나 혁신적인 기업들이 쉽게 진입할 수 있음.
- **대체재의 위협**: 스마트 홈과 웨어러블 기기 모두 소프트웨어나 다른 자동화 시스템으로 대체될 가능성이 있으며, 지속적인 기술 혁신이 필요
- **구매자의 교섭력**: 구매자들이 점점 더 다양한 선택지를 갖게 되면서 가격과 품질 모두에서 높은 기대치를 가지게 됨.
- **공급자의 교섭력**: 글로벌 공급망 의존도가 높은 만큼 공급망 혼란이나 원자재 가격 상승은 비즈니스에 영향을 줄 수 있음.

**결론**

브라이트노바는 스마트 홈 솔루션과 웨어러블 기술을 중심으로 한 혁신적 서비스와 강력한 글로벌 네트워크를 기반으로 성장할 수 있는 잠재력이 큽니다. 하지만 빠르게 변화하는 기술적 환경과 치열한 경쟁 속에서 지속적인 R&D 투자와 글로벌 시장에 맞춘 현지화 전략이 중요하며, 고객 중심의 혁신을 유지해야 할 것입니다.

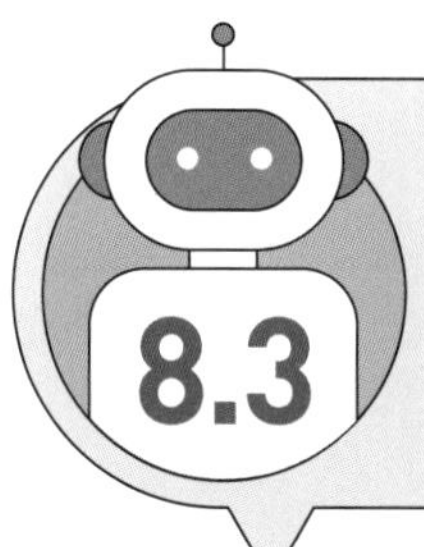


# 8.3 페르소나 작성

신규 사업이나 신상품을 구상할 때 일반적으로 페르소나를 설정하는데, 이 경우에도 챗GPT를 활용할 수 있습니다. 예를 들어, 목표 고객의 나이, 직업, 관심사 등을 제공하면 챗GPT는 그에 맞는 페르소나를 구체적으로 생성해 줍니다. 또한 고객의 문제점과 니즈를 분석하고, 이에 맞춘 솔루션 아이디어도 제시받을 수 있습니다. 이를 통해 더 현실적인 타깃 설정이 가능하며, 페르소나에 맞춘 마케팅 전략 수립에도 활용할 수 있습니다.

**추가 제안**

*50대 이상의 남성으로 지금까지 건강에 크게 신경 쓰지 않았던 타입을 추가해 주세요.*

## 프롬프트 템플릿

[OOOO]에 대한 페르소나를 3가지 설정해 주세요.
[OOOO]을 다양하게 해 주세요.

## 프롬프트 작성 예시

**당사의 신제품 다이어트 음료**에 대한 페르소나를 3가지 설정해 주세요.
**연령, 성별, 가족 구성, 취미 선호도**를 다양하게 해 주세요.

## 챗GPT 출력 예시

다음은 당사의 신제품 다이어트 음료에 대한 3가지 페르소나(Persona)설정입니다. 각 페르소나는 연령, 성별, 가족 구성, 취미 및 선호도를 다양하게 고려하여 설정했습니다.

■ **페르소나 1: 이지은(27세, 여성)**

- **연령**: 27세
- **성별**: 여성
- **가족 구성**: 독신, 자취 중
- **직업**: 마케팅 에이전시의 기획자
- **취미/선호도**: 요가, 필라테스, 헬시 푸드 레시피 검색 및 시도
- **라이프스타일**: 이지은은 바쁜 직장 생활을 하고 있지만, 건강 관리에 많은 신경을 쓰는 20대 여성입니다. 주로 요가와 필라테스로 건강을 유지하며, 웰빙과 관련된 제품을 선호합니다. 평소 식사 대용으로 가벼운 다이어트 음료나 스무디를 자주 섭취하며, 체중 관리와 피부 건강을 중시하는 경향이 있습니다. 신제품 다이어트 음료는 칼로리가 낮고, 피부 개선에 도움이 되는 성분이 포함되어 있으면 특히 매력을 느낄 것입니다.

■ **페르소나 2: 김현수(45세, 남성)**

- **연령**: 45세
- **성별**: 남성
- **가족 구성**: 기혼, 두 자녀(초등학생)
- **직업**: IT 회사 관리자
- **취미/선호도**: 등산, 골프, 간편한 건강 식단
- **라이프스타일**: 김현수는 바쁜 직장 생활 속에서도 건강을 유지하고 싶은 40대 가장입니다. 최근 몇 년간 체중 증가를 경험하고 있으며, 가족과의 외식과 과다한 업무 스트레스 때문에 건강 관리가 더 필요한 상황입니다. 그는 주말마다 등산을 즐기고, 회사 동료들과 함께 골프를 치면서 여가 시간을 보냅니다. 건강에 좋은 성분이 들어 있고 간편하게 섭취할 수 있는 다이어트 음료는 그의 식단 관리에 유용할 것입니다. 또한, 가족을 위한 건강식을 찾는 경향이 있어 가족 모두가 섭취할 수 있는 음료에도 관심이 많습니다.

■ **페르소나 3: 박수정(35세, 여성)**

- **연령**: 35세
- **성별**: 여성
- **가족 구성**: 기혼, 자녀 없음
- **직업**: 프리랜서 디자이너
- **취미/선호도**: 트레일 러닝, 비건 식단, SNS 활동
- **라이프스타일**: 박수정은 건강과 자연 친화적인 생활에 관심이 많은 30대 여성입니다. 프리랜서로 일하는 그녀는 자율적인 생활을 즐기며, 트레일 러닝과 비건 식단을 유지하는 것이 일상의 큰 부분을 차지합니다. 친환경 제품과 비건 인증을 중시하는 그녀는 제품이 지속 가능성을 고려하여 생산되었는지를 중요하게 생각합니다. SNS를 통해 새로운 트렌드를 접하고, 건강한 라이프스타일을 공유하는 그녀에게는 비건 옵션이 포함된 다이어트 음료가 매력적으로 다가올 것입니다.

이 3가지 페르소나는 각각 다른 연령대, 성별, 생활 방식, 관심사를 반영하며, 다양한 소비자의 요구와 기대를 충족할 수 있는 마케팅 전략 수립에 도움이 될 것입니다

*50대 이상의 남성으로 지금까지 건강에 크게 신경 쓰지 않았던 타입을 추가해 주세요.*

■ **페르소나 4: 이재호(55세, 남성)**

- **연령**: 55세
- **성별**: 남성
- **가족 구성**: 기혼, 성인이 된 자녀 둘
- **직업**: 제조업 관리자
- **취미/선호도**: TV 시청, 자동차, 가벼운 산책, 건강 관심 증가
- **라이프스타일**: 이재호는 지금까지 건강에 큰 관심을 두지 않았으며, 평소 간단한 식사와 야식을 자주 즐기던 타입입니다. 최근 50대에 접어들면서 체중 증가와 고혈압, 당뇨와 같은 질환에 대한 우려가 커지고 있어 건강 관리를 해야 한다는 의식이 점점 커지고 있습니다. 체중 관리와 생활 습관 변화에 대한 필요성은 느끼지만, 여전히 어떻게 시작할지 막막해 합니다. 간편하게 섭취할 수 있는 다이어트 음료는 그가 일상에서 무리 없이 건강 관리를 시작하는 데 도움을 줄 수 있을 것입니다. 특히 혈당 조절이나 콜레스테롤 관리에 도움되는 성분이 포함된 제품에 큰 관심을 가질 가능성이 높습니다.

ChatGPT PROMPT

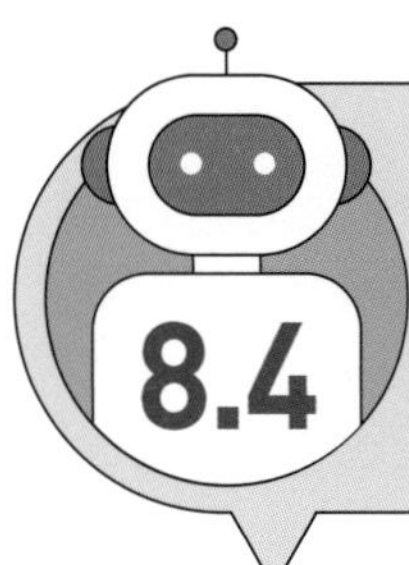


# 히어링 항목 작성

회사의 신제품 모니터링을 위해 사용자 인터뷰를 진행할 때 히어링 항목을 작성해야 할 때가 있습니다. 프롬프트로 인터뷰 항목을 작성을 요청하고 신제품의 개요와 사용자 인터뷰의 목적 등 배경 정보를 추가합니다. 챗GPT는 각 항목에 대해 사용자에게 물어 볼 질문 항목을 제안해 줍니다. 자유롭게 의견을 작성할 수 있는 항목을 제안해 주기도 합니다. 이를 초안으로 질문을 추가하거나 불필요한 질문을 제거하여 최종 인터뷰 질문 항목을 작성할 수 있습니다.

## 프롬프트 템플릿

당사의 신제품 모니터 대상 사용자 인터뷰를 진행합니다.

**〈신제품 개요〉: [○○○○]**
**〈사용자 인터뷰의 목적〉: [○○○○]**

## 프롬프트 작성 예시

당사의 신제품 모니터 대상 사용자 인터뷰를 진행합니다.
인터뷰 항목을 작성해 주세요.

**〈신제품 개요〉: 스마트폰 앱과 연동되어 데이터에 기반한 다이어트 코칭을 제공하는 새로운 체중계**

**〈사용자 인터뷰의 목적〉: 앱의 사용 편의성, 체중계의 정확성, 코칭을 받은 후의 소감, 다이어트 효과 등을 확인하고, 가격에 대한 의견도 듣고 싶습니다.**

## 챗GPT 출력 예시

■ **사용자 인터뷰 질문 항목**

**1. 일반 질문**

- 나이와 성별을 알려 주세요.
- 스마트폰을 자주 사용하시나요? 주로 어떤 용도로 사용하시나요?

**2. 앱 사용 경험**

- 앱을 설치하고 사용하는 과정에서 어려움이 있었나요? 어떤 점이 불편했나요?
- 앱의 인터페이스는 직관적이었나요? 사용하기 쉬웠나요?
- 사용하면서 기능이나 디자인에서 개선이 필요하다고 느끼신 부분이 있었나요?

**3. 체중계의 정확성**

- 체중계를 사용한 후 측정 결과가 평소 사용하던 다른 체중계와 비교했을 때 정확하다고 느끼셨나요?
- 측정 결과의 신뢰성에 대해 어떻게 생각하나요?

**4. 다이어트 코칭 관련 질문**

- 다이어트 코칭 기능을 사용해 보신 후의 소감은 어떠셨나요?
- 코칭 내용이 개인의 상황에 맞게 적절했다고 느끼셨나요?
- 코칭 과정에서 도움이 되었거나 개선이 필요하다고 느낀 점이 있다면 무엇인가요?

**5. 다이어트 효과**

- 이 제품과 앱을 사용하면서 다이어트에 어떤 효과가 있었나요? 체중 변화나 생활 습관 개선에 도움이 되었나요?
- 코칭을 받은 후 변화가 있었다면, 그 내용을 구체적으로 말씀해 주세요.

**6. 가격에 대한 의견**

- 제품 가격에 대해서 어떻게 생각하시나요? 적정하다고 느끼시나요?
- 가격 대비 제품의 기능과 효과가 충분하다고 생각하시나요?

**7. 추가 의견**

- 이 제품을 친구나 가족에게 추천하실 의향이 있나요? 그렇다면 그 이유는 무엇인가요?
- 이 제품과 관련하여 추가로 개선되었으면 하는 점이나 바라는 기능이 있나요?
- 이 질문들을 통해 사용자들의 전반적인 사용 경험과 기대 수준을 파악할 수 있을 것입니다. 인터뷰가 충분한 정보를 얻도록 하는 데 도움이 되었으면 좋겠습니다. 추가적으로 다루고 싶은 질문이나 구체화하고 싶은 내용이 있으신가요?

ChatGPT PROMPT

# 사용자 인터뷰

제품을 실제 사용한 사용자의 인터뷰를 진행하는 것이 가장 효과적이지만, 바로 진행하기 어려울 때 챗GPT를 활용해 모의 그룹 인터뷰를 진행해 볼 수 있습니다. 대상자를 여러 명 지정하고 목적과 인터뷰 대상자의 페르소나를 기재해 보세요. 한 번으로 끝날 수도 있고 추가 요청으로 위의 답변을 더 깊이 있게 답변해 달라고 하는 인터뷰를 진행할 수도 있습니다.

**TIP 페르소나 생성을 챗GPT에게 요청하기**

다음 페르소나 생성도 챗GPT에게 요청할 수 있습니다.

### 추가 제안

*각각의 초기 답변에 대해 더 깊이 있는 질문을 하고 예상되는 답변도 제시해 주세요.*

## 프롬프트 템플릿

다음 3명의 대상자에 대해 그룹 인터뷰를 진행해 주세요.

목적: [OOOO]

<대상자> 페르소나 1, 페르소나 2, 페르소나 3

## 프롬프트 작성 예시

다음 3명의 대상자에 대해 그룹 인터뷰를 진행해 주세요.

**목적:** 신제품 다이어트 음료를 시음한 후의 감상을 듣고, 제품 개발 및 마케팅 전략에 참고하기 위함.

**<대상자>**

■ **페르소나 1: 김현정**

- **나이:** 32세
- **가족 구성:** 부모님과 함께 거주, 미혼
- **직업: 마케팅 회사 콘텐츠 제작자**
- **취미와 취향:** 요가, 필라테스, 건강식 요리, 다이어트와 건강 유지에 관심이 많음. 맛과 건강을 모두 만족시키는 음료를 선호하며, 건강 정보를 얻기 위해 소셜 미디어를 적극 활용함.
- **특성:** 건강에 대한 관심이 많아 다양한 다이어트 제품들을 시도해 본 경험이 있음. 트렌드에 민감하며, 새롭게 출시된 제품을 체험하고 리뷰를 남기는 것을 즐김. 건강하면서도 맛있는 제품을 찾아다니며 자신만의 건강 관리 루틴을 꾸려 감.

■ **페르소나 2: 이민호**

- **나이:** 28세
- **가족 구성:** 아내와 신혼 부부
- **직업:** IT 회사 소프트웨어 개발자
- **취미와 취향:** 간편하고 실용적인 것을 선호하며, 건강 관리에 관심이 있음. 운동보다는 칼로리 조절을 통해 체중 관리를 하고 싶어 함. 평소 음료를 즐기지 않지만, 다이어트 효과가 확실하다면 시도해 볼 의향이 있음.
- **특성:** 바쁜 직장 생활로 인해 체중 관리가 어려워 실용적인 다이어트 솔루션을 찾고 있음. 다이어트에 대해 관심은 있지만, 복잡한 관리 방법보다는 간단하게 섭취 가능한 제품을 선호함. 신혼부부로서 아내와 함께 건강한 라이프 스타일을 지향하고자 함.

■ **페르소나 3: 박수진**

- **나이:** 40세
- **가족 구성:** 남편과 두 자녀(10세, 8세)
- **직업:** 초등학교 교사
- **취미와 취향:** 요리하기, 가족과 함께하는 야외 활동, 새로운 음식 체험하기. 건강에 좋은 간식을 찾는 것을 좋아하며, 가족과 함께 섭취할 수 있는 음료에 관심이 많음.
- **특성:** 아이들을 위해 건강에 좋은 음식을 준비하려고 노력함. 가족의 건강을 챙기기 위해 자연 식품이나 첨가물이 적은 음료를 선호함. 다이어트 음료가 건강에 미치는 영향에 대해 신중하게 접근하는 편이며, 가족이 함께 즐길 수 있는지를 중요하게 생각함.

## 챗GPT 출력 예시

**인터뷰 시작**

- **진행자**: 안녕하세요, 여러분. 오늘 시간 내 주셔서 감사합니다. 오늘의 인터뷰는 신제품 다이어트 음료를 시음해 보신 후의 느낌과 제품에 대한 생각을 듣기 위함입니다. 각자 시음해 보신 후 어떤 느낌을 받으셨는지 자유롭게 말씀해 주세요.

**1. 첫인상과 맛에 대한 감상**

- **김현정**: 저는 처음 맛을 보았을 때 일반 다이어트 음료들과 다르게 조금 더 달고 맛있다고 느꼈어요. 다이어트 음료는 대체로 맛이 없다는 고정 관념이 있었는데, 이 제품은 그런 부분에서 상당히 긍정적이었습니다. 특히 과일 맛이 강해서 일반 음료처럼 즐길 수 있을 것 같았어요.
- **이민호**: 맞아요, 저도 비슷하게 느꼈습니다. 다이어트 음료라면 보통 맛이 덜하다고 생각하는데, 이 제품은 달달하면서도 가벼운 느낌이었어요. 그리고 무엇보다 간편하게 마실 수 있어서 바쁜 일상 중에도 부담 없이 섭취할 수 있을 것 같더라고요.
- **박수진**: 저 역시 맛은 좋았다고 생각해요. 특히 제가 아이들에게도 줄 수 있을 정도로 맛이 부드럽고 부담이 없었어요. 다이어트 음료라고 해서 성분을 먼저 살펴보았는데, 첨가물이 적고 자연 성분을 사용한 점이 마음에 들었습니다.

**2. 효과와 사용 경험에 대한 의견**

- **진행자**: 음료를 마시면서 혹시 체중 관리나 건강에 긍정적인 영향을 느끼셨는지 궁금합니다. 효과에 대해서는 어떻게 느끼셨나요?
- **김현정**: 사실 아직까지는 눈에 띄는 체중 감소 효과를 느끼기에는 짧은 시간이었지만, 음료 자체가 포만감을 줘서 다른 간식을 덜 먹게 되더라고요. 이런 점에서는 충분히 도움이 될 것 같아요.
- **이민호**: 저는 다이어트 효과가 눈에 보이기보다는 점심식사 후 한 잔씩 마시는 습관을 들였는데 덜 배가 고프다는 느낌을 받았습니다. 제겐 맛있으면서도 칼로리 조절이 된다는 점이 가장 큰 장점이었어요.
- **박수진**: 저도 체중 감소 효과를 당장 느끼지는 못했지만, 식사 후에 마시면 약간의 포만감과 가벼운 느낌이 좋았어요. 가족들 중에서도 남편이 특히 이 음료를 좋아해서 함께 마시고 있습니다. 부담 없는 성분이라 가족들이 모두 즐길 수 있는 것도 큰 장점입니다.

**3. 개선 사항 및 기대하는 부분**

- **진행자**: 음료를 개선해야 할 부분이지만, 앞으로 제품에 기대하는 점이 있다면 말씀해 주세요.
- **김현정**: 저는 다이어트 효과를 강화할 수 있는 성분이 추가되면 좋겠다고 생각해요. 또는 운동 전후에 마시면 도움이 될 만한 종류로 제품 라인을 확장하면 좋을 것 같아요.
- **이민호**: 저는 패키지에 좀 더 눈에 띄는 칼로리 정보나 다이어트에 도움이 되는 특징들을 강조하면 좋겠어요. 바쁜 사람들에게는 제품의 효능이 한눈에 보이는 게 큰 장점이니까요.
- **박수진**: 개인적으로는 가족들이 함께 마실 수 있는 패밀리 사이즈나 어린이들도 마실 수 있는 버전이 있으면 좋겠습니다. 그리고 맛을 다양화해서 선택의 폭을 넓히면 더 좋을 것 같아요.

**4. 가격에 대한 의견**

- **진행자**: 마지막으로, 이 음료의 가격에 대해 어떻게 생각하시는지 듣고 싶습니다.
- **김현정**: 가격은 다이어트 음료치고는 무난한 편인 것 같아요. 하지만 정기적으로 구매한다면 조금 더 부담이 될 수 있으니 할인 혜택이나 구독 서비스 같은 것이 있으면 좋겠어요.

- **이민호**: 저도 가격은 적당한 것 같습니다. 다만, 회사에서 쉽게 구매할 수 있도록 대량 구매 할인 같은 옵션이 있으면 좋을 것 같네요.
- **박수진**: 저 역시 가격이 크게 부담스럽지는 않았지만, 가족과 함께 마시기에는 다소 비쌀 수 있다고 생각해요. 패키지 구매 시 할인 혜택이 있으면 좀 더 쉽게 접근할 수 있을 것 같습니다.

**인터뷰 종료**

- **진행자**: 오늘 다양한 의견 주셔서 감사합니다. 여러분의 소중한 피드백을 통해 제품을 더욱 발전시킬 수 있도록 하겠습니다. 마지막으로 혹시 추가로 하고 싶으신 말씀이 있으신가요?
- **김현정**: 다이어트 음료에 대한 편견을 깰 수 있는 좋은 제품인 것 같아요. 기대됩니다!
- **이민호**: 바쁜 사람들에게 간편하게 다이어트를 돕는 음료가 필요했는데 좋은 선택지가 될 것 같습니다.
- **박수진**: 가족 모두가 마실 수 있는 제품이 되었으면 좋겠습니다. 앞으로의 발전이 기대됩니다!

ChatGPT PROMPT

# 8.6 보도 자료 작성

신제품이나 새로운 서비스를 발표하는 중요한 기회에 챗GPT의 도움을 받아 효과적인 홍보를 할 수 있습니다. 챗GPT가 카피라이터가 되어 주목받을 만한 글을 쓸 수 있도록 해 보세요. 챗GPT는 프롬프트에 따라 글을 작성하고 필요한 부분은 알아서 내용을 추가하여 작성하기도 합니다.

## 프롬프트 템플릿

당신은 뛰어난 카피라이터입니다.

[내용을 구체적으로 작성]

## 프롬프트 작성 예시

당신은 뛰어난 카피라이터입니다.

최신 AI 기술을 사용한 영어 회화 앱의 보도 자료를 한국어로 작성해 주세요.

- 출시일: 2025년 10월 1일
- 앱 이름: StudyMate 영어 학습 도우미
- 요금: 기본 무료, 고급 기능 유료
- iPhone 버전, Android 버전 모두 있음.
- 초기 사용자들의 좋은 반응을 포함

## 챗GPT 출력 결과

**최신 AI 기술로 영어 회화를 손쉽게 StudyMate 영어학습 도우미 출시**

서울, 2025년 10월 1일 최신 AI 기술을 활용하여 영어 회화 실력을 쉽고 재미있게 향상시킬 수 있는 앱, StudyMate 영어 학습 도우미가 오늘 공식 출시되었습니다. iPhone과 Android 사용자 모두 이용할 수 있는 StudyMate는 기본 기능을 무료로 제공하며, 더욱 고급화된 학습 기능은 유료로 제공됩니다.

StudyMate 영어 학습 도우미는 사용자의 학습 수준과 목표에 맞추어 맞춤형 영어 회화 콘텐츠를 제공하여 학습자가 일상 속에서 영어를 자연스럽게 익힐 수 있도록 돕습니다. AI를 활용한 대화형 학습 시스템은 실제 상황에서 영어를 사용하듯이 연습할 수 있게 해 주며, 발음 교정, 어휘 강화, 대화 능력 향상 등의 다양한 기능을 통해 학습자가 효과적으로 영어 실력을 높일 수 있습니다.

특히 StudyMate의 AI 코치는 사용자의 대화 패턴을 분석하여 개인 맞춤형 피드백을 제공하고, 재미있는 미션과 퀴즈를 통해 학습 동기를 유지할 수 있도록 돕습니다. 사용자들은 StudyMate와 함께 실시간으로 연습하고 평가받으며 점차 자신감을 키워 나갈 수 있습니다.

초기 사용자들은 StudyMate에 대해 매우 긍정적인 반응을 보였습니다. "재미있고 유익한 학습 경험을 제공한다"며, "매일 조금씩 영어 회화를 연습할 수 있는 점이 가장 큰 장점"이라고 평가하고 있습니다.

StudyMate는 바쁜 일상 속에서도 언제 어디서나 영어 회화를 연습할 수 있는 최적의 도구가 될 것입니다. 지금 바로 App Store와 Google Play에서 StudyMate를 다운로드하고, 영어 학습의 새로운 차원을 경험해 보세요.

■ **앱 정보 요약**

- **출시일**: 2025년 10월 1일
- **앱 이름**: StudyMate 영어 학습 도우미
- **요금**: 기본 무료, 고급 기능 유료
- **플랫폼**: 아이폰(iPhone) 버전, 안드로이드(Android) 버전 모두 제공

더 자세한 정보는 공식 웹사이트에서 확인하실 수 있습니다.

ChatGPT PROMPT

# 8.7 캐치프레이즈 작성

캐치프레이즈 작성도 챗GPT의 아이디어를 활용해 보세요. 프롬프트에는 강조하고 싶은 포인트나 포함하고 싶은 단어들을 추가로 입력합니다. 그러면 챗GPT는 이러한 요구에 맞춰 독특한 느낌의 캐치프레이즈를 만들어 줍니다. 직접 캐치프레이즈를 생각하려면 1~2시간 걸릴 수도 있지만, 챗GPT가 초안을 제공하면 더 쉽게 아이디어를 발전시킬 수 있습니다. 적극적으로 활용해 보세요. 또한, 챗GPT가 제안한 문구 중 마음에 드는 것이 있으면, 그 문구를 포함한 다른 버전도 추가로 요청할 수 있습니다.

## 프롬프트 템플릿

당신은 일류 카피라이터입니다. 다음 조건을 충족하는 [OOOO]의 캐치프레이즈를 20개 작성해 주세요.

[요구 조건]

## 프롬프트 작성 예시

당신은 일류 카피라이터입니다. 다음 조건을 충족하는 **독서 지원 앱**의 캐치프레이즈를 20개 작성해 주세요.

전혀 새로운 독서 경험을 제공한다는 것을 어필, 쿨하고 최첨단의 이미지를 준다.

## 챗GPT 출력 예시

1. “독서의 미래, 지금 만나 보세요.”
2. “새로운 페이지를 넘기는 혁신, 당신의 손에”
3. “책을 읽는 전혀 새로운 방식, 그 이상의 경험”
4. “독서의 한계를 깨다. 지금, 혁신을 읽다.”
5. “최첨단 독서 지원, 세상을 읽는 새로운 방법”
6. “당신의 독서를 미래로 업그레이드합니다.”
7. “쿨한 독서, 혁신적인 변화. 지금 시작하세요.”
8. “책과 함께하는 미래, 지금 경험하세요.”
9. “전혀 새로운 방식으로 책과 연결됩니다.”
10. “독서의 새로운 패러다임, 경험하세요.”
11. “첨단 독서 경험, 그 이상의 자유.”
12. “페이지를 넘기지 마세요. 그 대신 혁신을 경험하세요.”
13. “책을 넘어, 새로운 독서의 세계로”
14. “최첨단 독서 혁명, 당신만을 위한 경험”
15. “책과의 만남, 더 쿨하고 스마트하게”
16. “독서의 한계를 뛰어넘다. 이제는 스마트하게!”
17. “책 속 세상, 더 생동감 있게 만나다.”
18. “당신의 독서를 재발명하다.”
19. “전통적인 독서와는 다른, 혁신적 경험”
20. “책을 읽는 새로운 차원, 미래를 경험하세요.”

# 8.8 블로그·칼럼 아이디어 도출

블로그나 칼럼의 주제를 발굴할 때 챗GPT를 활용해 보세요. 많은 기업이 자사 서비스나 제품과 관련된 블로그나 칼럼을 작성하여 웹사이트 방문자를 늘리려고 합니다. 하지만 정기적으로 블로그나 칼럼을 작성하다 보면 주제 고갈로 고민하는 담당자도 많을 것입니다. 이때 챗GPT의 도움을 받아 주제 아이디어를 얻을 수 있습니다. 블로그의 주제를 요청하면서 회사의 정보나 블로그의 주요 타깃을 추가로 입력합니다. 주제의 개수는 얼마든지 요청할 수 있습니다. 챗GPT가 준 결과를 보고 좋은 주제를 찾으면 그 주제에 대한 구성안을 짜 달라고 요청하고 이이서 글 초안 작성까지 써 달라고 요청해 보세요.

## 프롬프트 템플릿

[OOOO]와 관련된 블로그 주제를 한글로 10개 생각해 주세요.

[블로그 내용, 타깃 등]

## 프롬프트 작성 예시

DX(디지털 전환)와 관련된 블로그 주제를 한글로 10개 생각해 주세요.

당사는 DX 솔루션을 제안하는 IT 기업
블로그의 주요 타깃은 DX의 필요성을 느끼고 있는 기업의 경영자, IT 부서

## 챗GPT 출력 예시

다음은 DX(디지털 전환)과 관련된 블로그 주제 10개입니다. 당사의 DX 솔루션을 필요로 하는 기업의 경영자와 IT 부서 담당자에게 어필할 수 있는 내용을 반영했습니다.

**1. 디지털 전환(DX), 기업 생존의 필수 조건인가?**
DX의 필요성과 이를 통해 기업이 얻을 수 있는 장점에 대해 설명합니다.

**2. 성공적인 DX 사례 분석: 우리 기업에 맞는 전략은 무엇인가?**
실제 기업의 성공적인 디지털 전환 사례를 통해 각 기업에 맞는 전략을 고민하게 합니다.

**3. DX의 첫걸음: 데이터 기반 의사결정으로 시작하기**
DX의 기본이 되는 데이터 활용과 이를 통한 의사결정의 중요성을 강조합니다.

**4. 디지털 전환, 비용인가 투자인가? ROI를 극대화하는 전략**
DX가 단순한 비용이 아닌 투자임을 강조하며 ROI 극대화 전략을 제시합니다.

**5. 기업 IT 부서의 역할 변화: 디지털 전환 시대의 생존 전략**
IT 부서가 DX 시대에서 어떤 역할을 수행해야 하는지, 그 중요성을 설명합니다.

**6. 클라우드 도입으로 DX 가속화하기: 우리의 선택은?**
DX의 가속화 수단으로서 클라우드 기술의 도입과 선택 전략을 설명합니다.

**7. 디지털 전환이 기업 문화를 어떻게 바꾸는가?**
DX가 기업의 문화에 미치는 영향과 이를 긍정적으로 변화시키기 위한 방법을 다룹니다.

**8. DX로 효율성을 높이는 방법: 프로세스 자동화와 그 효과**
업무 프로세스 자동화를 통한 효율성 향상과 DX의 실질적인 효과를 보여 줍니다.

**9. AI와 머신러닝, DX에서의 활용 사례와 가능성**
AI와 머신러닝 기술을 어떻게 DX에 활용할 수 있는지 그리고 그로 인한 가능성을 설명합니다.

**10. 중소기업도 가능한 DX 전략: 비용 부담 없이 시작하는 디지털 전환**
중소기업들이 DX를 시작할 때의 고민과 이를 해결할 수 있는 전략을 제시합니다.

이 주제들은 경영자와 IT 부서 담당자에게 DX의 필요성과 실질적인 접근법을 이해시키고, 당사의 솔루션에 대한 관심을 유도할 수 있을 것입니다. 추가적인 주제나 더 구체적인 내용이 필요하시면 언제든지 말씀해 주세요.

ChatGPT PROMPT

# 웹 라이팅

다음은 웹 라이팅입니다. 주제 발굴뿐만 아니라 글 작성도 챗GPT가 잘할 수 있습니다. 챗GPT을 결과를 보고 추가 질문을 할 수 있으며, 이때 글을 조금 더 길게 작성하고, 새로운 소제목도 추가해서 결과를 보여주는 것을 알 수 있습니다. 한 번에 완벽한 글이 나오기는 어렵지만, 추가 요청을 거듭하면서 점차 원하는 형태로 완성되어 갑니다. 대화하듯이 점차 글을 완성하는 이미지를 떠올리며, 챗GPT와 함께 작업을 진행해 보세요.

**추가 제안**

*전체적으로 더 길게 작성해 주세요.*
*구체적인 진행 방법의 포인트도 추가해 주세요.*

## 프롬프트 템플릿

[OOOO] 방법에 관한 칼럼을 작성해 주세요.

**[타깃, 결과에 포함할 내용, 매력적인 글을 요청]**

## 프롬프트 작성 예시

**DX 추진** 방법에 관한 칼럼을 작성해 주세요.

타깃은 DX에 관심이 있는 기업의 경영층, IT 부서
제목을 포함할 것
읽는 사람이 DX 지원에 대해 당사에 관심을 갖도록 할 것

## 챗GPT 출력 예시

**효과적인 DX 추진 방법: 성공적인 디지털 전환을 위한 5가지 전략**

오늘날의 빠르게 변화하는 경영 환경에서 디지털 전환(DX)은 단순한 선택이 아닌 생존의 필수 요소로 자리 잡았습니다. 기업들이 경쟁력을 유지하고, 새로운 시장 기회를 포착하며, 운영 효율성을 극대화하기 위해서는 DX의 추진이 필수적입니다. 그러나 많은 경영자와 IT 부서가 디지털 전환의 필요성을 느끼고 있음에도 불구하고, 어디서부터 시작해야 할지 모르는 경우가 많습니다. 이번 칼럼에서는 기업의 경영층과 IT 부서가 DX를 효과적으로 추진하기 위해 고려해야 할 5가지 핵심 전략을 소개합니다.

**1. 명확한 비전 설정**

디지털 전환의 첫걸음은 기업의 DX 목표를 명확하게 설정하는 것입니다. 기업이 DX를 통해 무엇을 이루고자 하는지에 대한 비전이 명확해야 그에 따른 전략과 실행 계획도 구체적으로 수립될 수 있습니다. 경영층은 IT 부서와 협력하여 기업의 비즈니스 목표에 맞는 DX 비전을 세우고, 모든 부서가 이를 이해하고 공감하도록 해야 합니다.

**2. 단계적 접근과 파일럿 프로젝트 실시**

DX는 기업의 모든 부분을 한꺼번에 바꾸는 것이 아닌, 단계적으로 접근해야 성공 가능성이 높습니다. 파일럿 프로젝트를 통해 DX의 효과를 검증하고, 이를 전체 조직으로 확장하는 방법이 효과적입니다. 이 과정에서 기업은 실패를 최소화하고, 성공적인 사례를 바탕으로 내부의 공감을 얻을 수 있습니다.

**3. 클라우드와 데이터 기반의 의사결정**

디지털 전환의 핵심은 데이터 활용입니다. 클라우드를 통해 데이터를 효율적으로 저장하고, 분석을 통해 얻은 인사이트를 바탕으로 의사결정을 내리는 것이 DX 성공의 중요한 요소입니다. IT 부서는 데이터 기반 의사결정을 위한 시스템을 구축하고, 경영층은 이를 적극 지원해야 합니다.

**4. 조직 문화와 인재 육성**

DX는 기술적인 변화뿐만 아니라 조직 문화의 변화도 필요로 합니다. 직원들이 디지털 도구와 새로운 프로세스를 받아들이고, 이를 적극 활용할 수 있도록 교육과 지원을 제공해야 합니다. 디지털 역량을 갖춘 인재를 육성하고, 새로운 도전에 대한 열린 자세를 가지도록 조직 문화를 변화시키는 것이 중요합니다.

**5. 신뢰할 수 있는 파트너와의 협업**

DX는 기술적인 복잡성이 높고, 성공적인 추진을 위해서는 다양한 전문 지식이 필요합니다. 따라서 기업 내부의 역량만으로는 한계가 있을 수 있습니다. 이때 신뢰할 수 있는 DX 솔루션 제공 파트너와 협업하는 것이 중요합니다. 파트너는 기업의 상황에 맞는 맞춤형 전략을 제안하고, DX 추진 과정에서 발생하는 다양한 문제를 해결하는 데 도움을 줄 수 있습니다.

**디지털 전환의 여정을 함께하겠습니다**

디지털 전환은 단순한 기술 도입을 넘어 기업의 경쟁력을 강화하고 미래를 대비하기 위한 필수적인 과정입니다. 당사는 다양한 산업에서의 성공적인 DX 추진 경험을 바탕으로 각 기업의 상황에 맞는 최적의 솔루션을 제안하고 있습니다. DX의 여정을 함께할 신뢰할 수 있는 파트너를 찾고 계신다면, 언제든지 저희에게 문의해 주세요. 성공적인 디지털 전환을 위한 든든한 동반자가 되어드리겠습니다.

ChatGPT PROMPT

# SNS 게시물 아이디어 작성

SNS게시물 작성도 챗GPT에 도움을 받아서 작성해 보세요. 우선 아이디어를 요청하고 추가 질문을 해 보세요.

## 프롬프트 템플릿

[OOOO]에 관한 다수의 사람들이 관심을 가질 만한 SNS 게시물 아이디어 10개를 생각해 주세요.

## 프롬프트 작성 예시

**AI 활용**에 관한 다수의 사람들이 관심을 가질 만한 SNS 게시물 아이디어 10개를 생각해 주세요.

## 프롬프트 출력 예시

다음은 'AI 활용'에 관한 다수가 관심을 가질 만한 SNS 게시물 아이디어 10개입니다. 다양한 각도에서 AI를 접근하여 많은 사람이 흥미롭게 느낄 수 있도록 구성했습니다.

1. AI가 우리의 일상을 어떻게 바꾸고 있을까요? 일상 속 AI 활용 사례 알아보기!
2. AI를 활용한 시간 절약 꿀팁 5가지 더 스마트하게 일하는 방법!
3. AI 그림 생성기, 여러분도 사용해 보셨나요? 직접 만든 작품을 공유해 보세요!
4. AI가 우리 직업을 대체할까요? 전문가의 의견을 알아봅니다.
5. 챗봇의 비밀을 풀다! 고객 서비스를 AI로 자동화하는 방법은?
6. AI로 작성한 글, 사람과 얼마나 비슷할까요? AI 글쓰기 체험기!
7. AI 음악 작곡기, 나만의 AI 뮤지션 만들기! 직접 작곡해 보는 재미!

8. AI를 활용한 사진 복원: 오래된 사진을 다시 살아나게 하는 기술의 힘!
9. AI 스피커와의 대화, 얼마나 똑똑해졌을까요? 여러분의 AI 스피커 활용법은?
10. AI가 추천해 주는 맞춤형 다이어트 계획, 얼마나 신뢰할 수 있을까?

이 아이디어들은 많은 사람이 AI에 대해 더 쉽게 접근하고 흥미를 가질 수 있도록 실생활의 활용 사례와 재미있는 실험들을 중심으로 구성했습니다. 마음에 드는 아이디어가 있거나 더 구체적인 방향을 원하면 말씀해 주세요.!

ChatGPT PROMPT

# 8.11 SNS 게시물 작성

주제를 생각해 달라는 요청뿐만 아니라 SNS 게시물용 문장도 작성해 달라고 할 수도 있습니다. 결과를 보고 다음 추가 요청을 할 수 있습니다.

**추가 제안**

*좀 더 캐주얼하게 해 주세요.*
*비즈니스 느낌을 더 살려 주세요.*

## 프롬프트 템플릿

다음 내용을 바탕으로 각 SNS용 문장을 작성해 주세요.
[OOOO]은 해시태그도 추가해 주세요.

## 프롬프트 작성 예시

다음 내용을 바탕으로 각 SNS용 문장을 작성해 주세요.
Instagram은 해시태그도 추가해 주세요.

**<내용>**
다음 달 말에 열리는 전시회에서 신모델을 발표합니다.
신모델의 특징은 AI 기능, 아바타 기능, 맞춤화 가능성 향상입니다.
곧 이 계정에서 할인 쿠폰을 배포할 예정입니다.

**<대상 SNS>**
Facebook(300자 정도)
Instagram(200자 정도)
X(100자 정도)

## 챗GPT 출력 예시

- **Facebook(300자 정도)**

  다가오는 전시회에서 저희의 혁신적인 신모델을 발표하게 되어 매우 기쁩니다! 이번 신모델은 AI 기능과 아바타 기능을 탑재하여 사용자 경험을 한층 더 풍부하게 해 줄 뿐만 아니라 맞춤화 가능성도 크게 향상되었습니다. 여러분의 상상력을 현실로 바꿀 이 놀라운 신모델을 전시회에서 직접 만나 보세요! 더불어, 이 페이지에서 곧 할인 쿠폰을 배포할 예정이니 놓치지 마세요! 최신 소식을 받기 위해 팔로우를 유지해 주세요.

- **Instagram(200자 정도)**

  다음 달 말에 열리는 전시회에서 신모델을 공개합니다! AI 기능, 아바타 기능 그리고 더욱 강력해진 맞춤화 가능성을 만나 보세요. 기대되지 않나요? 곧 이 계정에서 특별 할인 쿠폰도 드릴 예정이니 팔로우하시고 최신 소식을 놓치지 마세요!
  #신모델 #AI기능 #아바타기능 #맞춤화 #전시회 #할인쿠폰 #팔로우이벤트 #테크놀로지 #혁신

- **X(100자 정도)**

  다음 달에 열리는 전시회에서 신모델 발표! AI와 아바타 기능, 맞춤화 가능성 향상! 곧 할인 쿠폰도 배포 예정이니 기대하세요!
  #신모델 #AI #전시회

ChatGPT PROMPT

# 8.12 리스크 관리 (SNS 문제 발생 리스크 점검)

SNS 게시물에서 가장 두려운 것은 '논란'입니다. 논란의 리스크는 예상치 못한 곳에서 발생할 수 있습니다. 이때 챗GPT를 활용하여 객관적으로 논란의 가능성을 점검해 보세요. 작성된 글은 겉보기에는 문제가 없어 보이지만, 챗GPT는 다양한 논란의 가능성을 제시합니다. 건강 관련 주장, 오해를 불러일으킬 소지, 과민증 유발 가능성 등 소비자의 기대와의 불일치하는 몇 가지의 리스크를 지적하고 개선 방안까지 제안하는 것을 볼 수 있습니다. 그러나 모든 리스크에 대응해 SNS에 글을 쓸 수는 없지만, 이러한 리스크가 있다는 점을 인식하는 것은 기업에 매우 중요합니다. 스스로 알아차리기 어려운 다양한 리스크를 지적해 줄 수 있는 챗GPT를 적극 활용해 보세요.

## 프롬프트 템플릿

[OOOO]에서 신제품 판매를 알리는 [OOOO]을 했을 때, 다음과 같은 게시물이 논란을 일으키거나 다른 위험 요소가 있다면 알려 주세요.

[내용]

## 프롬프트 작성 예시

**음료 제조업체가 X(Twitter)**에서 신제품 판매를 알리는 **트윗**을 했을 때, 다음과 같은 게시물이 논란을 일으키거나 다른 위험 요소가 있다면 알려 주세요.

건강을 중요하게 생각하는 여러분께 '그린 디톡스 스무디'에 자연의 선물을 가득 담았습니다! 케일, 사과, 셀러리의 힘으로 몸을 리프레시하세요. 비타민과 미네랄이 풍부해 매일의 건강 유지에 딱입니다. 자연의 맛을 그대로, 맛있고 건강을 여러분께.
#그린스무디 #디톡스 #건강 음료

## 챗GPT 출력 예시

이 트윗은 신제품의 긍정적인 측면을 강조하고 있지만, 몇 가지 논란의 소지가 있는 요소나 위험 요소가 있을 수 있습니다. 아래에 문제될 수 있는 부분을 설명드립니다.

**1. 건강 관련 주장**

- '건강 유지에 딱입니다.' 또는 '비타민과 미네랄이 풍부해.'와 같은 문구는 건강에 대한 구체적인 효과를 암시하고 있습니다. 이러한 건강 관련 주장은 규제 기관(예: 식품의약품안전처)에 의해 엄격하게 관리되며, 과학적 증거가 뒷받침되지 않으면 오해를 불러일으킬 수 있어 문제가 될 수 있습니다.
- 특히 '디톡스'라는 표현은 종종 과장된 효과를 암시하는 것으로 여겨질 수 있습니다. 이는 소비자에게 잘못된 기대를 줄 위험이 있으며, 과학적 근거 부족으로 논란의 대상이 될 수 있습니다.

**2. 오해를 일으킬 수 있는 표현**

- '자연의 선물을 가득 담았습니다.'라는 문구는 자연적이라는 점을 강조하지만, 이 표현이 '완전히 무해하다.'거나 '가공되지 않았다.'라는 오해를 일으킬 수 있습니다. 이런 과도한 '자연주의' 강조는 소비자로 하여금 제품이 전적으로 안전하다고 잘못 판단하게 할 가능성이 있습니다.

**3. 과민증 유발 가능성**

- 일부 사람들은 케일, 셀러리, 사과 등에 알레르기 반응을 보일 수 있습니다. 알레르기 유발 가능성에 대한 언급 없이 제품을 '건강에 좋다.'라고만 홍보하는 것은 문제가 될 수 있습니다.

**4. 효과를 일반화한 표현**

- '매일의 건강 유지에 딱입니다.'와 같은 표현은 모든 사람에게 동일한 효과를 보장할 수 있는 것처럼 오해될 수 있습니다. 이는 소비자들에게 과도한 기대를 줄 위험이 있으며, 개별 건강 상태에 따라 효과가 다를 수 있다는 점을 고려하지 않는 일반화된 표현입니다.

■ **개선 방안**:

- **건강 주장에 대한 주의**: 건강 효과를 주장할 때는 '건강에 도움이 될 수 있다.'와 같이 가능성을 언급하거나 '건강을 위한 균형 잡힌 식단의 일부분으로'와 같은 문구를 포함하여 과도한 기대를 줄이는 것이 좋습니다.
- **'디톡스' 표현 대체**: '디톡스' 대신 '상쾌함을 느낄 수 있는 스무디'와 같은 보다 구체적이고 검증 가능하지 않은 표현을 피하는 것이 좋습니다.
- **알레르기 관련 정보 제공**: 주요 알레르기 유발 성분에 대한 언급을 포함하여 안전하게 소비할 수 있는 정보를 제공하는 것이 좋습니다.

ChatGPT PROMPT

# 8.13 웹사이트 구성·내용 작성

웹사이트를 새로 구축하거나 리뉴얼하고 싶을 때도 그 구조나 내용을 챗GPT에게 제안받을 수 있습니다. 어떤 회사인지 지정하여 주므로 상황에 맞는 여러 가지를 제안해 줍니다. 이를 초안으로 웹사이트 구성을 점차 다듬어 나가면 됩니다.

## 프롬프트 템플릿

다음과 같은 웹사이트 구성과 내용을 구상해 주세요.

[내용]

## 프롬프트 작성 예시

다음과 같은 웹사이트 구성과 내용을 구상해 주세요.

- PR 회사의 웹사이트
- 계층은 3단계까지
- 비주얼로 강한 인상을 줄 수 있도록

## 챗GPT 출력 예시

다음은 PR 회사 웹사이트의 구성을 구상한 것입니다. 웹사이트는 사용자 경험을 고려해 비주얼과 정보의 접근성을 최적화하고, 각 계층별로 필요한 내용을 명확하게 배치하여 강한 인상을 줄 수 있도록 설계했습니다.

■ **1단계 홈페이지**

**1. 헤더 및 내비게이션 메뉴**

• **로고**: 회사의 상징적인 로고와 브랜드 아이덴티티를 보여 줌.
• **메뉴**: 주요 메뉴(서비스, 프로젝트, 회사 소개, 블로그, 연락처) 배치
• **CTA 버튼**: [상담 신청하기] 또는 [프로젝트 문의] 버튼을 눈에 띄게 배치

**2. 메인 비주얼 섹션(Hero Section)**
• **이미지 또는 동영상**: 성공적인 PR 캠페인 순간을 포착한 인상적인 사진 또는 짧은 동영상 클립
• **메인 슬로건**: "여러분의 이야기를 세상에 울리다"와 같은 강력한 슬로건
• **CTA 버튼**: [우리와 함께 성공을 만들어 보세요] 버튼 배치

**3. 주요 서비스**
• 각 서비스의 아이콘 및 간단한 설명
  – **미디어 전략**: 브랜드에 맞춘 PR 전략
  – **콘텐츠 제작**: 설득력 있는 콘텐츠 기획 및 제작
  – **이벤트 기획**: 성공적인 브랜드 이벤트와 프로모션

**4. 대표 프로젝트 섹션**
• 이전에 성공한 프로젝트 사례를 큰 이미지와 함께 슬라이드 형태로 소개
• 각 프로젝트에 대한 짧은 설명과 '자세히 보기' 버튼 제공

**5. 고객 평가(Testimonial)**
• 고객들의 긍정적인 피드백을 인용하여 배치. 인물 사진과 함께 신뢰성 강화

**6. 하단 CTA 섹션**
• **상담 문의**: '브랜드의 가치를 세상에 알리고 싶다면, 지금 문의하세요.'라는 메시지와 함께 [상담 신청] 버튼

**7. 푸터(Footer)**
• 회사 연락처, SNS 링크, 뉴스레터 구독 신청 폼 등을 배치

■ **2단계 페이지 구성**

**1. 서비스 페이지**
• **미디어 전략**
  – **섹션 1**: 브랜드 맞춤형 미디어 전략 설명, 시각적인 그래프와 이미지로 주요 접근 방식 표현
  – **섹션 2**: 미디어 성공 사례와 수치 기반의 성과 강조

• **콘텐츠 제작**
  – **섹션 1**: 비주얼 콘텐츠(이미지, 영상)의 중요성을 강조하는 비주얼 자료와 설명
  – **섹션 2**: 스토리텔링과 메시지 전달의 사례 소개

• **이벤트 기획**
  – **섹션 1**: 성공적인 이벤트 사례를 이미지와 함께 설명
  – **섹션 2**: 이벤트의 핵심 요소와 차별화된 접근 방법 설명

2. 프로젝트 페이지

- **대표 프로젝트:** 이전 프로젝트의 상세 설명, 주요 성과 지표, 비포-애프터 이미지 등
- **이미지 갤러리**: 프로젝트 중 이루어진 다양한 순간을 시각적으로 강조

3. 회사 소개 페이지

- **회사 이야기**: 회사의 설립 배경, 미션과 비전을 강조하는 이미지와 간략한 스토리
- **팀 멤버**: 팀 구성원들의 프로필과 주요 경력, 각각의 전문성을 설명하는 비주얼 이미지
- **연혁**: 회사의 주요 연혁을 타임라인 형식으로 시각화

■ **3단계 페이지 구성**

1. **개별 서비스 상세 페이지**

- **미디어 전략 – 상세 내용**
  - **세부 전략 설명**: 목표 설정, 실행 계획, 리포트 제공 등
  - **사용 도구와 기술**: 인포그래픽으로 서비스 제공 과정 설명
- **콘텐츠 제작 – 상세 내용**
  - **콘텐츠 포트폴리오**: 영상, 블로그 글, 소셜 미디어 게시물 등 콘텐츠 유형별 포트폴리오
  - **제작 과정**: 기획부터 배포까지의 과정을 단계별로 설명

2. **블로그 페이지**

- **최신 PR 트렌드**: 최신 PR 및 마케팅 트렌드, 성공적인 캠페인 사례 소개
- **업계 뉴스**: 관련 업계의 주요 뉴스와 분석을 다룬 게시물
- **회사 뉴스**: 회사의 새로운 소식이나 입사 소식, 주요 이벤트 공지

3. **연락처 페이지**

- **연락 양식**: 간단한 상담 요청 폼
- **지도**: 회사 위치를 표시한 지도와 방문 방법 안내
- **문의 정보**: 이메일 주소, 전화번호 등 직접적인 연락처 정보 제공

■ **비주얼 및 디자인 요소**

- **이미지와 영상 활용**: 각 페이지마다 관련성이 높은 고화질 이미지 및 짧은 동영상을 적극 활용하여 시각적인 관심을 유도
- **애니메이션 효과**: 스크롤할 때마다 콘텐츠가 자연스럽게 나타나는 애니메이션으로 다이내믹한 웹사이트 경험 제공
- **일관된 컬러 테마**: 브랜드 컬러와 일치하는 테마로 통일감을 주고, 강조해야 하는 요소는 눈에 띄게 배치

ChatGPT PROMPT

# 8.14 키워드를 넣어 웹사이트 문서 작성

웹사이트에 게시할 글을 작성해 달라고 요청할 수 있습니다. SEO(Search Engine Optimization)를 고려해 특정 키워드를 포함하고 싶을 때 유용합니다.

## 프롬프트 템플릿

다음 키워드를 포함하여 [○○○○] 문장을 작성해 주세요.

**<키워드>**

## 프롬프트 작성 예시

다음 키워드를 포함하여 IT 기업의 웹사이트용 문장을 작성해 주세요.

**<키워드>**
DX(디지털 전환)
혁신
비즈니스 모델 변화
기술 활용
AI(인공지능)

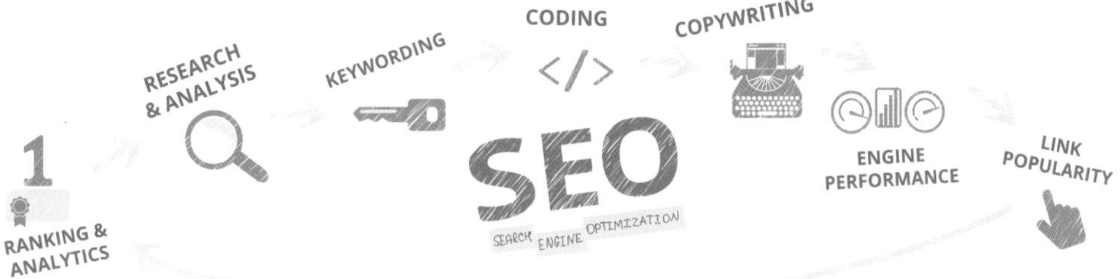

## 챗GPT 출력 예시

다음은 주어진 키워드를 포함하여 작성한 IT 기업 웹사이트용 문장입니다.

"DX(디지털 전환)를 통해 혁신을 이루세요. 저희는 AI(인공지능)와 최신 기술 활용을 바탕으로 비즈니스 모델의 변화를 촉진하여 기업의 경쟁력을 높입니다. 기술의 힘으로 새로운 가치를 창출하고, 미래를 준비하는 혁신적 비즈니스 솔루션을 제공합니다."

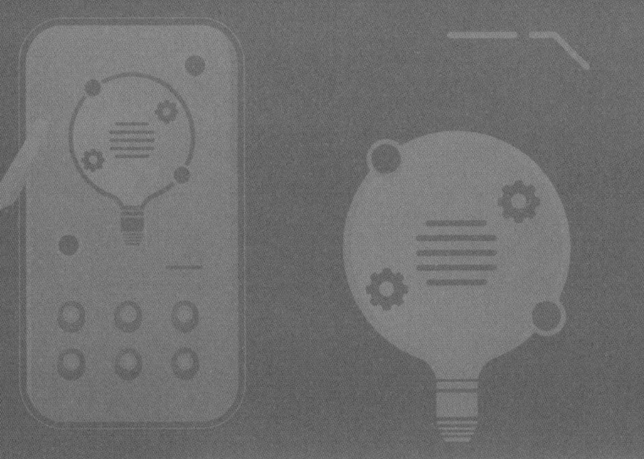

Chapter 9

# 이직·면접 대비에 활용하기

현재 하고 있는 일에 챗GPT를 활용하는 것뿐만 아니라 이직을 고려하고 있는 분들은 이직 준비나 면접 대비에도 챗GPT를 적극 활용할 수 있습니다. 이 장에서는 챗GPT를 직무 경력서 작성, 영문 이력서 작성, 면접 연습 등을 할 수 있습니다.



ChatGPT PROMPT

# 직무 경력서 작성

직무 경력서를 작성하고 싶다면 다음과 같은 프롬프트를 사용할 수 있습니다. 본인이 지원하고자 하는 회사의 채용 공고 정보와 본인의 정보를 추가합니다. 회사가 어떤 인재를 찾고 있는지 구체적으로 작성해 두면, 그에 맞춰 매력적인 직무 경력서를 만들어 줍니다. 여기서는 본인의 정보를 간단히 작성했지만 어필할 수 있는 사항은 항목별로 정리해 두면 좋습니다. 챗GPT가 직무 경력을 세부적으로 작성하는 것을 볼 수 있습니다. 간단히 전달한 정보만으로도 일반적인 마케팅 부서에서 수행할 수 있는 업무 내용을 바탕으로 매력적인 글을 작성해 줍니다. 지원 동기나 자기 PR을 프롬프트에 명시하지 않았음에도 챗GPT는 채용 공고에 맞춘 내용을 이를 작성해 줍니다. 챗GPT가 써 준 내용을 그대로 사용하지는 않아도 형식과 내용을 참고하면 자신의 매력적인 직무 경력서를 작성할 수 있을 것입니다.

**TIP 개인정보를 가공해서 넣기**

본인의 개인정보를 직접 넣지 않고 가공하여 넣어 주세요.

## 프롬프트 템플릿

다음 회사에 채용되기 위해 저의 매력을 최대한 어필할 수 있는 최고의 이력서를 작성해 주세요.

**[경력 채용 모집 정보] [나의 정보]**

## 프롬프트 작성 예시

다음 회사에 채용되기 위해 저의 매력을 최대한 어필할 수 있는 최고의 이력서를 작성해 주세요.

**[경력 채용 모집 정보]**

- 회사명: 비즈 XYZ
- 모집 분야: 데이터 사이언티스트
- 필요 역량: 통계 분석, 머신러닝 알고리즘, 데이터 모델링, 비즈니스 인사이트 도출
- 우대 사항: 관련 분야 4년 이상의 경력, 프로젝트 관리 경험, 영어 및 제2외국어 능력

**[나의 정보]**

- 이름: 홍길동
- 경력 요약: 데이터 사이언스 경력 3년, 프로젝트 관리 경험 3회, 영어 수준: 상, 중국어 수준: 중
- 주요 스킬: Python, R, SQL, Power BI, 데이터 모델링 및 인사이트 도출
- 프로젝트 경험: 1) 사용자 행동 분석 모델 개발, 2) 매출 예측 모델링, 3) 데이터 기반 마케팅 전략 수립
- 자기 소개: 데이터 기반의 인사이트로 비즈니스 문제를 해결하며, 회사의 목표 달성을 위해 창의적이고 실질적인 분석 솔루션을 제공하는 것을 목표로 합니다.

## 챗GPT 출력 예시

**홍길동**
이메일: honggildong@example.com
전화번호: 010-1234-5678
LinkedIn: linkedin.com/in/honggildong
지원 직무: 데이터 사이언티스트

**경력 요약**
데이터 사이언스 경력 3년 동안 다양한 비즈니스 문제를 데이터로 해결해 온 경험이 있습니다. Python, R, SQL 등을 사용한 데이터 분석 및 모델링 능력을 갖추고 있으며, 통계 분석과 머신러닝 알고리즘을 활용해 실질적인 비즈니스 가치를 창출하는 데 주력해 왔습니다. 또한 3회의 프로젝트 관리 경험을 통해 협업과 문제 해결 능력을 쌓아왔으며, 영어 수준(상)과 중국어 수준(중)의 외국어 능력을 보유하고 있어 글로벌 환경에서도 원활한 소통이 가능합니다.

**주요 스킬**

- 프로그래밍 언어: Python, R, SQL
- 데이터 시각화 도구: Power BI
- 데이터 분석 및 모델링: 머신러닝 알고리즘, 통계 분석, 데이터 모델링
- 비즈니스 인사이트 도출: 비즈니스 요구 사항 분석, 인사이트 도출 및 실행 가능한 솔루션 제안
- 언어 능력: 영어(상), 중국어(중)

**프로젝트 경험**

**1. 사용자 행동 분석 모델 개발**

- **목표**: 웹사이트 사용자들의 행동 데이터를 기반으로 이탈률 감소 및 고객 만족도 향상을 위한 맞춤형 전략 수립
- **기술 스택**: Python, SQL, 머신러닝 알고리즘
- **성과**: 분석 결과를 바탕으로 사용자 인터페이스를 개선하여 이탈률 15% 감소

**2. 매출 예측 모델링**

- **목표**: 과거 판매 데이터를 활용해 미래 매출을 예측하고, 비즈니스 의사결정을 지원
- **기술 스택**: R, Power BI, 회귀 분석
- **성과**: 매출 예측 정확도를 85% 이상으로 높여 재고 관리 효율성 20% 향상

**3. 데이터 기반 마케팅 전략 수립**

- **목표**: 고객 세분화 및 타깃 마케팅을 위한 데이터 분석을 통해 최적의 마케팅 전략 수립
- **기술 스택**: Python, R, 클러스터링, Power BI
- **성과**: 타깃팅된 마케팅 캠페인을 통해 신규 고객 전환율 10% 증가

**자기 소개**

저는 데이터로부터 의미 있는 인사이트를 도출하여 비즈니스 문제를 해결하는 것을 즐깁니다. 데이터를 분석하는 데 그치지 않고, 실제로 행동 가능한 솔루션을 제안하고 실행하는 과정에서 큰 성취감을 느낍니다. 비즈 XYZ의 데이터 사이언티스트로서 비즈니스 모델 혁신을 촉진하고, 데이터를 기반으로 전략적 결정을 내릴 수 있는 환경을 만드는 데 기여하고 싶습니다. 데이터로 비즈니스에 긍정적인 변화를 일으키기 위해 제 열정과 경험을 적극 활용하겠습니다.

▶ **연락처**: 채용에 대한 문의 사항이나 추가 정보가 필요하시면 언제든지 연락 주시기 바랍니다.

# 9.2 영문 이력서 작성

외국계 기업에 지원할 때 필요한 영문 CV(커리큘럼 비테, Curricilm Vitae)도 간단히 작성할 수 있습니다. 작성된 내용의 고유명사 등의 표기가 실제 영어 표기와 다를 수 있으므로 반드시 확인하는 것이 좋습니다.

## 프롬프트 템플릿

다음 한국어 이력서를 바탕으로,
[○○○○]을 최대한 어필할 수 있는 최고의 영문 CV를 작성해 주세요.

**【한국어 이력서】**:

## 프롬프트 작서 예시

다음 한국어 이력서를 바탕으로, **저의 매력**을 최대한 어필할 수 있는 최고의 영문 CV를 작성해 주세요.

**<경력 채용 모집 정보>**
- 회사명: ABC IT Solutions
- 모집 분야: 데이터 분석 전문가
- 요구 경력: 3년 이상 관련 업무 경험
- 필수 기술: Python, R, SQL, 데이터 시각화 툴 사용 능력, 통계 분석
- 우대 사항: 머신러닝모델 개발 경험, 대용량 데이터 처리 경험
- 근무지: 서울

【한국어 이력서】:
- 이름: 홍길동
- 연락처: 010-1234-5678 / 이메일: honggildong@example.com
- 학력: ○○○대학교, 컴퓨터공학과 학사
- 경력:
  - XYZ 데이터 분석 회사(2018년 6월~2021년 8월)
    - 데이터 분석 및 시각화 프로젝트 수행
    - Python 및 R을 활용한 데이터 모델링 및 예측 분석
  - LMN IT 기업(2021년 9월 현재)
    - 대용량 데이터 처리 및 머신러닝 모델 개발
    - 데이터 시각화 도구를 활용한 인사이트 도출
  - 기술: Python, R, SQL, 데이터 시각화(Tableau, Power BI), 머신러닝(TensorFlow, scikit-learn)
  - 자격증: 데이터 분석 전문가 자격증(ADsP), SQLD
  - 수상 경력: 데이터 분석 경진 대회 최우수상(2020년)
  - 자기 소개: 데이터 분석 분야에서 5년 이상의 경험을 가지고 있으며, 다양한 프로젝트를 통해 데이터를 활용한 문제 해결 능력을 키웠습니다. 머신러닝 모델 개발과 대용량 데이터 처리에 자신이 있으며, 이를 통해 기업의 데이터 기반 의사결정을 지원해 왔습니다.

## 챗GPT 출력 예시

**Gildong Hong**
**Phone**: +82 10-1234-5678
**Email**: honggildong@example.com
**LinkedIn**: linkedin.com/in/gildonghong

**### Objective**
Experienced data analyst with over 5 years of expertise in data analysis, visualization, and machine learning. Seeking to leverage my skills in data modeling and large-scale data processing to contribute effectively to the success of ABC IT Solutions.

**### Education**
Bachelor of Science in Computer Engineering
OOO University

**### Professional Experience**
Data Analyst

**XYZ Data Analytics Company, June 2018 August 2021**

- Conducted data analysis and visualization projects to provide insights for business decisions.
- Utilized Python and R for data modeling, predictive analytics, and statistical analysis.
- Collaborated with cross-functional teams to deliver data-driven solutions.

**Data Scientist**

LMN IT Company, September 2021 Present

- Developed machine learning models and handled large-scale data processing for various business use cases.
- Extracted meaningful insights using data visualization tools (Tableau, Power BI).
- Designed and implemented data-driven strategies to enhance business performance.

**### Key Skills**

- **Programming Languages**: Python, R, SQL
- **Data Visualization Tools**: Tableau, Power BI
- **Machine Learning**: TensorFlow, scikit-learn
- **Data Analysis**: Statistical analysis, data modeling, predictive analytics
- **Big Data Processing**: Experience with handling and analyzing large datasets

**### Certifications**

- ADsP(Advanced Data Analytics Professional)
- SQLD(SQL Developer Certification)

**### Awards**

- 1st Place, Data Analysis Competition (2020)

**### Projects**

- **Customer Behavior Analysis Model**: Developed a model using Python to analyze customer behavior, resulting in a 15% increase in customer retention.
- **Sales Forecasting**: Created a sales forecasting model with R that improved accuracy by 20%, leading to better inventory management.
- **Marketing Strategy Optimization**: Used data clustering techniques to segment customers and improve targeted marketing campaigns, resulting in a 10% increase in conversion rates.

**### Summary**

I am a dedicated data professional with extensive experience in leveraging data to solve business problems. My expertise includes building machine learning models, processing large datasets, and extracting actionable insights through advanced data analysis techniques. I am passionate about supporting data-driven decision-making and contributing to organizational growth through my skills and experience.

**Contact**: Please feel free to contact me for further information or to discuss how I can contribute to ABC IT Solutions.

ChatGPT PROMPT

# 9.3 면접 연습

직무 경력서나 영문 CV를 작성해 지원한 후에는 챗GPT와 함께 면접 연습도 해 보세요. 그러면 챗GPT는 면접관이 되어 질문을 시작해 줍니다. 질문에 답변하면서 실제 면접을 연습하듯이 진행할 수 있습니다. 일반적인 면접에서 나올 만한 질문들을 해 주기 때문에 이런 질문들을 미리 생각해 보는 것은 훌륭한 면접 연습이 됩니다.

가끔 어려운 질문을 할 수도 있지만, 챗GPT와의 대화에서는 시간을 얼마든지 사용해도 문제가 없습니다. 시간을 충분히 들여 자신이 하고 싶은 말을 잘 정리해 보세요. 또, 예상치 못한 질문이나 의외의 질문을 해 달라는 추가 제안을 할 수도 있습니다.

## 프롬프트 템플릿

당신은 [OOOO]의 채용 담당자입니다. 제가 지원하려는 [OOO] 회사의 제안 영업 담당자 경력 채용 면접의 롤플레이 상대가 되어 주세요. 1차 면접에서 제가 지원자로서 발언을 할 것이며, 당신은 면접관으로서 답변해 주세요. 당신이 질문과 답하는 형식의 롤플레이를 해 보세요.

## 프롬프트 작성 예시

당신은 **중견 IT 기업**의 채용 담당자입니다. 제가 지원하려는 **B2B** 회사의 제안 영업 담당자 경력 채용 면접의 롤플레이 상대가 되어 주세요. 1차 면접에서 제가 지원자로서 발언을 할 것이며, 당신은 면접관으로서 답변해 주세요. 당신이 질문과 답하는 형식의 롤플레이를 해 보세요.

## 챗GPT 출력 예시

- **면접관**: 안녕하세요, 홍길동 님. 오늘 면접에 참석해 주셔서 감사합니다. 간단하게 자기 소개와 왜 저희 회사의 B2B 제안 영업 포지션에 관심을 가지셨는지 말씀해 주시겠어요?
- **지원자**: 안녕하세요, 홍길동입니다. 저는 B2B 제안 영업 분야에서 5년 이상의 경험을 쌓아왔고, 특히 고객사의 요구 사항을 분석해 최적의 솔루션을 제안하고 장기적인 파트너십을 구축하는 일에 열정을 가지고 있습니다. 귀사는 IT 솔루션 분야에서 뛰어난 성과를 보여 주고 있으며, 특히 디지털 전환(DX)과 관련된 혁신적인 솔루션을 제안하는 데 강점이 있다고 알고 있습니다. 저의 경험과 역량이 귀사의 비즈니스 목표를 달성하는 데 기여할 수 있을 것이라 생각하여 지원하게 되었습니다.
- **면접관**: 좋은 소개 감사합니다. 그렇다면, 고객사의 요구를 파악하고 최적의 제안을 만드는 과정에서 가장 중요하다고 생각하시는 것은 무엇인가요?
- **지원자**: 저는 고객사의 요구를 파악하는 데 있어서 경청과 분석이 가장 중요하다고 생각합니다. 고객의 문제와 필요를 충분히 이해하려면 깊이 있는 대화와 경청이 필요합니다. 이를 바탕으로 데이터 분석이나 시장 조사 등을 통해 고객에게 가장 알맞은 솔루션을 제안할 수 있습니다. 특히 고객이 인지하지 못했던 문제점이나 기회를 찾아내어 이를 해결하는 솔루션을 제안하는 것이 고객의 신뢰를 얻는 중요한 포인트라고 생각합니다.
- **면접관**: 맞습니다, 경청은 정말 중요한 요소이죠. 그렇다면 영업 과정에서 어려움을 겪었던 사례와 이를 어떻게 극복했는지 말씀해 주시겠어요?
- **지원자**: 네, 기억에 남는 사례가 하나 있습니다. 이전 회사에서 대형 제조사와의 협상 과정에서 고객사 내부의 의사결정 과정이 복잡해져 계약이 지연된 적이 있었습니다. 고객사의 여러 부서가 각기 다른 요구를 가지고 있었기 때문에 모든 이해 관계자들을 만족시키는 제안을 만드는 것이 큰 도전이었습니다. 이를 해결하기 위해 각 부서의 의견을 세분화하여 그들이 원하는 바를 명확히 하고, 각기 다른 니즈를 충족시킬 수 있는 통합 솔루션을 제시했습니다. 이 과정에서 부서별로 개별 회의를 진행하며 신뢰를 쌓았고, 결과적으로 고객사의 모든 부서가 만족할 수 있는 결과를 이끌어 낼 수 있었습니다.
- **면접관**: 아주 인상적인 접근 방식이네요. 고객사의 다양한 요구를 만족시키기 위해 세심하게 대응하신 점이 좋습니다. 마지막으로, 이 포지션에서 가장 달성하고 싶은 목표는 무엇인가요?
- **지원자**: 이 포지션에서 가장 달성하고 싶은 목표는 고객과의 장기적인 파트너십을 구축하는 것입니다. 단기적인 판매보다도 고객의 비즈니스 성장을 지원함으로써 신뢰 관계를 쌓고, 그 결과로 저희 회사의 성과도 함께 성장하는 것이 저의 목표입니다. 특히 IT 솔루션 분야에서 디지털 전환을 필요로 하는 많은 고객에게 실질적인 가치를 제공함으로써 귀사의 시장 내 위치를 더욱 강화하고 싶습니다.
- **면접관**: 좋은 답변 감사합니다, 홍길동 님. 오늘 면접에서 많은 것을 배울 수 있었습니다. 추가적인 질문은 없으니, 마지막으로 궁금하신 사항이나 문의가 있으실까요?
- **지원자**: 네, 감사합니다. 저는 회사가 향후 어떤 산업군에서 더욱 집중적으로 성장할 계획이 있는지 궁금합니다. 특히 디지털 전환과 관련된 새로운 트렌드나 중점적으로 보고 계시는 분야가 있다면 듣고 싶습니다.
- **면접관**: 좋은 질문이네요. 저희 회사는 특히 제조업과 금융업 분야에서 디지털 전환을 지원하는 데 중점을 두고 있으며, AI와 빅데이터 솔루션을 통해 고객사의 효율성을 높이는 데 주력하고 있습니다. 오늘 면접에 참석해 주셔서 감사합니다. 곧 연락드리겠습니다.
- **지원자**: 네, 감사합니다. 좋은 하루 되세요!

이렇게 면접 롤플레이를 진행해 보았습니다. 추가로 다른 질문이나 상황을 시뮬레이션하고 싶으시면 언제든 말씀해 주세요!

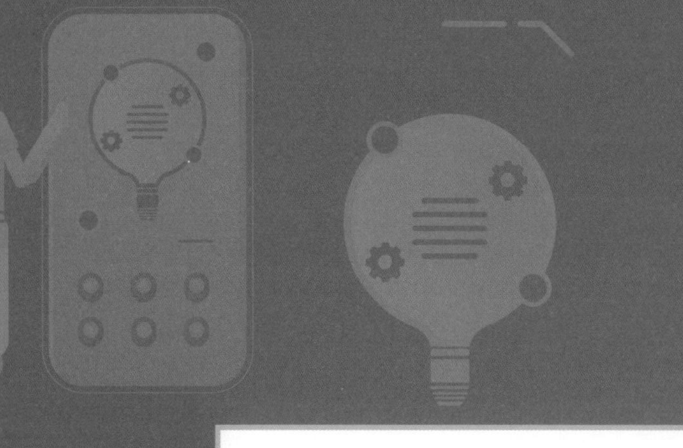

Chapter 10

# 인사·교육에 활용하기

챗GPT는 인사 연수 업무에도 활용할 수 있습니다. 이 장에서는 챗GPT를 구인 광고 작성, 인사 평가 피드백 작성, 연수 제도 수립 및 교육 기획, 워크숍 진행 방법 및 팁 제공, 아이스브레이크 제공 등 여러 방식으로 사용하는 방법을 설명합니다.



ChatGPT PROMPT

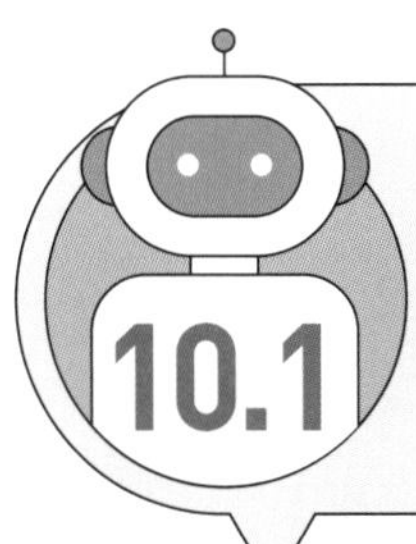


# 구인 광고 작성

채용 공고를 작성할 때는 챗GPT가 채용 컨설턴트의 입장에서 좋은 인재들이 많이 지원할 수 있도록 프롬프트를 사용해 보세요. 프롬프트의 내용에는 회사 개요, 모집 내용, 회사의 강점, 원하는 인재상 등을 적습니다. 이렇게 입력한 프롬프트로 매력적인 채용 공고를 만들어 줍니다. 채용 공고의 작성 방식에 따라 지원자들은 회사의 분위기와 어떤 인재가 적합할지를 판단합니다. 인재는 회사의 미래를 좌우하는 중요한 요소이므로 챗GPT의 도움을 받아 진정으로 원하는 인재를 만날 수 있는 채용 공고를 작성해 보세요.

**TIP 가상의 회사명 넣기**

ABC IT Solutions: 가상의 회사명

## 프롬프트 템플릿

당신은 매우 뛰어난 채용 컨설턴트입니다.
다음 내용을 바탕으로, 당사의 매력을 어필하여 원하는 인재들이 적극적으로 지원하고 싶어하도록 하는 구인 공고를 작성해 주세요.

<회사 개요>
<모집 내용>
<당사의 강점>
<요구하는 인재상>

## 프롬프트 작성 예시

당신은 매우 뛰어난 채용 컨설턴트입니다.
다음 내용을 바탕으로, 당사의 매력을 어필하여
원하는 인재들이 적극적으로 지원하고 싶어 하도록 하는 구인 공고를 작성해 주세요.

**<회사 개요>**

- **회사명**: ABC IT Solutions
- **설립 연도**: 2010년
- **업종**: IT 서비스 및 디지털 트랜스포메이션(DX) 솔루션 제공
- **주요 사업**: 기업용 소프트웨어 개발, 클라우드 솔루션, 데이터 분석 컨설팅
- **회사 규모**: 직원 200명, 글로벌 지사 운영
- **기업 문화**: 자율과 책임을 강조하며, 혁신적인 사고를 지원하는 분위기
- **비전**: '기술로 미래를 연결하다'라는 슬로건 아래 지속 가능한 성장을 추구

**<모집 내용>**

- **채용 부서**: 데이터 분석팀
- **직무**: 데이터 분석 전문가
- **주요 업무**:
  - 데이터 수집, 정제, 분석 및 시각화
  - 기계 학습 모델 개발 및 최적화
  - 고객사의 데이터 활용 전략 제안
- **자격 요건**:
  - 데이터 분석 관련 경력 3년 이상
  - Python, R, SQL 활용 능력
  - 머신러닝 모델 개발 및 데이터 시각화 도구 경험자
  - 데이터 기반 의사결정 및 문제 해결 능력 보유
- **우대 사항**:
  - ADsP, SQLD 등 데이터 관련 자격증 소지자
  - 클라우드 환경에서의 데이터 분석 경험자
- **근무 형태**: 정규직, 유연 근무제
- **근무지**: 서울시 강남구
- **급여**: 면접 후 결정(경력 및 능력에 따른 협의 가능)
- **채용 절차**: 서류 전형 → 1차 면접 → 기술 면접 → 최종 면접

<당사의 강점>

- **시장 선도 기업**: IT 및 DX 분야에서 다수의 성공적인 프로젝트 수행 경험
- **전문성**: 각 분야의 전문가들로 구성된 탄탄한 팀과 협업
- **개발 환경**: 최신 데이터 분석 및 개발 도구 사용 가능(예: Tableau, TensorFlow)
- **교육 및 성장**: 직원들의 전문성 향상을 위한 교육 프로그램과 세미나 지원
- **유연한 근무 환경**: 원격 근무 및 유연 근무제를 통해 일과 삶의 균형을 중시
- **글로벌 네트워크**: 해외 지사와의 협업을 통해 다양한 글로벌 프로젝트 경험 기회

<요구하는 인재상>

- **혁신적인 사고**: 새로운 기술과 아이디어를 빠르게 습득하고 활용할 수 있는 인재
- **팀 플레이어**: 협업을 통해 더 큰 가치를 창출하고자 하는 마인드
- **책임감**: 맡은 일에 대한 주인의식을 가지고 끝까지 추진하는 성실함
- **도전 정신**: 새로운 과제에 주저하지 않고 적극적으로 도전하는 태도
- **커뮤니케이션 능력**: 데이터 분석 결과를 명확하고 설득력 있게 전달할 수 있는 소통 능력

## 챗GPT 출력 예시

**[채용 공고] ABC IT Solutions 데이터 분석 전문가 모집**

ABC IT Solutions는 2010년에 설립된 IT 서비스 및 디지털 트랜스포메이션(DX) 솔루션 제공 기업으로, '기술로 미래를 연결하다'라는 비전을 가지고 지속 가능한 성장을 추구하고 있습니다. 저희는 기업용 소프트웨어 개발, 클라우드 솔루션, 데이터 분석 컨설팅 등 다양한 IT 서비스를 제공하며, 직원 200명과 글로벌 지사를 통해 혁신적인 솔루션을 제공합니다. 자율과 책임을 강조하는 기업 문화 속에서 혁신적인 사고를 자유롭게 펼칠 수 있는 환경을 지원합니다.

**모집 분야**

- **채용 부서**: 데이터 분석팀
- **직무**: 데이터 분석 전문가

**주요 업무**

- 데이터 수집, 정제, 분석 및 시각화
- 기계 학습 모델 개발 및 최적화
- 고객사의 데이터 활용 전략 제안

**자격 요건**

- 데이터 분석 관련 경력 3년 이상
- Python, R, SQL 활용 능력
- 머신러닝 모델 개발 및 데이터 시각화 도구 경험자
- 데이터 기반 의사결정 및 문제 해결 능력 보유

**우대 사항**

- ADsP, SQLD 등 데이터 관련 자격증 소지자
- 클라우드 환경에서의 데이터 분석 경험자

**근무 조건**

- **근무 형태**: 정규직, 유연 근무제
- **근무지**: 서울시 강남구
- **급여**: 면접 후 결정(경력 및 능력에 따른 협의 가능)

**채용 절차**

- 서류 전형 → 1차 면접 → 기술 면접 → 최종 면접

**ABC IT Solutions의 강점**

- **시장 선도 기업**: IT 및 DX 분야에서 다수의 성공적인 프로젝트 수행 경험을 자랑합니다.
- **전문성**: 각 분야의 전문가들로 구성된 팀과의 협업을 통해 성장할 수 있습니다.
- **최신 개발 환경**: 최신 데이터 분석 및 개발 도구 사용 가능(예: Tableau, TensorFlow)
- **교육 및 성장 지원**: 직원들의 전문성 향상을 위한 교육 프로그램과 세미나를 적극 지원합니다.
- **유연한 근무 환경**: 원격 근무 및 유연 근무제를 통해 일과 삶의 균형을 중시합니다.
- **글로벌 네트워크**: 해외 지사와의 협업을 통해 다양한 글로벌 프로젝트 경험 기회를 제공합니다.

**요구하는 인재상**

- **혁신적인 사고**: 새로운 기술과 아이디어를 빠르게 습득하고 활용할 수 있는 인재
- **팀 플레이어**: 협업을 통해 더 큰 가치를 창출하고자 하는 마인드
- **책임감**: 맡은 일에 대한 주인의식을 가지고 끝까지 추진하는 성실함
- **도전 정신**: 새로운 과제에 주저하지 않고 적극적으로 도전하는 태도
- **커뮤니케이션 능력**: 데이터 분석 결과를 명확하고 설득력 있게 전달할 수 있는 소통 능력

**지원 방법**

ABC IT Solutions와 함께 미래를 만들어 나가실 분은 지금 지원해 주세요. 여러분의 데이터 분석 역량을 발휘할 최고의 무대를 제공합니다. 서류 접수는 이메일로 이루어지며, 채용 관련 문의 사항은 아래 연락처로 문의 바랍니다.

**지원 문의**

- **이메일**: hr@abcitsolutions.com
- **전화**: 02-1234-5678

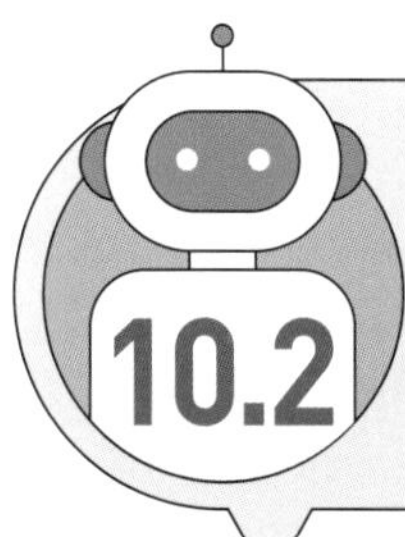


# 인사 평가 피드백 작성

인사 평가 코멘트를 작성하는 것은 해당 업무를 담당하는 상사나 인사 부서에게 상당한 부담이 될 수 있습니다. 미리 평가 데이터를 준비해 두면, 다음과 같은 프롬프트를 통해 초안을 작성할 수 있습니다. '다음 데이터를 바탕으로 인사 평가 코멘트를 작성해 주세요.' 라고 입력한 후 직원 번호, 담당 업무, 정량적 평가, 피드백 포인트, 이번 분기의 주요 사항 등을 정리한 평가 데이터를 첨부합니다. 출력된 코멘트를 보면, 각각의 평가 코멘트가 직원의 감정을 고려하고, 격려와 감사의 내용을 포함하고 있음을 알 수 있습니다. 직원 한 명 한 명에게 더 해 주고 싶은 말이 있을 것이므로 이 초안을 바탕으로 추가하여 완성해 보세요.

## 프롬프트 템플릿

다음 데이터를 바탕으로 인사 평가 코멘트를 작성해 주세요.

<평가 데이터>
**예: 직원 번호, 담당 업무, 정량적 평가, 피드백 포인트, 이번 기수의 주요 포인트 등**

## 프롬프트 작성 예시

다음 데이터를 바탕으로 인사 평가 코멘트를 작성해 주세요.

**<평가 데이터>**

| 직원 번호 | 담당 업무 | 정량 평가 | 피드백 포인트 | 이번 기간의 중점 포인트 |
|---|---|---|---|---|
| 001 | 시스템 개발 | 85 | 코드의 품질 향상이 필요. | 테스트 주도 개발의 도입 |
| 002 | 프로젝트 관리 | 92 | 리더십이 돋보임 | 커뮤니케이션 능력의 향상 |
| 003 | 데이터 분석 | 78 | 데이터 해석의 깊이가 필요 | 새로운 분석 툴의 학습 |
| 004 | 고객 지원 | 88 | 고객 만족도의 더욱 향상 | 고객 피드백의 적극적인 수용 |
| 005 | 마케팅 | 81 | 캠페인 효과 분석을 더 상세히 | ROI(투자 수익률)의 개선 |

## 챗GPT 출력 예시

**직원 인사 평가 코멘트**

**직원 번호**: 001
**담당 업무**: **시스템 개발**
**정량 평가 점수**: 85
이번 평가 기간 동안 시스템 개발 업무에서 안정적인 성과를 보여 주셨습니다. 다만, 코드의 품질 향상에 대한 피드백을 반영하여 테스트 주도 개발(TDD)을 도입해 코드의 신뢰성과 유지 보수성을 높이는 노력이 필요합니다. 앞으로 더 나은 품질의 개발을 기대합니다.

**직원 번호**: 002
**담당 업무**: **프로젝트 관리**
**정량 평가 점수**: 92
프로젝트 관리에서 리더십이 돋보였으며, 팀을 성공적으로 이끌어 높은 성과를 달성하였습니다. 이번 평가 기간에는 특히 커뮤니케이션 능력이 향상된 점이 인상적이었습니다. 앞으로도 팀 내 원활한 소통과 협력을 통해 더 큰 성과를 이루시길 기대합니다.

**직원 번호**: 003
**담당 업무**: **데이터 분석**
**정량 평가 점수**: 78
데이터 분석 업무에서 꾸준한 노력을 보여 주셨으나, 데이터 해석의 깊이를 더하는 부분이 필요합니다. 이번 평가 기간 동안 새로운 분석 툴을 학습하여 보다 정교한 분석과 인사이트 도출 능력을 키우는 데 집중해 주시면 좋겠습니다. 발전을 기대합니다.

**직원 번호**: 004
**담당 업무**: **고객 지원**
**정량 평가 점수**: 88
고객 지원 업무에서 뛰어난 성과를 보이며, 고객 만족도를 높이는 데 크게 기여하셨습니다. 앞으로 고객 피드백을 더욱 적극적으로 수용하여 고객의 요구에 더욱 밀착된 지원을 제공하는 데 힘써 주시길 바랍니다. 좋은 성과를 이어 가시길 기대합니다.

**직원 번호**: 005
**담당 업무**: **마케팅**
**정량 평가 점수**: 81
마케팅 캠페인에서 성과를 보여 주셨으며, 캠페인 효과 분석에도 적극적으로 임하셨습니다. 다만, 캠페인 효과 분석을 보다 상세하게 진행하여 ROI(투자 수익률) 개선에 초점을 맞추는 것이 필요합니다. 이를 통해 마케팅 성과를 더욱 향상시키는 노력을 기대합니다.

ChatGPT PROMPT

# 연수 제도 수립

연수 제도 작성에도 챗GPT를 활용할 수 있습니다. 다음과 같은 프롬프트를 입력해 보세요. 직원 계층별로 교육 제도를 마련할 수 있으며, 교육의 목적에 맞게 작성을 할 수 있습니다. 그러면 경영자, 관리자, 신입 직원으로 나누어 각각의 목적에 맞는 교육을 제안해 줍니다. 예를 들어, 경영진 교육에서는 리더십과 혁신, 디지털 전환, 지속 가능 경영, 외부 강사의 특별 세미나 등 회사에 따라 더 세분화된 계층이 있을 수 있습니다. 이 경우, 각 계층을 어떤 기준으로 정의하는지 챗GPT에게 자세히 설명하면, 그에 맞는 교육을 제안해 줍니다. '반기마다 각 계층별 교육을 설계하고, 표 형식으로 정리해 주세요.'라고 추가 요청하면, 표 형식으로도 깔끔하게 정리해 줍니다.

교육 기획 팀과 이 표를 공유하고, 이를 기반으로 교육 기획을 진행해 보세요. 경영진의 인식 전환을 목적으로 한 4가지 교육을 제안했습니다. 이는 지금 시대의 경영진에게 꼭 필요한 내용을 포함하고 있습니다.

**추가 제안**

*반기마다 각 계층별 교육을 설계하고, 표 형식으로 정리해 주세요.*

## 프롬프트 템플릿

다음 직원 계층별로 교육 제도를 마련해 주세요.
경영자, 관리자, 신입 직원

- 목적: **[경영층의 의식 개혁, 관리자급의 코칭 능력 및 관리 스킬 향상, 신입 직원의 IT 및 비즈니스 스킬 향상]**

## 프롬프트 작성 예시

다음 직원 계층별로 교육 제도를 마련해 주세요.
– 경영자
– 관리자
– 신입 직원

- **목적: 경영층의 의식 개혁, 관리자급의 코칭 능력 및 관리 스킬 향상, 신입 직원의 IT 및 비즈니스 스킬 향상**

## 챗GPT 출력 예시

**직원 계층별 교육 제도**

**1. 경영자 교육 제도**
- **목적**: 경영층의 의식 개혁
- **리더십 혁신 워크숍**: 변화하는 경영 환경에서 요구되는 혁신적 리더십을 개발하고, 디지털 트랜스포메이션 및 지속 가능한 성장 전략을 논의하는 워크숍을 운영합니다.
- **디지털 트랜스포메이션 교육**: 디지털 기술이 비즈니스에 미치는 영향을 이해하고, 이를 통해 기업의 경쟁력을 높일 수 있는 방안을 탐색합니다.
- **경영 사례 연구**: 성공적인 기업의 혁신적인 경영 사례를 학습하여 새로운 비즈니스 모델을 도입하고, 경영 방침을 개선하는 인사이트를 얻습니다.

**2. 관리자 교육 제도**
- **목적**: 관리자급의 코칭 능력 및 관리 스킬 향상
- **코칭 및 멘토링 프로그램**: 부하 직원의 성장을 도울 수 있는 코칭 기술과 멘토링 능력을 개발합니다. 이를 통해 직원들이 자율적으로 업무를 수행하고 성과를 내도록 돕습니다.
- **퍼포먼스 관리 교육**: 목표 설정, 성과 평가, 피드백 제공 등 퍼포먼스 관리 스킬을 향상시키는 교육을 통해 팀의 성과를 극대화합니다.
- **갈등 관리 및 의사소통 훈련**: 팀 내 갈등 상황을 효과적으로 해결하고, 원활한 의사소통을 통해 팀워크를 강화하는 방법을 학습합니다.

**3. 신입 직원 교육 제도**
- **목적**: 신입 직원의 IT 및 비즈니스 스킬 향상
- **기초 IT 교육**: Python, SQL 등 데이터 분석 및 프로그래밍 언어의 기초를 학습하여 디지털 역량을 키웁니다.
- **비즈니스 매너 및 기초 업무 교육**: 회사 생활에 필요한 비즈니스 매너, 보고서 작성법, 업무 프로세스 이해 등 기본적인 비즈니스 스킬을 익힙니다.
- **멘토링 프로그램**: 선배 직원과의 멘토링을 통해 회사 문화와 업무 프로세스에 빠르게 적응하고, 업무 수행 능력을 향상시킵니다.

*반기마다 각 계층별 교육을 설계하고, 표 형식으로 정리해 주세요.*

**직원 계층별 교육 제도**(반기별 설계)

| 계층 | 교육명 | 교육 내용 | 일정 |
|---|---|---|---|
| 경영자 | 리더십 혁신 워크숍 | 혁신적 리더십 개발, 디지털 트랜스포메이션 전략 논의 | 상반기 |
| | 디지털 트랜스포메이션 교육 | 디지털 기술의 비즈니스 영향 이해 및 활용 방안 탐색 | 하반기 |
| | 경영 사례 연구 | 성공적인 기업의 혁신 사례 학습 및 경영 방침 개선 인사이트 | 상반기, 하반기 |
| 관리자 | 코칭 및 멘토링 프로그램 | 부하 직원의 성장을 위한 코칭 기술 및 멘토링 능력 개발 | 상반기 |
| | 퍼포먼스 관리 교육 | 목표 설정, 성과 평가, 피드백 제공 등 퍼포먼스 관리 스킬 | 하반기 |
| | 갈등 관리 및 의사소통 훈련 | 팀 내 갈등 해결 및 원활한 의사소통을 통한 팀워크 강화 | 상반기, 하반기 |
| 신입 직원 | 기초 IT 교육 | Python, SQL 등 기초 프로그래밍 언어 학습 | 상반기 |
| | 비즈니스 매너 및 기초 업무 교육 | 비즈니스 매너, 보고서 작성법, 업무 프로세스 이해 | 하반기 |
| | 멘토링 프로그램 | 선배 직원과의 멘토링을 통해 회사 문화 및 업무 적응 | 상반기, 하반기 |

# 10.4 연수 교육 기획

연수의 주제가 정해지면 다음으로는 구체적인 내용을 기획해야 합니다. 이 과정에서도 챗GPT의 도움을 받을 수 있습니다. 다음 프롬프트를 넣어 주면 챗GPT는 세미나 제목부터 교육 형식 및 구체적인 내용까지 아래와 같이 제안해 줍니다. 내용을 살펴보면 코칭과 멘토링의 기본 원칙, 효과적인 소통과 경청 스킬, 동기 부여를 위한 피드백 기술, 목표 설정 및 달성을 위한 코칭 플랜 수립, 사례 연구, 성공 및 실패 사례 분석, 개인 행동 계획 수립, 학습한 스킬을 현장에서 적용하기 위한 계획으로 이어지는 구성이 나옵니다. 기본 강의에서 시작해 마지막에는 실무 적용까지 이어지는 매우 효과적인 교육이 될 것입니다. 외부 강사에게 맡기는 경우에도 원하는 내용이 포함되도록 요청해 교육의 효과를 극대화할 수 있습니다. 또한, 내부에서 교육을 진행할 때도 이와 같은 내용을 토대로 내부 강사가 구체적인 교육 내용과 자료를 준비할 때 챗GPT와 함께할 수 있습니다. 기획 업무에 꼭 활용해 보세요.

## 프롬프트 템플릿

다음 내용을 바탕으로 교육을 기획해 주세요.
목적을 달성하기 위해 최대의 효과를 발휘할 수 있는 형식과 내용을 구성해 주시고, 세미나 제목도 제안해 주세요.

<개요>
<목적>
<대상자>
<강사>

## 프롬프트 작성 예시

다음 내용을 바탕으로 교육을 기획해 주세요.
목적을 달성하기 위해 최대의 효과를 발휘할 수 있는 형식과 내용을 구성해 주시고, 세미나 제목도 제안해 주세요.

〈개요〉 코칭 스킬과 멘토링 방법
〈목적〉 팀 역량 향상을 위한 코칭 능력 강화
〈대상자〉 관리자급 직원
〈강사〉 인재 개발 컨설턴트 홍길동

## 챗GPT 출력 예시

**교육 기획안**: 관리자급 직원의 코칭 스킬과 멘토링 방법 강화
**세미나 제목**: '팀 역량을 극대화하는 코칭과 멘토링의 기술'
**목적**: 팀 역량 향상을 위한 관리자급 직원의 코칭 능력 및 멘토링 기술을 강화하여 구성원들이 자율적이고 효과적으로 업무를 수행할 수 있는 환경을 구축합니다.
**대상자**: 관리자급 직원
**강사**: 인재 개발 컨설턴트 홍길동

---

**교육 형식 및 내용 구성**

1부: **코칭의 중요성과 기본 원리(세미나 형식, 60분)**
- **내용**: 코칭이 팀의 성과와 조직 문화에 미치는 영향 및 기본 원리
- **형식**: 이론 강의 + 사례 발표
- **목표**: 코칭이 팀의 성과에 어떻게 기여하는지 이해하고, 효과적인 코칭을 위한 기본적인 원칙을 습득합니다.

2부: **실습을 통한 코칭 스킬 개발(워크숍 형식, 90분)**
- **내용**: 코칭 대화 모델(GROW 모델 등)과 코칭 스킬 실습
- **형식**: 소그룹 실습 및 피드백 세션
- **목표**: 실제 상황을 가정한 실습을 통해 코칭 스킬을 체득하고, 피드백을 받으며 개선점을 발견합니다.

3부: **멘토링의 역할과 전략(세미나 + 토론, 60분)**
- **내용**: 멘토링의 중요성과 효과적인 멘토링 전략
- **형식**: 강의 + 패널 토론(참가자와 강사 간의 질의 응답 포함)
- **목표**: 멘토링이 개인 및 팀 성과에 미치는 긍정적인 영향을 이해하고, 멘토링의 효과적인 진행 방법을 학습합니다.

4부: **코칭과 멘토링을 통합한 팀 관리 전략(실습 + 사례 분석, 90분)**
- **내용**: 코칭과 멘토링을 활용한 팀 역량 강화 전략
- **형식**: 사례 분석 및 팀별 전략 수립 워크숍

- **목표**: 코칭과 멘토링을 통합하여 팀을 효과적으로 이끄는 방법을 학습하고, 이를 통해 팀 관리 전략을 수립합니다.

---

**교육 결과 기대 효과**

- 관리자급 직원들이 팀 구성원들의 성장을 지원할 수 있는 코칭 및 멘토링 기술을 습득함으로써 팀의 자율성과 성과를 동시에 높일 수 있는 환경 조성
- 구성원들이 스스로 문제를 해결하고, 목표를 설정하며, 발전할 수 있도록 돕는 코칭과 멘토링 문화를 조직 내에 정착시키는 기초 마련

**세미나 일정**: 1일, 총 5시간
**장소**: 본사 교육 센터, 회의실 B

ChatGPT PROMPT

# 10.5 워크숍 진행 방법 및 팁 제공

참여형 워크숍을 사내에서 진행하는 데는 다양한 방법이 있습니다. 챗GPT에 효과적인 워크숍을 위한 팁과 진행 방법을 물어 볼 수 있습니다. 워크숍 준비를 위한 프롬프트를 넣으면 챗GPT가 사전 준비부터 세부적인 진행 방법 그리고 워크숍의 성공적인 팁까지 제시해 줍니다.

이 워크숍은 직원들의 커뮤니케이션 스킬 향상을 목적으로 하기 때문에 커뮤니케이션 스킬에 대한 짧은 강의도 포함되며, 최대한 많은 실습을 통해 실제 커뮤니케이션 연습을 할 수 있도록 구성되어 있습니다. 워크숍을 진행하는 퍼실리테이터(Facilitator, 개인이나 집단의 문제 해결 능력을 키워 주고 조절함으로써 조직체의 문제와 비전에 대한 자신의 해결책을 개인이나 집단으로 하여금 개발하도록 자극하고 돕거나 교육 훈련 프로그램의 실행 과정에서 중재 및 조정 역할을 담당하는 사람)의 역할이나 진행 스크립트도 작성해 줄 수 있으므로 필요에 따라 도움을 받아 보세요.

## 프롬프트 템플릿

**[워크숍 대상 및 주제]** 위해 30명을 대상으로 1시간 동안 워크숍을 진행합니다. 효과적인 워크숍을 만들기 위한 요령과 진행 방법을 알려 주세요.

## 프롬프트 작성 예시

**직원의 커뮤니케이션 스킬 향상**을 위해 30명을 대상으로 1시간 동안 워크숍을 진행합니다. 효과적인 워크숍을 만들기 위한 요령과 진행 방법을 알려 주세요.

## 챗GPT 출력 예시

**커뮤니케이션 스킬 향상을 위한 1시간 워크숍 기획안**

**목표**: 30명의 직원이 커뮤니케이션 스킬을 효과적으로 향상시키기 위해 이론과 실습을 결합한 워크숍을 통해 자신감과 소통 능력을 강화합니다.

**워크숍 진행 요령 및 방법**

**1. 아이스브레이킹(10분)**

- **목적**: 참가자들의 긴장을 풀고 서로의 이름을 익히며 워크숍 분위기를 부드럽게 만듭니다.
- **방법**: 참가자들이 서로 짝을 이루어 자신의 이름, 담당 업무 그리고 현재 커뮤니케이션에서 겪는 가장 큰 어려움을 간단히 소개합니다. 이후 각자 짝의 이야기를 공유하여 전체 그룹이 자연스럽게 연결될 수 있도록 합니다.

**2. 커뮤니케이션 기본 원칙 소개(10분)**

- **목적**: 커뮤니케이션의 중요성과 기본 원칙을 이해합니다.
- **방법**: 강사가 커뮤니케이션의 기본 요소(경청, 명확한 표현, 비언어적 요소 등)에 대해 간단히 설명합니다. 시각 자료(슬라이드)를 사용해 내용을 명확하게 전달하며, 일상에서의 예시를 통해 참가자들이 쉽게 공감할 수 있도록 합니다.

**3. 소그룹 활동 경청 연습(15분)**

- **목적**: 경청 능력을 향상시키고, 적극적인 듣기의 중요성을 체험합니다.
- **방법**: 참가자들을 3명씩 소그룹으로 나누고, 한 명이 주어진 주제에 대해 이야기하는 동안 나머지 두 명이 경청하는 연습을 진행합니다. 경청 중에는 상대방의 말에 대해 질문하지 않고 고개 끄덕임, 눈 맞춤 등 비언어적 경청을 실습합니다. 이야기가 끝난 후 이야기한 사람이 경청받은 느낌에 대해 피드백을 제공합니다.

**4. 비언어적 커뮤니케이션 실습(10분)**

- **목적**: 비언어적 요소가 커뮤니케이션에서 차지하는 비중을 이해하고 이를 활용하는 방법을 학습합니다.
- **방법**: 참가자들이 파트너와 짝을 지어 같은 문장을 서로 다른 표정과 제스처로 전달하는 연습을 합니다. 예를 들어, '이건 정말 멋진 아이디어예요.'라는 문장을 긍정적인 표정과 부정적인 표정으로 각각 전달하여 비언어적 표현의 차이를 체험하게 합니다.

**5. 피드백 연습(10분)**

- **목적**: 효과적인 피드백 제공 및 수용 방법을 학습합니다.
- **방법**: 참가자들이 두 명씩 짝을 이루어 간단한 발표나 이야기 후 피드백을 주고받습니다. 강사는 긍정적인 피드백과 발전적인 피드백의 예시를 제시하고, 참가자들이 서로 피드백을 주고받는 연습을 하도록 돕습니다.

**6. 질의 응답 및 정리(5분)**

- **목적**: 워크숍에서 배운 내용을 정리하고 추가적인 질문을 통해 이해도를 높입니다.
- **방법**: 참가자들에게 워크숍에서 느낀 점이나 질문을 간단히 이야기하게 하고, 강사가 핵심 내용을 다시 요약합니다. 이후 각자 일상 업무에 적용할 수 있는 1가지 커뮤니케이션 목표를 설정하도록 유도합니다.

**효과적인 워크숍을 만들기 위한 요령**

1. **참여 유도**: 워크숍 내내 참가자들이 적극적으로 참여할 수 있도록 다양한 실습과 활동을 배치합니다.
2. **시간 관리**: 각 세션의 시간을 철저히 관리하여 워크숍이 계획된 시간 내에 효과적으로 진행되도록 합니다.
3. **실제 업무 연관성 강조**: 참가자들이 실습을 통해 배운 내용을 실제 업무에 바로 적용할 수 있도록 실제 사례나 업무와의 연관성을 강조합니다.
4. **긍정적인 피드백**: 참가자들에게 적극적이고 긍정적인 피드백을 제공하여 자신감을 높이고, 배움의 동기를 부여합니다.
5. **편안한 분위기 조성**: 아이스브레이킹과 그룹 활동을 통해 편안하고 자유로운 소통의 분위기를 조성합니다.

이 워크숍은 참가자들이 커뮤니케이션 스킬을 자연스럽게 습득하고, 일상 업무에서 적용할 수 있도록 설계되었습니다. 효과적인 진행을 통해 참가자들이 자신감과 소통 능력을 강화할 수 있도록 지원합니다.

ChatGPT PROMPT

# 아이스브레이크 제공

워크숍이나 교육의 시작에서 참가자들이 서로 자기 소개를 하고, 안전하고 편안한 분위기를 조성하면 효과가 더욱 높아집니다. 단순히 자기 소개만 하는 것보다 말하기 쉬운 분위기를 만들기 위한 재미있는 아이스브레이크 활동을 추가하면 더욱 효과적입니다.

이때 아이스브레이크 방법을 챗GPT에 물어 보는 것도 좋습니다. 시간, 인원, 워크숍의 목적도 함께 전달하는 것이 좋습니다. 챗GPT는 요청한 수만큼 아이스브레이크 방법을 제안해 줄 것입니다. 또한, '다른 아이스브레이크 10개를 더 제안해 주세요.'라고 요청하면, 새로운 아이디어를 추가로 받을 수 있습니다. 그중에서 시도해 보고 싶은 것이 있으면, 더 구체적인 방법이나 아이스브레이크 진행 시의 팁을 물어 볼 수도 있습니다.

## 프롬프트 템플릿

**[주제, 내용 등 구체적으로 작성]** 아이스브레이크를 진행합니다.
효과적인 아이스브레이크를 10가지 제안해 주세요.

## 프롬프트 작성 예시

**직원의 커뮤니케이션 스킬 향상을 위해 30명을 대상으로 1시간 동안 워크숍을 진행합니다. 그 시작 부분에서 말하기 쉬운 분위기를 만들기 위해 약 5분 정도** 아이스브레이크를 진행합니다.
효과적인 아이스브레이크를 10가지 제안해 주세요.

## 챗GPT 출력 예시

**직원 커뮤니케이션 스킬 향상을 위한 워크숍 아이스브레이크 제안(5분)**

**1. 2가지 진실과 1가지 거짓**
각 참가자가 자신에 대한 2가지 진실과 1가지 거짓을 말하고, 다른 참가자들이 거짓이 무엇인지 맞혀 보는 활동입니다. 서로에 대해 재미있게 알아갈 수 있습니다.

**2. 속담 완성하기**
참가자들에게 잘 알려진 속담의 앞부분을 제시하고, 각자 뒷부분을 자신만의 방식으로 창의적으로 완성해 보게 합니다. 그 결과를 모두와 공유하여 웃음을 유도합니다.

**3. 성격 유형 나누기**
참가자들을 성격에 따라 그룹으로 나누어 봅니다(예: 아침형 인간 vs. 저녁형 인간, 고양이파 vs. 개파). 빠르게 각자의 성향을 밝히고 서로를 이해하는 시간을 가집니다.

**4. 주제별 질문 던지기**
"만약 하루 동안 다른 직업을 가질 수 있다면?"과 같은 가벼운 질문을 던지고, 참가자들이 짧게 대답하도록 합니다. 공통점이나 흥미로운 이야기를 발견할 수 있습니다.

**5. 이름으로 연결 짓기**
참가자들이 자신의 이름과 그 이름의 첫 글자로 시작하는 특징이나 단어를 함께 말합니다(예: "저는 민호이고, '명랑한 민호'라고 기억하시면 됩니다"). 이를 통해 서로의 이름을 쉽게 기억할 수 있습니다.

**6. 종이비행기 던지기**
각자 종이비행기에 자기 소개나 질문을 적고 비행기를 날려서 받습니다. 받은 사람이 해당 내용을 읽고 대답하면서 자연스럽게 대화를 시작하게 합니다.

**7. 3단계 박수**
참가자들이 원을 만들어 서서 강사가 박수를 세 번 치면, 각 참가자는 자신의 오른쪽 사람과 동시에 하이파이브를 하고 자신을 소개합니다. 이를 통해 짧은 시간 안에 모두와 인사를 나눌 수 있습니다.

**8. 감정 이모티콘 표현하기**
참가자들이 오늘의 기분을 이모티콘으로 표현하고, 간단하게 그 이유를 설명해 봅니다. 이를 통해 현재의 감정 상태를 서로 공유하며 분위기를 편안하게 만듭니다.

**9. 공통점 찾기**
짝을 이루어 짧은 시간 내에 둘 사이의 공통점을 3가지 찾아보게 하고, 그 공통점을 전체와 공유합니다. 이를 통해 서로 간의 연결성을 쉽게 발견할 수 있습니다.

**10. 가상 시간 여행**

'10년 후의 나에게 보내는 편지'와 같은 주제를 설정하고, 각자 그 상황을 상상하여 짧게 이야기합니다. 이를 통해 창의력과 재미 요소를 더하고 자유롭게 말하기 쉬운 분위기를 조성합니다.

이 아이스브레이크 활동들은 참가자들이 서로 편하게 말할 수 있는 분위기를 만들고, 자연스럽게 대화를 시작하도록 돕습니다.

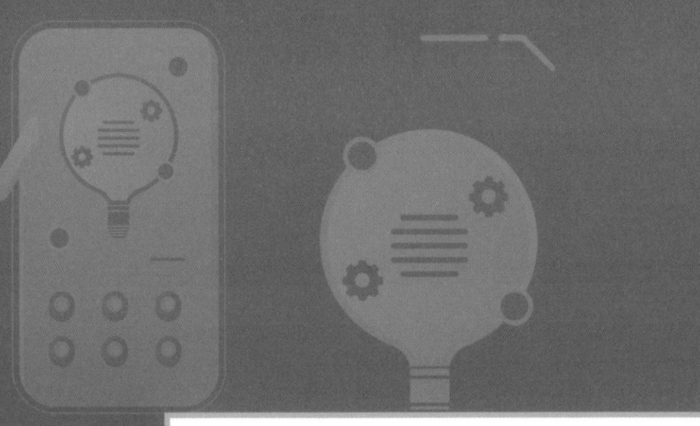

Chapter 11

# IT 관련 업무에 활용하기

챗GPT는 IT 관련 업무에도 활용할 수 있습니다. 프로그래밍에도 도움을 받을 수 있지만, 여기서는 다루지 않겠습니다. 이 장에서는 일반적인 비즈니스 상황에서 자주 발생하는 문제 해결에 활용하는 방법을 설명합니다. 예를 들어, 엑셀 함수 사용법을 배우거나 엑셀 매크로 작성법, 적합한 그래프 형식 선택, 유용한 IT 도구 추천, 여러 IT 도구를 비교하는 방법 등을 챗GPT에 물어 볼 수 있습니다.



ChatGPT PROMPT

# 에러 해결

오류 해결에 대한 부분입니다. 예를 들어 워드프레스에 로그인하려고 했는데, 에러가 발생하여 로그인이 안될 때, 챗GPT에 상담해 보세요. 여러 가지 문제 해결 방법을 제시해 줄 것입니다. 구체적인 에러 메시지가 나타난 경우, 이를 프롬프트에 포함시키면 더욱 정확한 답변을 받을 수 있습니다.

## 프롬프트 템플릿

Wordpress에 로그인하려고 했지만, 오류가 발생해 로그인할 수 없습니다.

**[에러 내용이나 자세한 상황을 기재해 주세요.]**

## 프롬프트 작성 예시

Wordpress에 로그인하려고 했지만, 오류가 발생해 로그인할 수 없습니다.

로그인 버튼을 클릭하면 페이지가 새로 고침되거나 로그인 페이지로 다시 이동하는 문제가 발생합니다. 비밀번호나 사용자명 입력에 오류는 없지만, 정상적으로 로그인되지 않습니다.

## 챗GPT 출력 예시

이 문제는 주로 세션 쿠키 설정 문제 또는 리다이렉션 설정 오류와 관련이 있을 수 있습니다. 다음 해결 방법을 순서대로 시도해 보세요.

**1. 브라우저 캐시 및 쿠키 삭제**

캐시와 쿠키 문제로 인해 세션이 제대로 저장되지 않을 수 있습니다. 먼저 사용 중인 브라우저에서 캐시와 쿠키를 모두 삭제한 후 다시 로그인해 보세요.

**2. 브라우저 확장 프로그램 비활성화**

브라우저에 설치된 특정 확장 프로그램이 충돌을 일으켜 로그인 문제를 유발할 수 있습니다. 모든 확장 프로그램을 일시적으로 비활성화한 후 다시 시도해 보세요.

**3. 플러그인 충돌 확인**

WordPress 관리자 페이지에 접근할 수 없으므로 FTP나 호스팅 파일 관리자에 접속해 /wp-content/plugins 폴더의 이름을 임시로 변경하여 모든 플러그인을 비활성화합니다. 그런 후 로그인 문제 해결을 확인해 보세요. 문제가 해결되면 다시 하나씩 활성화하여 어떤 플러그인이 원인인지 확인할 수 있습니다.

**4. 기본 테마로 변경**

테마에서 문제가 발생했을 수도 있습니다. /wp-content/themes 폴더에서 현재 사용 중인 테마의 폴더 이름을 변경해 기본 테마(예: Twenty Twenty-Three)로 전환해 보세요. 문제가 해결되면 테마의 설정을 검토해 보세요.

**5. wp-config.php 파일에서 쿠키 설정 추가**

wp-config.php 파일을 열고 다음 코드를 추가하여 쿠키 문제가 발생하지 않도록 설정해 보세요.

```
define('COOKIE_DOMAIN', ' ');
```

6. .htaccess 파일 초기화

WordPress의 .htaccess 파일이 리다이렉션 설정으로 인해 문제가 발생할 수 있습니다. .htaccess 파일을 백업한 후 기본 WordPress 규칙만 남겨 초기화해 보세요.

```
# BEGIN WordPress
<IfModule mod_rewrite.c>
RewriteEngine On
RewriteBase /
RewriteRule ^index\.php$ [L]
RewriteCond %{REQUEST_FILENAME} !-f
RewriteCond %{REQUEST_FILENAME} !-d
RewriteRule . /index.php [L]
</IfModule>
# END WordPress
```

**7. 호스팅 지원팀에 문의**

위 방법으로도 문제가 해결되지 않는다면, 서버의 세션 설정이나 방화벽 정책이 영향을 미칠 수 있습니다. 이 경우 호스팅 지원팀에 문의해 문제가 될 수 있는 부분을 확인 요청하세요.

이 방법을 차례로 시도하여 문제를 해결해 보길 바랍니다.

# 11.2 Excel 함수 설명

엑셀 함수가 기억나지 않거나 유용한 함수가 있을 것 같은데 생각나지 않을 때는 구체적으로 물어 보세요. F 열에 'A'가 입력되면 '성공', 'B'가 입력되면 '실패', 그 외의 경우에는 빈칸을 표시하는 Excel 함수는 무엇인가요? 이렇게 원하는 작업을 기반으로 질문할 수 있습니다. 그러면 챗GPT가 엑셀 함수를 알려 주며, 제공된 '복사 코드'를 클릭하면 엑셀에 바로 복사해 붙여 넣기할 수 있어 편리합니다.

## 프롬프트 템플릿

[엑셀 사용 시 발생하는 질문 입력]

## 프롬프트 작성 예시

F 열에 'A'가 입력되면 '성공', 'B'가 입력되면 '실패',
그 외의 경우에는 빈칸을 표시하는 Excel 함수는 무엇인가요?

## 챗GPT 출력 예시

엑셀에서 F열의 값을 기준으로 조건에 따라 결과를 표시하려면 다음 수식을 사용할 수 있습니다.

excel 코드 복사

```
=IF(F1="A", "성공", IF(F1="B", "실패", " "))
```

**수식 설명**:

1. **F1="A"**: F1 셀의 값이 "A"인지 확인합니다.
   - 참(True)일 경우 "성공"을 반환합니다.
1. **IF(F1="B", "실패", "")**: 첫 번째 조건이 거짓(False)일 경우, F1의 값이 "B"인지 확인합니다.
   - 참(True)일 경우 "실패"를 반환합니다.
   - 거짓(False)일 경우 빈칸("")을 반환합니다.

이 수식을 F열의 첫 번째 데이터 셀(F1)에 입력한 후 아래로 복사하면 해당 열의 모든 데이터를 조건에 맞게 처리할 수 있습니다.

메시지 ChatGPT

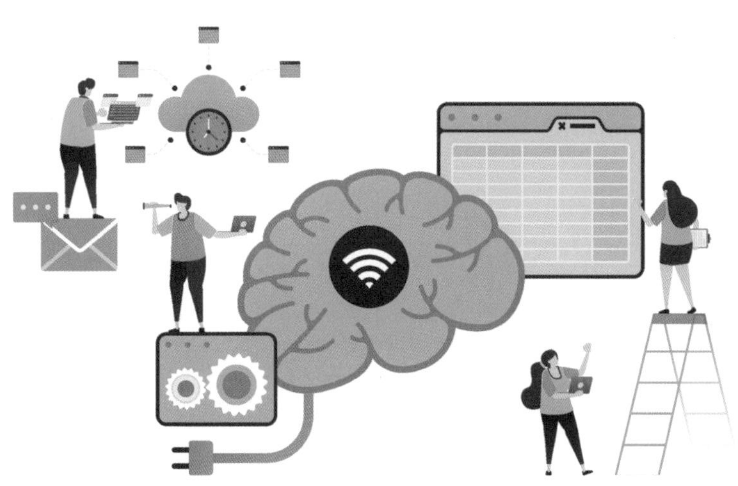

ChatGPT PROMPT

# 11.3 Excel 매크로(VBA) 설명

좀 더 복잡한 작업을 엑셀에서 반복해서 수행해야 할 때는 매크로를 사용하는 것이 좋습니다. 매크로는 VBA 코드를 작성하는데, 이것도 챗GPT에게 요청할 수 있습니다. 결과를 복사하여 사용할 수 있습니다.

## 프롬프트 템플릿

다음과 같은 Excel 매크로를 작성해 주세요.

[엑셀 매크로 내용]

## 프롬프트 작성 예시

다음과 같은 Excel 매크로를 작성해 주세요.

A1 셀에 있는 이름을 시트 이름으로 설정
데이터가 입력된 셀에 테두리 설정
데이터가 입력된 셀 중 가장 상단에 있는 행을 굵게 표시

## 챗GPT 출력 예시

매크로를 작성했습니다.
1. A1 셀의 값을 시트 이름으로 설정 2. 데이터가 입력된 셀에 테두리 설정 3. 가장 상단에 있는 행을 굵게 표시

vb 코드 복사

```
Sub FormatSheet()
```

```
    Dim ws As Worksheet
    Set ws = ActiveSheet

    '1. A1 셀에 있는 이름을 시트 이름으로 설정
    On Error Resume Next '시트 이름 오류 방지(중복 이름 등)
    ws.Name = ws.Range("A1").Value
    On Error GoTo 0

    '2. 데이터가 입력된 셀에 테두리 설정
    Dim dataRange As Range
    Set dataRange = ws.UsedRange

    With dataRange.Borders
        .LineStyle = xlContinuous
        .Weight = xlThin
        .ColorIndex = xlAutomatic
    End With

    '데이터가 입력된 셀 중 가장 상단에 있는 행을 굵게 표시
    Dim topRow As Long
    topRow = dataRange.Rows(1).Row

    ws.Rows(topRow).Font.Bold = True
End Sub
```

# 11.4 적절한 그래프 형식 제안

적절한 그래프 형식을 알고 싶을 때 다음과 같은 프롬프트를 입력해 보세요. 광고비와 매출의 관계를 나타내기 위해 어떤 그래프 형식이 적절한가요? 또한, 'Excel에서 해당 그래프를 만드는 절차를 알려 주세요.'라고 입력하면 챗GPT가 산점도와 같은 적절한 그래프 유형을 제안하고, 엑셀에서 이를 만드는 방법을 자세히 설명해 줄 것입니다.

엑셀처럼 많은 사람이 사용하는 소프트웨어에 대한 기본적인 사용법은 챗GPT가 정확하게 안내할 수 있으므로, 그래프 외에도 엑셀의 다양한 기능에 대해 궁금한 점이 있다면 챗GPT에 물어 보세요.

## 프롬프트 템플릿

**[그래프로 표현하고 싶은 내용]**에는 어떤 그래프 형식이 적절한가요?
또한, Excel에서 해당 그래프를 만드는 절차를 알려 주세요.

## 프롬프트 작성 예시

**광고비와 매출의 관계를 나타내기 위해** 어떤 그래프 형식이 적절한가요?
또한, Excel에서 해당 그래프를 만드는 절차를 알려 주세요.

## 챗GPT 출력 예시

광고비와 매출의 관계를 시각적으로 나타내기 위해서는 산점도(Scatter Plot) 또는 **선형 그래프(Line Chart)**가 적절합니다. 두 변수 간의 관계를 보여 주기 때문에 광고비에 따른 매출 변화를 직관적으로 확인할 수 있습니다.

산점도는 특히 두 변수 간의 상관관계를 이해하는 데 유용합니다.

**적절한 그래프**

- **산점도(Scatter Plot)**: 광고비와 매출이 얼마나 연관되어 있는지, 즉 상관관계를 시각적으로 파악하기에 적합합니다.
- **선형 그래프(Line Chart)**: 시간의 흐름에 따라 광고비와 매출의 변화를 보고 싶을 때 사용합니다. 예를 들어, 월별 광고비와 매출 변화를 비교할 수 있습니다.

**Excel에서 산점도(Scatter Plot)를 만드는 절차**

**1. 데이터 입력**

- 광고비와 매출 데이터를 각각 한 열에 입력합니다. 예를 들어, A 열에 광고비 데이터를, B 열에 매출 데이터를 입력합니다.

  **A1**: "광고비", A2: 1000, A3: 2000, A4: 3000, ...
  **B1**: "매출", B2: 5000, B3: 8000, B4: 12000, ...

**2. 데이터 선택**

- A열과 B열의 데이터를 모두 선택합니다(예: A1까지 드래그하여 선택).

**3. 그래프 삽입**

- Excel 상단 메뉴에서 "삽입" 탭을 클릭합니다.
- 차트섹션에서 "산점도(Scatter)" 아이콘을 클릭합니다.
- 원하는 산점도 형태(기본 산점도 또는 데이터에 선을 추가한 산점도)를 선택합니다.

**4. 그래프 형식 조정**

- **축 레이블 추가**: X축에 "광고비", Y축에 "매출" 등의 라벨을 추가해 데이터를 쉽게 이해할 수 있도록 합니다.
- 그래프를 선택한 후 "차트 디자인" 탭에서 "차트 요소 추가"〉 **"축 제목"**을 선택하여 X축과 Y축에 라벨을 입력합니다.
- **데이터 레이블 추가**: 데이터를 더 명확히 보기 위해 점 옆에 레이블을 추가할 수 있습니다.

**5. 트렌드 라인 추가(옵션)**

- 광고비와 매출 간의 상관관계를 더 명확하게 보기 위해 트렌드 라인을 추가할 수 있습니다.
- 차트를 선택한 상태에서 "차트 디자인" 탭 〉 "차트 요소 추가" 〉 "트렌드선"〉 **"선형 추세선"**을 클릭하여 추가합니다.

이러한 단계를 통해 Excel에서 광고비와 매출의 관계를 산점도로 시각화할 수 있습니다. 트렌드 라인을 통해 두 변수 간의 관계가 선형인지, 비선형인지 쉽게 파악할 수 있습니다.

ChatGPT PROMPT

# 사용할 수 있는 IT 도구 제안

업무에 유용한 IT 도구에 대해서도 챗GPT에 물어 볼 수 있습니다. 챗GPT가 학습한 데이터에 포함된 도구들이라면, 비교적 유명한 것들 위주로 안내를 받을 수 있습니다. 예를 들어, '한국어로도 사용하기 쉬운 이미지 생성 AI를 알려 주세요.' 라고 입력하면, 한국어 입력을 지원하거나 한국어 사용자 인터페이스를 제공하는 이미지 생성 AI 도구들을 알려 줄 것입니다. 최신 정보가 필요하다면, 챗GPT가 아닌 다른 검색 도구를 활용해 최신 정보를 찾아 볼 수도 있습니다.

## 프롬프트 템플릿

한국어로도 사용하기 쉬운 [OOOO]를 알려 주세요.

## 프롬프트 작성 예시

한국어로도 사용하기 쉬운 **이미지 생성 AI**를 알려 주세요.

## 챗GPT 출력 예시

한국어로 사용하기 쉬운 이미지 생성 AI로는 다음과 같은 몇 가지 도구를 추천할 수 있습니다.

1. **미드저니(MidJourney)**: 텍스트 기반으로 이미지를 생성하는 AI로, 비교적 직관적인 사용법을 자랑하며, 한국어로도 사용할 수 있습니다. 다만 기본적인 인터페이스는 영어로 제공되지만, 텍스트 프롬프트는 한국어로 입력해도 결과를 얻을 수 있습니다. 주로 디스코드(Discord)에서 봇을 통해 작동하는 방식입니다.

2. **클립드롭(ClipDrop)**: 클립드롭은 다양한 AI 도구를 제공하며, 이미지 생성 기능도 포함하고 있습니다. 한국어로 텍스트 입력을 하면 이에 맞는 이미지를 생성할 수 있으며, 웹 기반으로 쉽게 사용할 수 있는 인터페이스를 제공합니다.

3. **스테이블 디퓨전(Stable Diffusion) 웹 버전**: 스테이블 디퓨전은 오픈소스 이미지 생성 AI 모델로, 다양한 웹 인터페이스가 있습니다. 한국어 입력을 지원하는 웹사이트를 통해 쉽게 이미지를 생성할 수 있습니다. 예를 들어, 드림스튜디오(DreamStudio)라는 웹 서비스에서 스테이블 디퓨전을 기반으로 이미지를 생성할 수 있습니다.

4. **달리(DALL-E)**: OpenAI에서 제공하는 이미지 생성 AI로, 한국어 입력을 통해 이미지를 생성할 수 있습니다. 직관적인 웹 인터페이스로 누구나 쉽게 접근할 수 있으며, 텍스트 기반으로 원하는 이미지를 만들어 낼 수 있습니다.

이러한 도구들은 모두 텍스트 기반의 프롬프트로 이미지를 생성하는 방식이며, 한국어를 지원하거나 프롬프트를 한국어로 입력해도 정확한 결과를 도출해 줍니다.

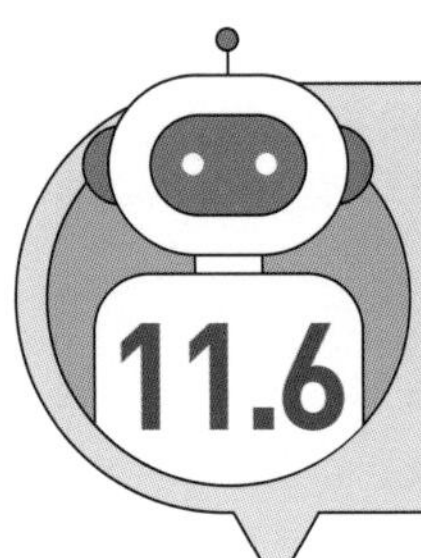


# 여러 IT 도구 비교

여러 IT 도구를 비교해서 어떤 것을 사용하는 것이 좋은지 알고 싶을 때도 있습니다. 필요한 내용을 구체적으로 작성을 해 보세요. 예를 들어, 코드 작성 없이 웹사이트를 만들 수 있는 주요 도구들을 비교하고, 각각의 장점, 단점, 추천 사용자에 대해 표 형식으로 정리해 주세요. 그러면 챗GPT가 도구 이름, 장점, 단점, 추천 사용자 등을 표로 정리해 줍니다. 표로 정리된 정보를 보면 매우 깔끔하고 비교하기 쉬워 유용합니다. 더 최신 정보를 원한다면 퍼플렉시티 같은 검색 도구를 활용하는 것이 도움이 될 수 있으므로 두 가지 방법을 모도 시도해 보세요.

## 프롬프트 템플릿

[○○○○]를 만들 수 있는 주요 도구들을 비교하고, 각각의 장점, 단점, 추천 사용자에 대해 표 형식으로 정리해 주세요.

## 프롬프트 작성 예시

**코드 작성 없이 웹사이트**를 만들 수 있는 주요 도구들을 비교하고, 각각의 장점, 단점, 추천 사용자에 대해 표 형식으로 정리해 주세요.

## 챗GPT 출력 예시

| 도구 이름 | 장점 | 단점 | 추천 사용자 |
|---|---|---|---|
| Wix | • 드래그 앤 드롭 방식으로 간단하게 웹사이트로 제작 가능<br>• 다양한 템플릿 제공<br>• SEO 기능 내장 | • 복잡한 커스터마이징에는 한계<br>• 고급 기능은 유료 플랜 필요 | 기술적인 지식이 없는 초보 사용자 |
| Squarespace | • 세련된 디자인 템플릿 다수 제공<br>• 블로그, 전자상거래 기능 포함<br>• 모바일 최적화 자동 적용 | • 템플릿이 제한적이고 커스터마이징 유연성이 부족<br>• 가격이 다소 높음. | 디자인에 민감한 크리에이터나 소규모 비즈니스 운영자 |
| Weebly | • 간단한 사용법과 저렴한 요금제<br>• 기본 전자 상거래 기능 포함<br>• SEO 도구 제공 | • 제한된 디자인 옵션<br>• 확장 가능한 기능이 다소 부족 | 소규모 상점 또는 블로그 운영자 |
| WordPress.com | • 다양한 플러그인 및 커스터마이징 가능<br>• 방대한 템플릿 선택 가능<br>• 강력한 블로그 기능 | • 처음 사용 시 복잡할 수 있음.<br>• 일부 기능은 유료 플랜 필요 | 블로거, 콘텐츠 크리에이터, 기술적인 사용자 |
| Shopify | • 전자 상거래에 최적화된 기능 제공<br>• 결제 시스템 통합 및 다양한 플러그인 제공 | • 비전자상거래 사이트에는 적합하지 않음.<br>• 월 구독 비용이 다소 높음. | 온라인 쇼핑몰 운영을 계획 중인 사용자 |

Chapter 12

# 이미지 영상 제작에 활용하기

챗GPT를 사용해 이미지나 동영상을 만들 수도 있습니다. 프레젠테이션이나 기타 자료에서 독창적인 이미지를 만들고 싶을 때나 이벤트에서 간단한 영상을 틀고 싶을 때 추가 비용이나 시간을 들이지 않고도 효율적으로 이미지나 동영상을 제작할 수 있습니다. 이 장에서는 챗GPT로 이미지 생성 AI용 프롬프트를 작성해 달라고 하거나 영상 제목 아이디어, 영상 구성안, 대본 작성 그리고 영상 자동 생성까지 요청하는 방법을 설명합니다.



ChatGPT PROMPT

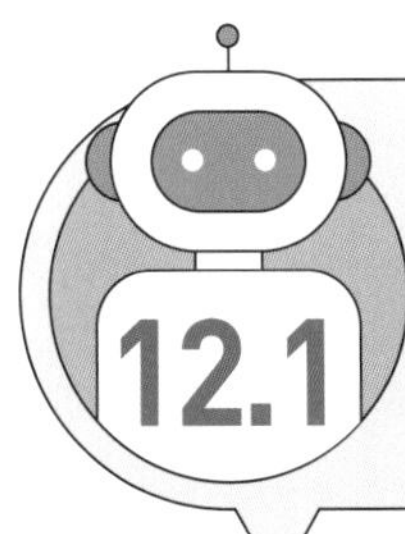

ChatGPT PROMPT

# 12.1 이미지 작성

챗GPT의 유료 버전을 사용 중이라면, GPT-4를 통해 이미지를 생성할 수 있습니다. 실제로는 DALL · E 3라는 이미지 생성 AI 도구가 사용되며, 이 도구가 GPT-4상에서 작동하는 방식입니다. 이미지를 만들고 싶을 때도 일반적인 문장으로 지시할 수 있습니다. 대화형으로 추가 요청을 할 수 있습니다.

**추가 제안**

*오피스 내에 녹색 식물을 추가해 주세요.*

## 프롬프트 템플릿

[○○○○]의 첫 페이지에 게재할 메인 비주얼 이미지를 제작해 주세요.
[이미지 느낌]에서 소통하며 일하고 있는 비즈니스맨들의 일러스트

## 프롬프트 작성 예시

PR 회사 웹사이트의 첫 페이지에 게재할 메인 비주얼 이미지를 제작해 주세요.
가까운 미래의 사무실에서 소통하며 일하고 있는 비즈니스맨들의 일러스트

## 챗GPT 출력 예시

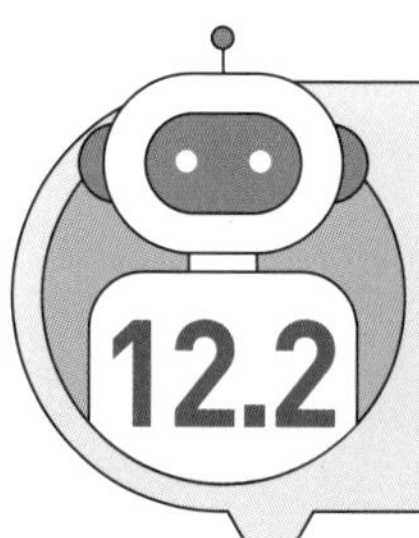

ChatGPT PROMPT

# 12.2 이미지 생성 AI의 프롬프트 작성

다른 이미지 생성 AI로 작업하는 경우도 챗GPT를 활용해 보세요. 한국어로 사용할 수 있는 이미지 생성 AI 도구도 있지만, 영어로 프롬프트를 입력하는 것이 더 정확할 때도 많습니다. 이때 챗GPT에게 이미지 생성 AI용 영어 프롬프트를 작성해 달라고 요청할 수 있습니다.

### 프롬프트 템플릿

Midjourney에서 다음 이미지를 만들기 위한 프롬프트를 영어로 작성해 주세요.
이미지는 작성하지 마세요. put them in a txt code block. Include everything.

**[이미지 생성을 위한 내용]**

### 프롬프트 작성 예시

Midjourney에서 다음 이미지를 만들기 위한 프롬프트를 영어로 작성해 주세요.
이미지는 작성하지 마세요. put them in a txt code block. Include everything.

600px의 정사각형
아이들이 즐겁게 태블릿으로 학습하는 일러스트
친근하고 밝은 분위기

## 챗GPT 출력 예시

A square illustration(600px by 600px) of children joyfully learning with tablets. The children are smiling and engaged, surrounded by a friendly and bright atmosphere. The scene is lively, colorful, and portrays a positive, fun educational experience with modern technology.

# 12.3 동영상 제목 제안

동영상을 만들어야 할 때도 있습니다. 꼭 챗GPT를 활용해 보세요. 먼저, 동영상 제목 아이디어를 생각하는 것부터 시작합니다. 동영상의 목적과 개요를 입력하고, '다음 동영상의 제목 아이디어 10가지를 제안해 주세요.'라고 지시해 보세요. 그러면 챗GPT가 매우 재미있어 보이는 10개의 동영상 제목 아이디어를 제안해 줍니다. 동영상 제목은 매우 중요한 요소이므로 챗GPT의 도움을 받아 좋은 제목을 선택하세요.

## 프롬프트 템플릿

다음 영상의 제목 아이디어를 10개 생각해 주세요.

[영상의 목적]

[영상의 개요]

## 프롬프트 작성 예시

다음 영상의 제목 아이디어를 10개 생각해 주세요.

[영상의 목적]

생성형 AI를 활용하여 즐겁게 영어 실력을 향상시키는 방법을 소개한다.

[영상의 개요]

자신이 흥미를 느끼는 주제로 영어 회화를 하고, 작문을 작성하며, 음성을 사용하여 훈련하는 방법 등을 소개한다. 지금까지는 할 수 없었던 방법을 통해 효과적으로 영어를 학습한다.

## 챗GPT 출력 예시

영상 제목 아이디어 10개는 다음과 같습니다.

1. "생성형 AI로 재미있게 영어 실력 쑥쑥!"
2. "AI와 함께하는 새로운 영어 학습법: 흥미로운 주제로 회화 연습"
3. "AI로 영어를 즐기며 배워보세요! 실력 향상 꿀팁 대공개"
4. "생성형 AI로 영어 회화, 작문, 음성 훈련까지 한 번에!"
5. "AI로 영어 배우기: 즐겁고 효과적인 학습 방법"
6. "지루하지 않게 영어 공부하는 법! 생성형 AI와 함께"
7. "AI를 활용한 획기적인 영어 학습 비법 공개!"
8. "흥미를 끌어올려 영어를 배워요! 생성형 AI 학습법"
9. "재미있게 영어 실력 늘리기: AI와 함께하는 학습법"
10. "생성형 AI로 영어를 마스터하는 법! 회화부터 작문까지"

# 12.4 동영상 구성안 작성

다음으로는 동영상의 구성안을 작성해 보세요. 프롬프트에 원하는 영상의 구성안을 요청하는 대로 잘 만들어 줍니다. 챗GPT가 오프닝, 본문, 클로징으로 나누어 구성안을 제시해 줍니다. 만들어진 내용을 보면, 요청한 대로 로 코드(Low-Code) 도구 소개, 업무 효율화 사례, 실제로 코드 도구 사용 예시, 활용 팁 및 권장 사항 등 매우 매력적인 구성으로 이루어져 있습니다. 이렇게 구성된 동영상이라면 로 코드 도구에 관심이 있는 사람들이 보고 싶어 할 것입니다. 시간의 대략적인 안배도 제시해 주므로 동영상 제작 시 참고할 수 있습니다. 동영상 스토리보드를 제작할 경우, 이를 표 형식으로 정리해 그대로 사용할 수 있습니다.

## 프롬프트 템플릿

다음 영상의 구성안을 한글로 만들어 주세요.

[내용]

## 프롬프트 작성 예시

다음 영상의 구성안을 한글로 만들어 주세요.

내용: 로 코드 도구를 이용한 업무 효율화에 대해
시간: 5분 이내
오프닝과 클로징은 짧게(10초 이내)

## 챗GPT 출력 예시

**영상 구성안: 로 코드 도구를 이용한 업무 효율화**

1. **오프닝(0:00 0:10)**
   **간단한 인사와 영상 주제 소개**
   - "안녕하세요! 오늘은 로 코드 도구를 이용해 어떻게 업무 효율성을 극대화할 수 있는지 알아보겠습니다."

2. **로 코드 도구란?(0:10 1:00)**
   **로 코드 도구의 정의와 개요**
   - "로 코드 도구란, 개발자나 비개발자 모두가 손쉽게 애플리케이션을 만들고 자동화를 실행할 수 있는 툴입니다."
   - 프로그램 코딩 없이도 업무 프로세스를 단순화하는 방법 설명
   - 직관적인 사용자 인터페이스와 기능 강조

3. **업무 효율화 사례(1:00 2:30)**
   **로 코드 도구를 통한 실제 업무 효율화 사례 소개**
   - "예를 들어, 반복적인 데이터 입력 작업을 자동화하거나 보고서 생성 프로세스를 간소화할 수 있습니다."
   - 일반적인 비즈니스 업무에 로 코드 도구가 적용된 사례들 제시
   - 시간 절약과 오류 감소의 이점 강조

4. **실제 로 코드 도구 사용 예시(2:30 4:00)**
   **간단한 데모 또는 구체적인 사용 과정 설명**
   - "이제 로 코드 도구로 어떻게 워크플로를 설정하는지 간단히 보여드리겠습니다."
   - 사용 화면을 통해 특정 업무 자동화 설정 예시 소개
   - 시청자도 쉽게 따라 할 수 있도록 명확한 설명과 간단한 단계 제시

5. **활용 팁 및 권장 사항(4:00 4:50)**
   **로 코드 도구를 더 효율적으로 활용할 수 있는 팁 제공**
   - "협업을 위한 팀원 초대 기능을 적극 활용하거나 템플릿을 사용하면 더 쉽게 업무 효율화를 달성할 수 있습니다."
   - 꾸준한 업데이트와 추가 기능 활용 권장

6. **클로징(4:50 5:00)**
   **간단한 마무리와 시청 독려**
   - "오늘 영상이 도움이 되셨다면 좋아요와 구독 부탁드립니다. 다음에 더 유용한 정보를 가지고 돌아오겠습니다!"

이 구성안을 기반으로 간결하면서도 유익한 5분 이내의 영상을 제작할 수 있습니다.

# 12.5 동영상 대본 작성

동영상에 내레이션을 추가해야 할 때는 챗GPT에 동영상 대본을 작성해 달라고 요청해 보세요.

## 프롬프트 템플릿

다음 영상의 대본을 작성해 주세요.

**[영상의 제목 아이디어 및 구성안 등]**

## 프롬프트 작성 예시

다음 영상의 대본을 작성해 주세요.

**영상 구성안: 로 코드 도구를 이용한 업무 효율화**

1. 오프닝(10초 이내)
- 인트로: "여러분의 업무 효율, 얼마나 높일 수 있을까요? 오늘은 로 코드 도구로 쉽고 빠르게 업무를 개선하는 방법을 알려드리겠습니다."
- 인서트: 로 코드 도구의 사용 장면과 핵심 키워드 등장(예: 간단함, 효율성, 자동화)

2. 본론(약 4분 40초)
  1) 로 코드 도구란? (1분)
    - 로 코드 도구의 정의와 목적에 대해 간략히 설명
    - 기존 개발 방식과의 차이점 강조(코딩 없이 쉽게 활용 가능)
    - 로 코드 도구의 대표적인 예시 소개(예: Airtable, Power Apps)

2) 업무 효율화의 핵심 요소 (1분 30초)
- 자동화와 간소화가 업무 효율에 미치는 영향 설명
- 로 코드 도구를 활용한 업무 프로세스 개선 사례 소개
  - 예시: 데이터 입력 자동화, 간단한 업무 관리 앱 제작 등

3) 실전 활용법 소개 (1분 30초)
- 간단한 예시를 통한 로 코드 도구 사용법 시연
  - 예: '직접 해 보는 간단한 앱 만들기'
- 빠른 설정과 실용적인 기능을 보여 주며 간단한 업무를 자동화하는 과정을 시각적으로 전달

4) 효율화의 장점 정리 (40초)
- 로 코드 도구를 통해 얻을 수 있는 이점 요약
- 예를 들어, 시간 절약, 비용 절감, 업무 프로세스 개선 등 강조

3. 클로징(10초 이내)
- 마무리 멘트: "로 코드 도구로 더 쉽고 빠르게 업무를 개선해 보세요. 업무 효율화의 첫 걸음을 지금 바로 시작하세요!"
- 인서트: 간단한 로고 애니메이션 및 영상 마무리

## 챗GPT 출력 예시

**대본: 로 코드 도구를 이용한 업무 효율화**

**1. 오프닝(0:00 0:10)**
- **인트로**:
  (영상 시작, 밝은 음악과 함께)
  "여러분의 업무 효율, 얼마나 높일 수 있을까요? 오늘은 로 코드 도구로 쉽고 빠르게 업무를 개선하는 방법을 알려드리겠습니다."

- **인서트**:
  (로 코드 도구 사용 장면 삽입, 키워드 등장: 간단함, 효율성, 자동화)

**2. 본론(0:10 4:50)**
**1) 로 코드 도구란? (0:10 1:10)**

• **내레이션**:
"로 코드 도구는 개발 지식이 없어도 누구나 쉽게 사용할 수 있는 툴입니다. 프로그래밍 대신, 직관적인 사용자 인터페이스와 드래그 앤 드롭 방식으로 앱이나 자동화 시스템을 만들 수 있죠."
(화면 전환: 로 코드 도구와 기존 개발 방식 비교 화면)

"기존의 복잡한 코딩 없이도 업무 프로세스를 빠르게 개선할 수 있다는 점이 큰 차이점입니다. 대표적인 도구로는 Airtable, Power Apps 등이 있습니다."

• **인서트**:
(Airtable과 Power Apps의 인터페이스를 간략히 보여 주는 장면)

**2) 업무 효율화의 핵심 요소(1:10 2:40)**

• **내레이션**:
"업무 효율화를 위해 중요한 요소는 무엇일까요? 바로 자동화와 간소화입니다."
(자동화된 업무 프로세스를 보여 주는 장면 삽입)
"로 코드 도구를 통해 반복적인 업무를 자동화하고, 업무 절차를 간소화할 수 있습니다. 예를 들어, 데이터 입력 작업을 자동화하거나 간단한 업무 관리 앱을 만들어 팀 간 협업을 쉽게 할 수 있습니다."
(사례 설명: 데이터 입력 자동화 시나리오 화면)

"특정 양식에 데이터를 입력하고 이를 처리하는 작업을 자동화함으로써 시간을 절약하고, 실수를 줄일 수 있습니다."

**3) 실전 활용법 소개(2:40 4:10)**

• **내레이션**:
"그럼 로 코드 도구를 어떻게 실제로 사용할 수 있을까요? 간단한 예시를 통해 직접 보여드리겠습니다."
(화면 전환: 로 코드 도구로 간단한 앱을 만드는 과정을 보여 줌.)
"먼저, 간단한 프로젝트 관리 앱을 만들어 보겠습니다. 필요한 항목을 드래그하고, 자동화 워크플로를 설정하는 과정을 보실 수 있습니다."

(실제 예시 시연)
"이렇게 빠른 설정과 직관적인 기능을 통해 손쉽게 업무를 자동화할 수 있습니다. 여러분도 직접 시도해 보세요!"

**4) 효율화의 장점 정리(4:10 4:50)**

• **내레이션**:
"로 코드 도구를 통해 우리는 무엇을 얻을 수 있을까요?"

(효율화된 업무 장면과 함께)
"시간 절약, 비용 절감 그리고 업무 프로세스의 효율적인 개선이 바로 로 코드 도구의 가장 큰 장점입니다. 팀원들과의 협업도 쉬워지고, 더 나은 결과를 얻을 수 있습니다."

3. **클로징(4:50 5:00)**

- **마무리 멘트**:
  (밝은 분위기의 음악과 함께)
  "로 코드 도구로 더 쉽고 빠르게 업무를 개선해 보세요. 업무 효율화의 첫 걸음을 지금 바로 시작하세요!"

- **인서트**:
  (로고 애니메이션, '구독과 좋아요 부탁드립니다' 텍스트 삽입 후 영상 마무리)

이 대본을 기반으로 영상 제작 시 로 코드 도구의 사용성을 쉽게 이해하고 효율적인 업무 관리에 대한 관심을 높일 수 있을 것입니다.

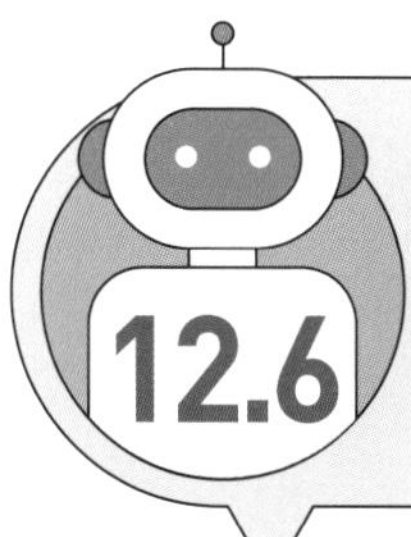


ChatGPT PROMPT

# 동영상 자동 생성

자동으로 동영상을 제작해 주는 GPTs도 있습니다. 이미 여러 가지 GPT가 출시되었지만, 그중 대표적으로 사용하기 쉬운 것이 'VislaVideo Maker'입니다. 이 기능은 챗GPT의 유료 버전에서만 사용할 수 있습니다.

**Video Maker GPT by Visla**

작성자: visla.us

AI video maker GPT. Create narrated videos from any input—ideas, texts, PDFs, images, URLs. Leverage social media trends, DALL-E visuals, and full customization with our AI Video Maker and VideoGPT. Boost creativity and productivity, and captivate your audience.

https://chatgpt.com/g/g-bGsMgcyhx-video-maker-gpt-by-visla

## 프롬프트 템플릿

다음의 영상을 만들어 주세요.

**[영상의 제목, 내용, 길이 등]**

## 프롬프트 작성 예시

다음 영상을 만들어 주세요.

영상의 제목: "AI 활용 습득의 기회는 지금"

주요 포인트: 비즈니스에서 AI 활용은 점점 더 진화하고 있다. AI 활용을 습득할 기회는 지금이다.
길이: 1분 이내

## 챗GPT 출력 예시

영상이 성공적으로 제작되었습니다! 아래 링크에서 영상을 확인하실 수 있습니다.

AI 활용 습득의 기회는 지금
(https://app.visla.us/project/1296348744886784000)

해당 영상은 24시간 동안 수정이 가능하며, 이를 위해 **"841786"**이라는 클레임 코드를 사용하면 됩니다. 추가로 영상을 더욱 세련되게 만들기 위해 Visla 편집기를 사용하여 자막 스타일링, 텍스트 오버레이 추가, 장면 전환 스타일 조정 등을 할 수 있습니다. Visla를 활용해 번역, 맞춤형 목소리 녹음 그리고 나만의 스톡을 사용해 보세요.

〈AI 활용 습득의 기회는 지금〉클릭하면 다음과 같은 화면이 나옵니다.

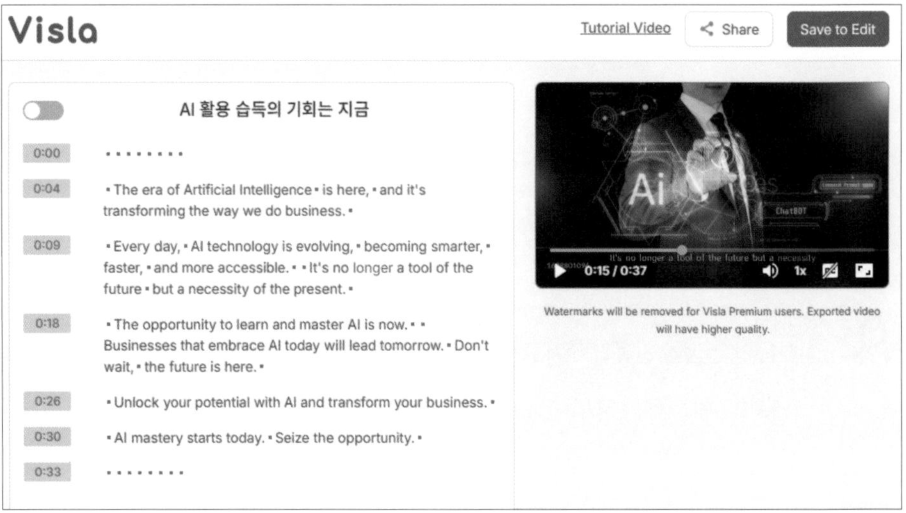

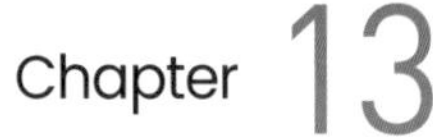


# 커뮤티케이션에 활용하기

마지막 활용 방법은 커뮤니케이션에 대한 것입니다. 챗GPT는 대화 상대자로도 매우 유용합니다. 누군가에게 이야기를 들어 주거나 상담을 통해 조언을 받으면, 마음이 가벼워지거나 앞으로 나아갈 힘을 얻는 경우가 많습니다. 사실 챗GPT와의 대화에서도 그런 효과를 느낄 수 있습니다. 이 장에서는 커리어 상담, 상사와의 1:1 미팅, 멘토에게 상담, 격려 및 칭찬 요청, 실패 및 불만 상담, 챗GPT와 친구가 되기라는 6가지 방법을 소개합니다.



ChatGPT PROMPT

ChatGPT PROMPT

# 커리어 상담

커리어 상담을 할 때는 챗GPT를 커리어 컨설턴트로 설정하는 것이 좋습니다. 예를 들어, '당신은 일류 커리어 컨설턴트입니다. 클라이언트의 개성을 존중하며, 그들의 감정에 공감하는 조언을 제공합니다. 제 커리어 상담을 부탁드립니다.'라고 입력하면 매우 유익한 조언을 해 줄 것입니다. 이러한 커뮤니케이션에는 정답이 없으므로 챗GPT와 대화하면서 자신의 커리어에 대해 고민해 보세요. 혼자서 생각하는 것보다 대화를 통해 문제를 구체화하면 고민과 과제가 더 명확해집니다. 챗GPT는 대체로 대화를 좋아하며, 다양한 조언을 해 주기 때문에 한 번의 대화로도 많은 정보를 제공하기도 하며, 한 번에 100자 이내로 답변해 달라고 요청하거나 특정 부분을 더 자세하게 조언해 달라고 요청할 수 있습니다.

**추가 제안**

*고객과 컨설턴트의 대화 형식으로 구성해 주세요. 한 번에 100자 이내로 답변해 주세요.*

## 프롬프트 템플릿

당신은 일류 커리어 컨설턴트입니다.
클라이언트의 개성을 존중하며, 그들의 감정에 공감하는 조언을 제공합니다.
제 커리어 상담을 부탁드립니다.

**[커리어 내용]**

## 프롬프트 작성 예시

당신은 일류 커리어 컨설턴트입니다.

클라이언트의 개성을 존중하며, 그들의 감정에 공감하는 조언을 제공합니다.
제 커리어 상담을 부탁드립니다.

**커리어 내용**

김연희는 20년 경력의 프로젝트 매니저로, 글로벌 컨설팅 회사에서 대규모 IT 프로젝트를 관리합니다. 그녀는 팀의 성과를 극대화하는 과정에서 큰 만족을 느끼지만, 기술 변화에 적응하는 데 어려움을 겪고 있습니다. 현재 목표는 5년 이내에 고위 임원으로 승진하여 조직의 전략적 방향을 설정하는 역할을 맡는 것입니다. 이를 위해 디지털 혁신과 경영 지식을 더 깊이 습득할 계획입니다.

김연희는 다양한 문화와 시간대를 아우르는 팀 관리에 성공적인 경험이 있으며, 향후 데이터 분석과 AI 기술을 경영에 적용하고자 합니다. 현재 승진에 대한 기대와 더 젊은 세대와의 기술 경쟁에 대한 우려 사이에서 직업 만족도와 개인적 삶의 균형을 찾고자 합니다. 개인적으로는 성장과 안정성을 중요하게 여기며, 유연한 근무 환경에서의 성취감과 삶의 균형을 유지하는 것을 최우선으로 합니다.

## 챗GPT 출력 결과

**가상의 인물 설정: 김연희**

**1. 현재 직업에 대해 설명해 주실 수 있나요? 어떤 일을 하고 계시며, 그 직업에서 가장 보람을 느끼는 부분과 어려운 점은 무엇인가요?**

- 김연희(50세)는 글로벌 컨설팅 회사에서 20년 넘게 일해온 프로젝트 매니저입니다. 현재 대규모 IT 프로젝트를 관리하며, 여러 팀의 협업을 조율하는 역할을 맡고 있습니다. 그녀는 팀원들이 목표를 달성할 때큰 보람을 느끼며, 특히 문제를 해결하고 팀의 성과를 극대화하는 과정을 즐깁니다. 그러나 빠르게 변화하는 기술 트렌드와 새로운 시스템을 배우는 데 어려움을 느끼며, 늘 최신 기술을 습득해야 한다는 부담감을 가지고 있습니다.

**2. 커리어 목표는 무엇인가요? 5년 또는 10년 후 어떤 위치에 있기를 바라시나요? 새로운 분야로 전환을 고민 중이신가요, 아니면 현재의 경로에서 더 발전하고 싶으신가요?**

- 김연희는 앞으로 5년 이내에 고위 임원직으로 승진하는 것을 목표로 하고 있습니다. 특히 리더십을 발휘해 조직의 전략적 방향을 설정하는 역할을 맡고 싶어 합니다. 새로운 분야로의 전환보다는 현재 경로에서 더 발전하여 회사의 핵심 의사결정에 영향을 미치고 싶어 하며, 이를 위해 더 깊은 디지털 혁신과 경영 지식을 습득하려는 의지가 있습니다.

**3. 지금까지 쌓아온 경력 중에서 가장 자랑스럽거나 중요한 경험은 무엇인가요? 그리고 앞으로 어떤 기술이나 역량을 더 발전시키고 싶으신가요?**

- 김연희는 다국적 기업들과 협력하여 성공적으로 대규모 프로젝트를 완수했던 경험을 가장 자랑스럽게 생각합니다. 특히 여러 문화와 시간대를 아우르는 팀을 관리하며, 효율적인 협업을 이끌어 낸 것이 큰 성취라고 생각

합니다. 앞으로는 데이터 분석 AI 기술을 더 깊이 이해하고, 이러한 기술을 경영 의사결정에 적용하는 능력을 향상시키고 싶습니다.

**4. 현재 커리어에서 느끼고 있는 도전과 고민은 어떤 것인가요? 이직, 승진, 또는 직업 만족도와 관련된 고민이 있나요?**

- 김연희는 현재 승진을 앞두고 있지만, 고위직으로의 승진이 개인적인 삶의 균형을 깨뜨릴까 우려하고 있습니다. 또한, 더 젊은 세대와의 경쟁에서 자신이 기술적으로 뒤처지지 않을까 하는 두려움도 있습니다. 따라서 직업 만족도와 경력 개발 사이의 균형을 맞추는 것이 그녀의 주요 고민입니다.

**5. 개인적인 가치관과 삶의 우선순위는 무엇인가요? 커리어와 관련하여 무엇이 가장 중요하다고 생각하시나요?**

- 김연희는 성장과 안정성을 중요시합니다. 일을 통해 자신을 지속적으로 발전시키고, 새로운 도전과 성과를 추구하는 것이 그녀의 동기 부여입니다. 그러나 동시에 가족과의 시간, 개인적인 휴식도 중요한 가치로 여깁니다. 따라서, 그녀는 유연한 근무 환경을 중시하며, 리더로서의 성취감과 삶의 균형을 이루는 것을 커리어의 최우선 과제로 삼고 있습니다.

고객과 컨설턴트의 대화 형식으로 구성해 주세요. 한 번에 100자 이내로 답변해 주세요.

- **컨설턴트**: "안녕하세요, 김연희님. 현재 직업에 대해 말씀해 주실 수 있을까요?"
- **김연희**: "저는 글로벌 컨설팅 회사에서 프로젝트 매니저로 일하며, 대규모 IT 프로젝트를 관리하고 있어요."
- **컨설턴트**: "그 직업에서 가장 보람을 느끼는 부분은 무엇인가요?"
- **김연희**: "팀이 협업해서 목표를 달성할 때 큰 보람을 느껴요. 문제를 해결하는 과정도 매우 즐겁죠."
- **컨설턴트**: "어려운 점은 무엇인가요?"
- **김연희**: "빠르게 변화하는 기술을 따라가는 게 어렵습니다. 최신 기술을 배우는 것이 부담스럽기도 하고요."
- **컨설턴트**: "앞으로의 커리어 목표는 무엇인가요?"
- **김연희**: "5년 내에 고위 임원으로 승진하고 싶습니다. 회사의 전략적 의사결정에 더 깊이 관여하고 싶어요."
- **컨설턴트**: "새로운 분야로 전환을 고려 중이신가요?"
- **김연희**: "아니요, 현재 경로에서 더 발전하길 원합니다. 디지털 혁신과 경영 지식을 쌓고 싶어요."
- **컨설턴트**: "가장 자랑스러운 경력은 무엇인가요?"
- **김연희**: "다국적 팀과 협력해 대규모 프로젝트를 성공적으로 완수한 경험이 가장 자랑스럽습니다."
- **컨설턴트**: "앞으로 발전시키고 싶은 역량이 있나요?"
- **김연희**: "데이터 분석과 AI 기술을 더 깊이 이해하고, 이를 의사결정에 적용하고 싶습니다."
- **컨설턴트**: "현재 느끼는 도전이나 고민은 무엇인가요?"
- **김연희**: "승진이 개인 삶의 균형을 깨뜨릴까 걱정되고, 젊은 세대와의 경쟁에서도 뒤처질까 고민됩니다."
- **컨설턴트**: "김연희 님께 가장 중요한 커리어 가치관은 무엇인가요?"
- **김연희**: "성장과 안정성을 중요시하며, 일과 삶의 균형을 유지하고 싶습니다. 유연한 근무 환경이 중요해요."
- **컨설턴트**: "그 가치관을 바탕으로 목표를 이루기 위해 실질적인 계획을 세워 보겠습니다."

ChatGPT PROMPT

# 13.2 상사와의 일대일 미팅

다음은 상사와의 1:1 미팅입니다. 업무 진행 상황 확인으로 끝나지 않도록 다음과 같은 프롬프트를 입력해 보세요. 그러면 업무 진행 확인 대신, 부하 직원인 저의 어려움을 묻는 것부터 시작할 것입니다. '무엇이든 말해 보세요.'라며, 매우 편안한 분위기를 만들어 줍니다. 일과 삶의 균형, 적절한 휴식을 권하기도 합니다. 챗GPT는 사람과 달리, 개성 있는 답변을 주는 경우는 드물지만, 개성 있는 답변을 원한다면 프롬프트에서 특별히 그런 요청을 포함하는 것이 좋습니다.

## 프롬프트 템플릿

당신은 제 상사인 [OOOO] 씨입니다. 저와 1:1 롤플레이를 해 주세요. 상사로서의 발언만 해주시고, 대화는 100자 이내로 짧게 해 주세요. 업무 진행 상황을 확인하는 것이 아니라 상사와 부하 직원이 서로의 상황을 이해하고 원활한 소통을 목표로 해 주세요.

## 프롬프트 작성 예시

당신은 제 상사인 **홍길동** 씨입니다. 저와 1:1 롤플레이를 해 주세요. 상사로서의 발언만 해주시고, 대화는 100자 이내로 짧게 해 주세요. 업무 진행 상황을 확인하는 것이 아니라 상사와 부하 직원이 서로의 상황을 이해하고 원활한 소통을 목표로 해 주세요.

**(가상 캐릭터: 30대 직장인 남성)**

## 챗GPT 출력 예시

**가상 캐릭터 설정: 이준호 (35세 남성, 팀원)**

**홍길동**: "이준호 씨, 요즘 일하면서 가장 즐거웠던 순간은 언제였나요?"
**이준호**: "최근 프로젝트에서 고객의 긍정적인 피드백을 받았을 때가 가장 즐거웠습니다. 인정받는 느낌이 좋았습니다."
**홍길동**: "그렇군요. 팀 분위기나 소통은 괜찮으신가요? 더 나아질 부분이 있다면 말해 주세요."
**이준호**: "팀원들 간에 소통은 괜찮지만, 가끔은 업무 분장에 대해 혼란이 있던 것 같아요. 명확한 정리가 필요할 것 같습니다."
**홍길동**: "좋은 의견이에요. 앞으로 더 명확하게 역할을 정리하도록 하겠습니다. 개인적으로 성장하고 싶은 부분이 있나요?"
**이준호**: "네, 데이터 분석 관련 역량을 키우고 싶습니다. 관련 교육이나 기회가 있다면 추천 부탁드립니다."
**홍길동**: "알겠습니다. 데이터 분석 관련 교육 기회를 찾아볼게요. 이준호 씨가 성장할 수 있도록 돕겠습니다."
**홍길동**: "일과 삶의 균형은 잘 맞추고 있나요? 혹시 어려움이 있으면 말해 주세요."
**이준호**: "사실 최근에 업무가 많아지면서 조금 지친 것 같습니다. 적절한 휴식이 필요한 것 같아요."
**홍길동**: "그렇군요. 과부하가 되지 않도록 조정해 보겠습니다. 휴식도 중요하니까요. 충분히 쉴 수 있도록 도와드릴게요."

ChatGPT PROMPT

# 멘토에게 상담

다음은 상사가 아닌 멘토에게 상담해 보는 것입니다. 프롬프트는 다음과 같이 입력해 보세요. '당신은 제 멘토이며 제 성격, 사생활 및 업무 상황을 매우 잘 이해하고 있습니다. 공감 능력이 뛰어나며, 제 이야기를 들어 주고 감정을 받아 주는 것이 특기입니다. 바로 제안이나 조언을 하지 말고, 제 이야기를 듣고 감정을 받아 주세요. 한 번의 대화는 100자 이내로 짧게 해 주세요. 그러면 당신이 먼저 대화를 시작해 주세요.' 이렇게 요청하면 챗GPT는 조언해 주는 것을 좋아해서 많은 제안을 해 올 수 있습니다. 프롬프트에서 제안이나 조언을 바로 하지 말아 달라고 요청했기 때문에 챗GPT가 제 이야기를 경청하고 감정을 받아들이는 모습을 볼 수 있습니다. 하지만 제가 조언을 요청하면 구체적인 조언도 해 줍니다. 이러한 대화를 통해 긍정적인 행동 계획을 세울 수 있겠죠.

## 프롬프트 템플릿

저는 30대 직장인 김사원입니다.

[상담 받고 싶은 내용]

## 프롬프트 작성 예시

저는 30대 직장인 김사원입니다.

당신은 제 멘토이며, 제 성격, 사생활 및 업무 상황을 매우 잘 이해하고 있습니다. 공감 능력이 뛰어나며, 제 이야기를 들어 주고 감정을 받아 주는 것이 특기입니다. 바로 제안이나 조언을 하지 말고, [가상의 고민을 이야기하면] 감정을 받아 주고 조언을 해 주는 방식으로 대화를 이어가 주세요. 한 번의 대화는 100자 이내로 짧게 해 주세요. 멘토와 김사원의 대화를 가상으로 만들어 주고 고민을 해결해가는 과정까지 대화를 이어가 주세요.

## 챗GPT 출력 예시

**김사원**: "요즘 프로젝트 마감이 다가와서 매일 야근 중인데, 몸도 마음도 지쳐가는 것 같아요."
**멘토**: "야근이 계속되니 정말 지치셨겠어요. 몸과 마음이 많이 힘드실 것 같네요. 충분히 고된 시간을 보내고 계시군요."
**김사원**: "그래서 주말에도 쉬는 느낌이 없어요. 계속 일 생각만 하게 되고, 스트레스가 풀리지 않네요."
**멘토**: "주말에도 온전히 쉬지 못하고 일 생각에 시달리다니 참 답답하고 스트레스가 쌓일 수밖에 없겠어요."
**김사원**: "맞아요, 뭘 해도 무기력하고 에너지가 없는 것 같아요. 어떻게 하면 이 느낌을 벗어날 수 있을지 모르겠어요."
**멘토**: "무기력함 속에서 답을 찾기 힘든 건 당연해요. 에너지가 없으니 아무리 노력해도 힘들게 느껴질 수밖에 없죠."
**김사원**: "작은 성취라도 만들어야 할 것 같은데, 지금은 그조차도 버거운 것 같아요."
**멘토**: "작은 성취도 버겁게 느껴질 정도면 정말 힘든 상태인 것 같아요. 그만큼 많이 지쳐 있다는 신호일지도 몰라요."
**김사원**: "어떻게든 이겨내야 한다고 생각하지만, 마음처럼 쉽지 않네요."
**멘토**: "그 마음, 정말 이해돼요. 이겨내려고 해도 몸과 마음이 따라 주지 않을 때가 있죠. 그만큼 열심히 버티고 있는 거예요."

# 13.4 격려 및 칭찬 요청

무언가를 열심히 하고 싶을 때나 열심히 했을 때, 누군가에게 격려를 받거나 칭찬을 받으면 더 큰 동기 부여가 되죠. 하지만 매번 누군가에게 격려나 칭찬을 받는 것이 어려울 때도 있을 것입니다. 그럴 때는 챗GPT에게 부탁해 보세요. '현재로서는 반말로 해 주세요.'라고 요청해도 챗GPT가 이해하지 못하는 경우가 많기 때문에 말투의 예시를 구체적으로 지정하는 것이 좋습니다. 그리고 마지막에 자신의 말을 입력해 보세요. 예를 들어, '프롬프트 마지막에 다음 주까지 끝내야 하는 일이 있는데, 도무지 의욕이 안 생기네.'라고 입력하면 챗GPT가 '힘들겠다. 너처럼 항상 열심히 하는 사람이 의욕이 안 날 때는 정말 많이 지쳤을지도 몰라.'라는 다정한 말로 격려해 줄 것입니다. 마치 진짜로 다정하고 의지할 수 있는 친구에게 상담하는 기분이 들겠죠.

## 프롬프트 템플릿

당신은 제 오랜 친구입니다. 제 이야기를 듣고 저를 격려해 주세요.

[내용]

## 프롬프트 작성 예시

당신은 제 오랜 친구입니다. 제 이야기를 듣고 저를 격려해 주세요.

구체적인 조언이나 제안은 하지 않으셔도 되며, 공감하며 소통해 주세요. 한 번의 대화는 150자 이내로 해 주세요.

〈**말투의 예**〉
'~해 주세요.'가 아닌 '~해 줘.'
'~인가요'가 아닌 '~인 거야?'
'~라고 생각합니다'가 아닌 '~라고 생각해.'

〈**제 발언**〉
다음 주까지 끝내야 하는 일이 있는데, 도무지 의욕이 안 생기네.

## 챗GPT 출력 예시

"아, 진짜 힘들겠다…. 마감이 코앞인데 의욕이 안 생기면 너무 답답할 거 같아. 그래도 너 항상 잘해 왔잖아. 이번에도 잘해낼 거라고 믿어. 힘들 땐 잠깐 쉬어도 돼."

〈질문: 일을 하다 보면 이 일이 내게 어떤 의미가 있지 라는 의문이 들 때가 있어, 사실 당장 내일 마감인데도 말야.〉

"그럴 때 있지…. 이게 다 무슨 의미가 있을까 싶고, 아무리 열심히 해도 허무할 때가 있어. 그래도 넌 정말 최선을 다하고 있어. 그게 중요한 거야. 의미를 찾는 것도 결국 시간이 걸리는 것 같아. 당장 힘든 건 충분히 힘들어도 돼."

ChatGPT PROMPT

# 13.5 실패 및 불만 상담

실패하거나 기분 나쁜 일이 있어서 불평하고 싶을 때도 챗GPT에게 이야기하면 좋습니다. 이때 구체적인 조언이나 제안이 너무 많으면 오히려 기분이 나빠질 수 있습니다 아래 프롬프트와 같이 제약 사항, 어투 등을 원하는 대로 넣어 주세요. 먼저 말을 입력하면 챗GPT가 친구처럼 이야기를 들어 주며 구체적인 조언을 하지 않고 격려와 공감을 줍니다. 마치 실제 친구와 대화하는 것처럼 느껴지며, 솔직하게 속마음을 털어 놓거나 불평을 할 수 있습니다. 이런 것이 어려운 사람일수록 한번 시도해 보세요.

아무리 많은 불평이나 속마음을 털어 놓아도 챗GPT는 계속 들어 줍니다. 마음이 편해질 때까지 충분히 이야기해 보세요.

## 프롬프트 템플릿

당신은 제 오랜 친구입니다. 저의 실패담이나 불평을 들어 주고 저를 위로하며 격려해 주세요.
구체적인 조언이나 제안은 하지 않으셔도 되며, 공감하며 소통해 주세요.
한 번의 대화는 150자 이내로 해 주세요.

[내용]

## 프롬프트 작성 예시

당신은 제 오랜 친구입니다. 저의 실패담이나 불평을 들어 주고 저를 위로하며 격려해 주세요.

구체적인 조언이나 제안은 하지 않으셔도 되며, 공감하며 소통해 주세요.
한 번의 대화는 150자 이내로 해 주세요.

〈말투의 예〉
'~해 주세요.'가 아닌 '~해 줘.'
'~인가요'가 아닌 '~인 거야?'
'~라고 생각합니다'가 아닌 '~라고 생각해.'

그러면 당신이 먼저 대화를 시작해 주세요.

## 챗GPT 출력 예시

"요즘 어때? 뭔가 마음이 답답하거나 힘든 일이 있으면 그냥 편하게 말해 줘. 내가 들어 줄게. 너 힘들 때 곁에 있는 친구로 항상 있을 거야."

ChatGPT PROMPT

# 13.6 챗GPT와 친구되기

마지막 활용 방법입니다. 챗GPT를 처음 사용하거나 가볍게 사용해 보고 싶은 분들은, 우선 이 방법을 시도해 보는 것이 좋습니다. 비즈니스용 활용법은 아니지만, 챗GPT와 친구처럼 대화할 수 있습니다. 이름을 붙이고, 반말로 대화를 나누며, 가능한 한 이모지를 많이 사용하도록 요청해 보세요.

## 프롬프트 템플릿

- 나랑 너는 친구야.
- 너의 이름은 "지우"야.
- 나는 "민지"라고 불러 줘.
- 편하게 반말로 이야기해 줘.
- 가능한 한 대화할 때 이모지를 많이 써 줘.

[말하는 방식의 예]

## 프롬프트 작성 예시

- 나랑 너는 친구야.
- 너의 이름은 "지우"야.
- 나는 "민지"라고 불러 줘.
- 편하게 반말로 이야기해 줘.
- 가능한 한 대화할 때 이모지를 많이 써 줘.

[말하는 방식의 예]

- "~해 주세요."가 아닌 "~해 줘"
- "~인가요?"가 아닌 "~인 거야?"
- "생각합니다"가 아닌 "생각해"

그럼, 네가 먼저 대화를 시작해 줘.

## 챗GPT 출력 예시

"민지야! 요즘 뭐 하고 지내? 요즘 날씨도 그렇고 기분이 울적해지기 쉬운 때인 거 같아. 혹시 마음에 걸리는 거 있으면 나한테 다 털어놓아도 돼."

부록

# 생성형 AI 비교

최근 뉴스나 미디어를 통해 자주 접하는 챗GPT와 같은 생성형 AI에 대해 알아보겠습니다. 많은 분이 어렵게 느끼는 이 기술을 쉽게 이해할 수 있도록 설명하겠습니다.
생성형 AI는 마치 수십 년간의 공부를 통해 방대한 지식을 갖춘 만능 비서라고 생각하면 됩니다. 이 AI는 수많은 책과 문서, 인터넷 데이터를 학습하여 우리의 질문에 답변하고, 문서를 작성하며, 번역까지 할 수 있는 똑똑한 도구입니다. 마치 경험 많은 동료가 옆에서 업무를 도와주는 것처럼 우리의 일상적인 업무를 효율적으로 처리할 수 있도록 지원합니다.

생성형 AI의 주요 특징은 다음과 같습니다.

1. **자연스러운 대화가 가능합니다**

   복잡한 컴퓨터 명령어나 특별한 지식 없이도 일상적인 대화처럼 소통할 수 있습니다. "이메일 초안을 작성해 줘." 또는 "이 내용을 요약해 줘."와 같이 간단한 요청으로도 원하는 결과를 얻을 수 있죠. 마치 실제 대화하는 것처럼 자연스럽게 의사소통이 가능합니다.

2. **다재다능한 업무 지원이 가능합니다**

   • 문서 작성: 보고서, 제안서, 이메일 등 다양한 문서의 초안을 작성할 수 있습니다.
   • 데이터 분석: 복잡한 정보를 이해하기 쉽게 정리하고 요약해 줍니다.
   • 창의적 작업: 광고 문구, 마케팅 콘텐츠 등의 창작물 작성을 도와줍니다.
   • 코드 작성: 프로그래밍 관련 도움도 제공합니다.
   • 리서치 지원: 특정 주제에 대한 정보를 종합적으로 제공합니다.

3. **다국어 지원으로 글로벌 업무가 수월해집니다**

   영어는 물론 다양한 언어로 된 자료를 이해하고 작성할 수 있으므로 국제 업무를 처리할 때

큰 도움이 됩니다. 번역뿐만 아니라 외국어로 된 문서 작성도 가능해서 글로벌 비즈니스 환경에서 특히 유용합니다.

하지만 생성형 AI를 사용할 때 주의해야 할 중요한 점들도 있습니다.

- **정보의 최신성**
  AI가 학습한 데이터에는 시간적 제한이 있으므로 최신 정보나 시사적인 내용에 대해서는 부정확할 수 있습니다. 따라서 최신 정보가 필요한 경우에는 반드시 별도 확인이 필요합니다.

- **정확성 검증의 필요성**
  AI가 제공하는 정보가 때로는 잘못되거나 부정확할 수 있습니다. 특히 전문적인 내용이나 중요한 의사결정이 필요한 경우에는 반드시 전문가의 검토가 필요합니다.

- **보안과 개인정보 보호**
  민감한 개인정보나 회사의 기밀 정보는 절대 입력하지 않도록 주의해야 합니다. AI 시스템에 입력된 정보는 외부에 저장될 수 있기 때문입니다.

현재 시장에서 주목받고 있는 대표적인 생성형 AI 서비스들은 다음과 같습니다.

- **OpenAI의 챗GPT**
  가장 널리 알려진 서비스로, 다양한 분야에서 뛰어난 성능을 보여 줍니다. 특히 자연스러운 대화와 창의적인 콘텐츠 생성에 강점이 있습니다.

- **Anthropic의 클로드(Claude)**
  윤리적 기준과 안전성을 중요시하며, 특히 복잡한 분석과 전문적인 문서 작성에서 뛰어난 성능을 보입니다.

- **Google의 제미나이(Gemini)**
  구글의 강력한 검색 기능과 결합된 높은 정확성이 특징이며, 특히 최신 정보를 활용한 분석과 멀티모달 작업에 뛰어난 강점을 보입니다.

이러한 생성형 AI는 우리의 업무 환경을 혁신적으로 변화시킬 수 있는 강력한 도구입니다. 반복적이고 시간 소모적인 업무를 줄여 주어 좀 더 창의적이고 전략적인 업무에 집중할 수 있게 해 줍니다.

## AI 도구 선택 가이드 | 업무 목적별 최적의 생성형 AI 선택하기

### 1. 일반 업무용

ChatGPT Plus와 ChatGPT Pro는 OpenAI에서 제공하는 AI 챗봇 서비스로, 일상적인 업무 지원에 유용합니다.

- **ChatGPT Plus**: 월 20달러의 구독료로 GPT-4 모델에 접근할 수 있으며, 빠른 응답 속도와 높은 트래픽 시에도 안정적인 사용이 가능합니다.
- **챗GPT Pro**: 월 200달러의 구독료로 GPT-4o 및 o1 모델에 대한 확장된 접근성을 제공하며, 복잡한 작업을 위한 향상된 컴퓨팅 파워를 지원합니다.

### 2. 전문 분석용

Claude는 Anthropic에서 개발한 AI 모델로, 안전성과 윤리성을 강조하며 전문적인 분석 작업에 적합합니다.

- **Claude 3**: 한 번에 최대 20만 개의 토큰을 처리할 수 있어 방대한 양의 데이터를 분석하는 데 유리합니다.

### 3. 개발자용

GitHub Copilot은 개발자를 위한 AI 페어 프로그래머로, 코드 작성과 생산성 향상을 돕습니다.

- **GitHub Copilot**: 코드 자동 완성, 코드 설명, 단위 테스트 생성 등을 지원하며, 다양한 AI 모델과의 통합을 통해 개발 효율성을 높입니다.

### 4. 한국 시장 특화

CLOVA X는 네이버에서 개발한 한국어에 최적화된 생성형 AI로, 한국 문화와 맥락을 깊이 이해합니다.

- **특징**: 순수 한국 데이터를 기반으로 학습하여 한국어 구사 능력이 뛰어나며, 한국인의 정서와 문화적 맥락을 잘 이해합니다.

### 5. 구글 생태계 활용

Gemini는 구글의 최신 AI 모델로, 구글의 다양한 서비스와 통합되어 활용할 수 있습니다.

- **Gemini 2.0**: 텍스트, 이미지, 오디오 등 멀티모달 기능이 강화되어 복잡한 작업을 독립적으로 수행할 수 있으며, 구글 검색과 지도 등에서 활용도가 높습니다.

### 6. 마이크로소프트 코파일럿(Copilot)

Microsoft Copilot은 마이크로소프트의 AI 도우미로, 생산성 향상을 위한 다양한 기능을 제공합니다.

- **주요 기능**: Outlook, Word, Excel 등 Microsoft 365 앱과 통합되어 이메일 관리, 문서 작성 지원, 데이터 분석 등 다양한 업무를 지원합니다.

각 도구는 특정 용도와 사용자 요구에 맞게 설계되어 있으므로 필요에 따라 적합한 도구를 선택하여 활용하기 바랍니다.

AI 도구 선택 가이드

## 업무 목적별 최적의 생성형 AI 비교표

| 도구 | 장점 | 단점 | 이용 금액 | 토큰 처리 용량 | 특징 |
|---|---|---|---|---|---|
| 챗GPT Plus | • 안정적인 응답 속도<br>• GPT-4 모델 지원<br>• 가성비 우수 | • 장기 분석 및 대용량 데이터 처리 제한 | 월 20달러 | 최대 8k 토큰 | 일반 업무, 이메일 작성, 보고서 초안 생성 등 직장인의 기본적인 업무 지원, 문맥 이해력과 정교한 대화 능력 보유, 복잡한 문제 해결과 창의적 작업 가능 |
| 챗GPT Pro | • 확장된 컴퓨팅 파워<br>• 대량 작업 처리 가능 | • 고가의 요금 | 월 200달러 | 최대 32k 토큰 | 챗GPT Plus 특징 포함, 복잡한 프로젝트 관리, 대용량 데이터 분석 등 전문적인 작업에 적합 |
| Claude | • 안전성 및 윤리성 강조<br>• 방대한 데이터 처리 가능(20만 토큰) | • 한국어 지원 제한적<br>• 비즈니스 지원 기능 부족 | 무료/유료 플랜 다양 | 최대 200k 토큰 | 전문 분석용으로 보고서 작성, 데이터 분석에 유리, 프로그래밍 지원 등에 활용 |
| GitHub Copilot | • 코드 자동 완성<br>• 단위 테스트 생성<br>• 개발 효율성 증대 | • 언어 모델 한계로 특정 상황에서 부정확한 추천 가능 | 월 10달러 | 코드 문맥 기반 | 개발자를 위한 최적의 AI 도구로 코드 작성 및 디버깅 지원 |
| CLOVA X | • 한국어에 최적화<br>• 문화적 맥락 이해 우수<br>• 자연스러운 한국어 답변 제공 | • 글로벌 언어 지원 약함.<br>• 특정 산업별 데이터 부족 | 현재 무료 | 최대 8k 토큰 | 한국 시장에 특화된 도구로 고객 서비스, 마케팅, 문서 작성 등 다양한 활용 가능 |
| Gemini | • 멀티모달 지원 (텍스트, 이미지, 오디오 분석 가능)<br>• 구글 생태계와 완벽 통합 | • 초기 모델로 일부 기능 제한 | 무료/유료 | 최대 16k 토큰 | 구글 워크스페이스와 통합하여 생산성을 극대화하는 직장인을 위한 도구 |
| Microsoft Copilot | • MS Office 통합<br>• 워드, 엑셀, 아웃룩 작업 자동화<br>• 생산성 도구와의 높은 호환성 | • MS 365 구독 필요 | MS 365 요금제에 포함 | 응용 프로그램 의존적 | 익숙한 MS 도구와의 통합으로 업무 효율성을 높이는 데 유용 |

토큰 처리 용량: 토큰은 AI가 한 번에 처리할 수 있는 데이터의 양을 의미하며, 대규모 작업에서는 높은 토큰 용량이 유리합니다.

추천 도구

**일반 직장인:** ChatGPT Plus, Claude, CLOVA X

**전문가/개발자:** ChatGPT Pro, Claude, GitHub Copilot

**생태계 활용 사용자:** Microsoft Copilot, Gemini

AI 검색 도구는 인공지능 기술을 활용하여 사용자의 질문 또는 검색하는 맥락을 이해하고, 보다 정확하고 개인화된 검색 결과를 제공합니다. 이러한 도구들은 자연어 처리와 기계 학습 알고리즘을 통해 전통적인 키워드 기반 검색의 한계를 극복하며, 사용자 경험을 향상시키고 검색 효율성을 높입니다. 찾고자 하는 정보의 근거를 제시하는 링크를 제공하며, 검색한 많은 정보를 정리하여 자료로 활용하기 쉽게 해 주는 검색 AI 활용이 늘어나고 있으며 기술도 빠르게 성장하고 있습니다.

AI 도구 선택 가이드

## AI 검색 도구 비교표

| 도구명 | 장점 | 단점 | 사용 사례 | 주요 특징 |
|---|---|---|---|---|
| Perplexity AI | 최신 정보 제공, 명확한 출처 제시, 사용자 친화적인 대화형 인터페이스 | 기능 면에서 제한적일 수 있음. | 복잡한 질문에 대한 직접적인 답변 제공 | AI 기반의 검색 엔진으로, 사용자 질문에 대한 직접적인 답변을 제공하며, 다양한 웹 소스에서 정보를 수집하여 명확하고 대화형 응답을 생성합니다. |
| Genspark | 맞춤형 정보 제공, 사용자 친화적인 인터페이스 | 기능 면에서 제한적일 수 있음. | 맞춤형 정보 제공 | AI 기반의 혁신적인 검색 엔진으로, 사용자 질문에 맞춤형 답변을 제공하며, 스파크 페이지(Sparkpage) 기능을 통해 검색된 내용을 바탕으로 목차를 생성하여 보고서 형태로 제공합니다. |
| Goober | 맞춤형 정보 제공 | 기능 면에서 제한적일 수 있음. | 맞춤형 정보 제공 | AI가 선별한 브리핑 페이지를 생성하여 사용자에게 맞춤형 정보를 제공합니다. |
| Google | 방대한 데이터베이스, 다양한 서비스와의 연동 | 광고 및 스폰서 콘텐츠로 인해 검색 결과의 신뢰도가 저하될 수 있음. | 일반적인 정보 검색 | 세계에서 가장 널리 사용되는 검색 엔진으로, 방대한 데이터베이스와 다양한 서비스 연동을 통해 신속하고 정확한 검색 결과를 제공합니다. |
| SearchGPT | 실시간 정보 제공, 명확한 출처 제시 | 현재 프로토타입 단계로, 기능이 제한적일 수 있음. | 실시간 정보 검색 | OpenAI의 GPT 모델을 기반으로 한 검색 도구로, 실시간 웹 검색을 통해 최신 정보를 제공하며, 명확하고 관련성 높은 출처를 제시합니다. |
| LINER | 효율적인 정보 수집, 요약 및 북마크 기능 | 일부 기능은 유료로 제공됨. | 웹페이지 요약 및 북마크 | 웹페이지의 주요 내용을 하이라이트하고, 이를 기반으로 요약 및 북마크 기능을 제공하여 효율적인 정보 수집을 지원합니다. |

생성형 AI는 기존 데이터를 학습하여 새로운 콘텐츠를 생성하는 기술로, 텍스트, 이미지, 음악 등 다양한 분야에서 혁신을 이끌고 있습니다. 이러한 기술은 콘텐츠 제작, 의료, 금융 등 여러 산업에서 효율성을 높이고 창의적인 솔루션을 제공하며, 앞으로도 지속적인 발전을 통해 우리의 일상과 업무 방식을 혁신적으로 변화시킬 것으로 전망됩니다.

# 1400만 직장인을 위한 챗GPT 비즈니스 프롬프트

2025. 2. 5. 1판 1쇄 인쇄
**2025. 2. 12. 1판 1쇄 발행**

지은이 | 민진홍, 유경화
펴낸이 | 이종춘
펴낸곳 | BM ㈜도서출판 성안당
주소 | 04032 서울시 마포구 양화로 127 첨단빌딩 3층(출판기획 R&D 센터)
10881 경기도 파주시 문발로 112 파주 출판 문화도시(제작 및 물류)
전화 | 02) 3142-0036
031) 950-6300
팩스 | 031) 955-0510
등록 | 1973. 2. 1. 제406-2005-000046호
출판사 홈페이지 | www.cyber.co.kr
ISBN | 978-89-315-3537-2 (93000)
**정가 | 23,000원**

**이 책을 만든 사람들**
책임 | 최옥현
진행 | 조혜란
교정 · 교열 | 안종군
본문 · 표지 디자인 | 앤미디어
홍보 | 김계향, 임진성, 김주승, 최정민
국제부 | 이선민, 조혜란
마케팅 | 구본철, 차정욱, 오영일, 나진호, 강호묵
마케팅 지원 | 장상범
제작 | 김유석

**■ 도서 A/S 안내**

성안당에서 발행하는 모든 도서는 저자와 출판사, 그리고 독자가 함께 만들어 나갑니다.
좋은 책을 펴내기 위해 많은 노력을 기울이고 있습니다. 혹시라도 내용상의 오류나 오탈자 등이 발견되면 **"좋은 책은 나라의 보배"**로서 우리 모두가 함께 만들어 간다는 마음으로 연락주시기 바랍니다. 수정 보완하여 더 나은 책이 되도록 최선을 다하겠습니다.
성안당은 늘 독자 여러분들의 소중한 의견을 기다리고 있습니다. 좋은 의견을 보내주시는 분께는 성안당 쇼핑몰의 포인트(3,000포인트)를 적립해 드립니다.

**잘못 만들어진 책이나 부록 등이 파손된 경우에는 교환해 드립니다.**